선생님,
제주 4·3이 뭐예요?

선생님, 제주 4·3이 뭐예요?

초판 1쇄 인쇄 2023년 4월 11일
초판 1쇄 발행 2023년 4월 19일
지은이 한강범
펴낸이 김승희
펴낸곳 도서출판 살림터

기획 정광일
편집 이희연
북디자인 이순민

인쇄.제본 (주)신화프린팅
종이 (주)명동지류

주소 서울시 양천구 목동동로 293 22층 2215-1호
전화 02) 3141-6553
팩스 02) 3141-6555
출판등록 2008년 3월 18일 제313-1990-12호
이메일 gwang80@hanmail.net
블로그 https://blog.naver.com/dkffk1020

ISBN 979-11-5930-255-8 03910

선생님,
제주 4·3이
뭐예요?

한강범 지음

살림터

떳떳하게 제주의 봄을 맞이하는 날을 기다리며

제주 4·3은 이제 75주년을 지나가며, 머지않아 80년을 향하게 된다. 이와 더불어 제주 4·3 사건진상규명 및 희생자명예회복위원회(위원장 국무총리)의 진상조사보고서(2003)가 나온 지도 어느새 20년이 넘어가고 있다. 4·3특별법에 근거하여, 유해발굴사업과 추가진상조사활동이 활발히 추진되고 있으며, 희생자에 대한 본격적인 국가배상도 착착 진행되고 있다. 그러나 정작 우리는 어떤 자세로 4·3의 세월을 바라보는지, 얼마나 진지하게 4·3을 생각하는지 자기성찰을 해본 적 있을까? 세계사적 대량학살의 4·3 진상규명과 4·3 이름짓기와 4·3 도민운동이 언제부턴가 정체되고 고인 물이 되어가는 것이 아닐까? 그런 생각으로 이 책의 처음을 열게 되었다. 이 책의 전반적 문제의식은 다음과 같다.

첫째, 기존의 4·3 연구와 역사운동을 종합하여 20년 만에 중간평가할 때가 됐다.

새로운 형식과 다양한 내용을 담아서 딱딱한 역사교양도서의 한계를 극복함과 동시에 솔직한 마음으로 제주 4·3의 새로운 소주제 일곱가지에 대해 쓰고 싶었다. 학술적 내용인 역사적 배경과 새로운 제안과 주장을 담은 1장을 지나면 2장, 3장으로 갈수록 점차 제주의 4·3 역사가 담긴 지역으로의 여행과 생생한 증언 중심의 글이 된다. 특히 3장은 사람이 살아온 증언이 그대로 역사 이야기가 된다.

둘째, 제주공동체의 실질적 상생과 화해를 앞당기는 범도민적인 제2의 4·3 운동을 강조하며 4·3의 대중화와 전국화의 방법을 제시하고자 했다. 4·3의 총체적 원인과 목적을 제대로 알아보기 위하여 화두를 던지는 동시에 휴머니즘을 융합하여 많은 이론서와 안내서가 놓친 제주의 풍광과 휴머니즘과 삶 속 이야기를 보여주고 싶었다. 제주 4·3이 같은 땅, 같은 동네에서 서로가 피해자인 동시에 가해자가 될 때도 있었음을 알게 해주고 싶었다.

셋째, 미소 냉전시대 미군정청의 남한 군사통치 3년은 물론 그 이후 배후조종자 미국의 정체성을 고발하여 미국의 학살책임과 사과와 국가배상 요구의 정당성을 입증하고 싶었다.

한반도와 제주도의 운명을 결정하는 1945년 해방 세상에서 제주인은 그야말로 제주공동체의 정치적 목표를 향하여 목숨을 걸고 대동단결했다. 압도적 다수의 제주인이 남북통일정부수립이란 역사적 대의명분에 동참했으며 그 정신이 이어진 것이 제주 4·3 항쟁이다.

제주인으로 태어나서 4·3의 진실을 말하지 않거나, 남기지 않고 죽는 것은 부끄러운 일이다. 이제 내 손으로 4·3을 쓰면서 그 부끄러움에서 조금 벗어난 느낌이다.

2023년 3월에
제주의 4월을 기다리며 한강범

3부 4·3 유명, 무명인물 가족사와 인간사 스토리 텔링

한라산 까마귀와 망자의 대화록

한강범

까마귀 당신 도대체 누구요?

망자 한라산에 살던 산사람이오. 그러는 그대는 누구요?

까마귀 한라산 큰부리까마귀요. 왕할아버지부터 살아왔소

망자 그대 할아버지와 동시대에 동거하던 사람이오

까마귀 당신도 동네 어르신 삼촌이었단 말이오?

망자 그대 할아버지는 아무거나 먹어 치우는 자연의 청소부였소.

까마귀 청소부라니 욕이요 말이요. 깨끗이 청소했단 말이요.

망자 자연 청소부가 까막눈으로 겨울 한라산에 살 수 있겠소.

까마귀 하늘에서 백록 탄 산신령이 탁월한 후각을 줘서 살만하오.

망자 한라산 산신령이 당신네를 살펴준단 말이오?

까마귀 그냥저냥 오래 살아 산지기 텃새가 됐단 말이오.

망자   갈까마귀나 떼까마귀나 다 같은 까마귀잖소.

까마귀 그들은 철새요. 나는 한라산 텃새 큰부리까마귀요.

망자   겨울산에 하얀 눈이 깊어 먹거리 냄새나 맡겠소

까마귀 가을산에 숨겨둔 먹거리 기억나니 겨울도 살만하오

망자   깊은 눈에 문드러진 사체 어찌 알고 먹는단 말이오?

까마귀 후각, 지각, 큰 부리로 잡식성 생존에 최적화됐소.

망자   한라산 먹이사슬에서 당신네가 대장이오.

까마귀 산에 센 놈들이 있어도 당당한 한라산 텃새요.

망자   한라산 주인 행세 너무 거만 떠는 거 아니요?

까마귀 한때 제주에 까치 떼 몰려와도 별거 아니었소.

망자   시베리아 철새 독수리 떼 침범해도 이길 수 있겠소.

까마귀 한번 붙어볼 만하오. 당신네처럼 기어 다니지 않소.

망자   기어 다닌다고 말씀이 지나치지 않소.

까마귀 무릎 꿇고 동굴 속을 박박 기어 다녔지 않소.

망자   무릎 꿇다니 산사람 자존심 건드리는 거요.

까마귀 한라산 우리 동네 쳐들어온 건 당신들 인간이오.

　　　　　불붙여 망나니칼춤으로 한라산이 피범벅 세상이었잖소.

망자   그대는 한라산 산지기로 텃세를 부리고 있는 거요.

그대가 인간을 심판하려고 나설 처지가 아니잖소.

까마귀 우리네 살림터를 쓰레기 잡동사니로 더럽힌 지금이나

할아버지가 엄청난 사체 청소부로 살았던 옛날이나

한라산 평화를 깬 것은 당신네 인간들이오.

애꿎은 우리 까마귀를 표적으로 삼지 마시오.

망자 표적으로 삼고 평화 깬 인간들 이야기나 들어보소.

그대 할아버지와 동시대 살던 사람의 못다 한 사연이요.

원통하고 억울하여 눈 뜨고 구천을 떠도는 사람이었소.

어찌하여 시체가 산을 이루고 흐르는 피가 냇물을 이루는가

드넓은 한라산을 지붕 삼아 병풍 삼아

마을마을 올망졸망 오름을 생계 삼아 쉼팡 삼아

시퍼렁한 제주바당 먹거리 삼아 이어도 삼아

오름에서 태어나 오름으로 돌아가는 제주사람이여

제주섬 가난해도 도둑 없이 거지 없이 대문 없는 세상이여

품앗이 수눌멍 삼촌조캐 허멍 절약 조냥허멍 살던 세상이여

해방 세상 통일 세상 만들엉 살아보젠 대동단결 제주사람이여

제주것 제주놈 무시하는 육지것들 육지놈들 쳐들어온 세상이여

3·1절 기쁜 날 좋은 날 애기 업은 아낙 등짝에 누가 총 쏘았는가
평화로운 한라산 마을마을에 누가 불을 저질렀는가
삼촌 조카 갈라놓고 웃뜨르 알뜨르 산촌 해촌 누가 찢어났는가
어허라, 통곡의 세월이여
40년 금기의 세월 침묵의 세월이여
75년 4·3 이름 없는 무명의 세월이여
어허라, 빨갱이 섬에 빨갱이 누명 세월이여

까마귀 한라산에 쓰러져간 영령의 못다 한 사연 잘 들었소.

       한라산 살림터 파괴한 가해자는 어차피 인간이요.

망자 그대도 인간들처럼 피해자이며 동시에 가해자요.

       후각 좋은 당신네는 죽어가는 사람냄새 잘 맡아 모여들었소.

       까만옷 까만눈초리 죽음의 사신으로 주변을 서성거렸소.

까마귀 자연의 청소부가 생존본능에 충실했을 뿐이잖소.

       한라산 원주인은 사람이 아니요. 생태계 자연이잖소.

       개념 없는 우리 할아버지 까마귀가 가해자는 아니잖소.

망자 그대 할아버지가 까만 날갯짓 퍼뜩퍼뜩 사람의 눈알 파먹었소.

       심장 내장 뜯어먹는 현장을 보던 유족의 심정 생각해보았소.

       통통한 갈치와 까마귀의 밥으로 널브러진 제주바당 제주땅이었소.

바당 가면 갈치 잡지 말고 산에 가면 까마귀 잡지 말라.

까마귀 할아버지 세상에 벌어진 사연을 손자까마귀가 잘 들었소.

오랜 세월 산지기, 오름지기, 곶자왈지기에 충실히 살아왔소.

슬픈 사연 한라산 이야기 들어보니 미안하고 미안하오.

망자 그대 먼 조상 까마귀는 태양 속에 살았다오.

태양신의 전령사로 태양의 정기를 듬뿍 받았소.

심부름으로 지상에 내려와 사람들을 사로잡았소.

만주벌판 호령하던 광개토왕 깃발이 삼족오(三足烏)였소.

전설의 남녀 주인공 연오랑, 세오녀도 까마귀 오(烏)자요.

제주 서사무가 차사본풀이 강림의 전령도 까마귀였소.

까마귀 탁월한 후각으로 불길한 죽음 불러오는 현대인의 흉조든

영리하고 신령스런 전령으로 부활을 불러오는 고대인의 길조든

가해자 피해자가 따로 없소. 소중한 생명 서로 인정하시오.

한라산 큰부리까마귀도 생태계 자연에서 명심할 것이오.

망자 두 얼굴의 까마귀 그대 운명을 인정하오.

한라산 지키는 텃새가 되어 부디 망자의 벗이 되어주시오.

한라산 지키는 산지기 되어 부디 부활의 벗이 되어주시오.

이승과 저승 벌판 미여지벵디 헤매는 영혼의 벗이 되어주시오.

너도나도 제주사람 한라산이 어우러진 상생의 벗이 되어주시오.

1부

왜 제주 4·3은
현재진행형인가요?

왜 제주 4·3의 배경과 원인이 7가지인가요?

"제주 4·3은 반(反)제국주의, 반(反)봉건주의 구국투쟁이다. 외세의 간섭을 배척하고, 조국의 분단 음모를 분쇄하여, 통일 독립 민주국가를 전취하기 위한 투쟁이었다."

(이운방, 독립운동가, 1909년생. 「4·3 장정」, 제주4·3연구소. 1990.)

"관덕정 앞에 3·1사건 당시 거기 있었어. 중학생이었는데, 선생님 인솔하에 기념식장에 갔어. 그때 관덕정에서 어린아이가 기마대 말에 치여 4·3사건 일어나는 시발점이 돼버렸지. 그 당시 일본놈들이 타고 다니던 말들, 호마, 그 말을 경찰기마대에서 접수해서 그 말을 많이 타고 다녔어. 높은 말 위에 타면 우쭐대는 우월감이란 게 있는 것 같아. 관덕정 앞마당에 기마병들이 뭔 필요가 있었겠나? 어린아이가 완전히 밟히진 않았지만 기마경찰 말에 치였단 말이야. 그러면 미안하단 제스처를 취하거나 순순히 갔으면 좋은데 약간 우쭐대는 모양을 했어. 군중심리는 항상 약자 편이거든. 그러니까 거기 있던 군중들이 그 기마경찰을 막 욕하면서 붙잡으려고 몰려갔어. 그걸 보니까 이젠 높은 망루에 있던 육지에서 온 응원경찰이 경찰서를 습격하는 것으로 봐서 발포한 거지. 이게 4·3 사건 도화선이 된 거라. 그 현장에서 내가 봤어."

(김완송, 1933년생, 당시 14세. 제주4·3평화재단 인터뷰. 2018.)

이 글을 끌어갈 문제의식은, 제주 4·3에 대한 정명(또는 定名)이 아직도 없을 뿐만 아니라, 4·3 발생 배경과 원인에 대하여 융합적인 관점에서 접근하고 모아내는 해석이 아직 많이 부족하다는 것이다. 4·3이 어떻게 일어났는지에 대한 사람들의 증언은 수도 없이 많다. 그런데 그 원인과 배경 근본 원인 등을 명쾌히 정리하기는 어려운 것 같다.

직접-간접, 외형-내면 원인들을 하나의 큰 덩치로 묶기 위한 융합적 사고를 통해 실체적 본질에 접근할 때 제주 4·3 진상규명에 한 걸음 더 가까이 갈 것이다. 우선 첫 이야기로 제주 4·3의 총체적 발생 배경과 원인 7가지를 알기 쉽게 요약한 후 상세한 근거와 이유를 소상히 밝히고자 한다.

첫째, 제주 4·3의 역사적 원인

-반봉건·반외세(反封建 反外勢) 민족자주 독립국가 건설

"반봉건·반외세의 민족자주 독립국가 건설하자"라는 역사적 대의명분은 구체적 목표인 단독선거 단독정부 반대를 통한 통일정부수립운동으로 나타난다. 4·3의 저항정신은 반봉건·반외세의 동학혁명 정신으로 거슬러 올라가 뿌리를 찾을 수 있다. 반봉건·반외세의 동학 정신은 50여 년 만에 제주 4·3정신으로 부활하여 계승된다. 민족자주 독립국가를 원하며, 인간평등사상에 기초한 민주주의 국가를 소원한다. 반봉건·반외세 동학혁명 정신의 재현이 제주 4·3이다.

섬 밖 외부 세력의 제주인 신분 차별, 지역 차별(민족차별)과 탄압은 제주의 전통적 저항정신을 불러왔다. 1947년 3·1절 비폭력 집회시위와 3·10 민관총파업에 대한 무자비한 탄압이 기어이 4·3 무장봉기를 불러온 것이다. 또한, 잔존하던 신분 차별과 봉건적 풍습의 힘이 봉건사회 해체 시기와 민족해방 시기가 맞물리면서 제주인의 저항 에너지가 표적을 찾게 된다. 그렇게 민족자주 독립국가 건설이라는 목표와 반봉건·반외세의 역사적 저항정신이 4·3을 불러일으킨 것이다.

둘째, 제주 4·3의 경제사회적 원인
-전쟁 직후 경제사회 민생 파탄과 제주공동체의 양적, 질적 변화

태평양전쟁 직후 제주경제사회의 민생 파탄과 공동체의 양적, 질적 변화는 일본군이 물러나고 귀향인이 들어오는 급격한 인구이동 현상에서 시작되었다. 6만이라는 급격한 인구 유입은 사회 혼란과 경제난의 부정적 요인이 되었다. 그래도 한쪽으로는 일제강점기를 청산하는 민족해방 지원군의 역할처럼 작동할 수 있었다.

제주 실정에 어두운 미군정청의 조치와 경제사회에 대한 배경지식과 경험이 없는 2~30대 미군 중심의 정책은 애초부터 현실 가능성이 희박해 보였다. 특히 제주는 흉년과 전염병이 겹쳐서 섬 자체의 자급자족이 불가능하여 중앙과 육지의 지원이 절실하던 시기였다.

이런 경제사회적 위기 상황에서 민족의식과 계급의식으로 각성된 귀향세력이 들어왔다. 이들과 제주도 내 항일운동 출신 세력의 결합은 여론주도층을 형성했다. 그들은 범도민적 지지와 응원을 받으면서 대동단결의 견인차 역할을 했다. 따라서 민생경제 파탄과 공동체의 양적, 질적 변화가 투쟁에너지로 전환되고, 4·3의 경제사회적 원인이 경제투쟁에서 정치투쟁으로 전환되게 되었다.

셋째, 제주 4·3의 정치적 원인
-냉전 시대의 개막으로 미군정청의 예정된 탄압

2차대전 직후는 승전국끼리 나눠 먹기와 세력 확장 다툼이 벌어지는 미소 냉전(cold war) 시대 개막이라는 국제적 정치환경이 새롭게 조성되던 시점이었다. 그 시기 강대국 대리전쟁의 시험 무대로 유럽의 그리스와 아시아의 한반도 제주도가 선택되었다. 세계사적 냉전체제의 아시아판 첫 적용지역이 제주도였다. 제주도는 지정학적으로, 중일전쟁(1937) 때부터 동아시아의 군사적 요충지이며, 정치적, 경제적 전략 지역으로 강대국들이 눈독을 들이는 곳이었다. 일반적으로 정권 출범 초기는 집권세력의 힘과 논리가 강하게 먹혔다. 트루먼 독트린으로 표상되는 시기가 개막함에 따라서 정책 입안하는 초기 집권세력들은 냉전 논리가 보편타당한 최선의 선택이란 것을 입증하기 위하여 그리스와 한반도에서 더욱 강력한 반공, 냉전정책을 폈다.

그런데 심각한 경제적 어려움으로 제주 사회의 여론은 폭발 직전이었다. 미군정청의 대탄압에 상응하는 제주섬의 경제투쟁은 어느새 냉전시대 미국의 이익과 강경 논리에 맞서는 정치투쟁으로 발전하고 마침내 무장투쟁으로 점화된다. 엄혹한 국제정치 냉전의 한복판에서 별다른 경제적 해결 방법이 없는 미군정청의 예정된 대탄압은 제주 4·3의 정치적 배경과 원인을 제공했다.

넷째. 3·1절 집회시위와 3·10 민관총파업의 대동단결과 분노의
기억투쟁

1947년 3월 1일. 제주 전체인구 약 28만 명 가운데 5만 명 안팎의 참여로 일어난 집회 시위는 엄청난 규모의 집단행동이다. 제주 역사상 유례가 없는 참가율일 것이다. 거동이 불편한 노약자와 어린아이를 제외하면 엄청난 응집력을 보여준다고 할 수 있다. 서울 인구 천만 명 중 이백만 명 이상이 광화문 서울광장에 모인 군중집회 규모와 비슷하다고 보면 될 것이다.

또한, 경비경찰의 3·1 발포로 일어난 6명 사망, 8명 부상이라는 결과가 난 사건에 대한 항의를 품고 3·10 총파업 인원 약 4만 명을 조직한 경험은 엄청난 자신감과 투쟁의 기억이 되었다. 이 기억은 1년 후에 무장투쟁으로 분출되었다.

그렇기에 1947년 3월 한 달 내내 대중적 분노와 항의가 쌓여 집적되어 갔다. 또 제주민들에겐 조선총독부의 일장기 깃발이 미군정청의 성조기 깃발로 확실히 바뀐 것을 인지하는 현장의 집단적 기억이 있다. 집회-파업-학교·학생 동맹휴학-마을별 집단행동을 조직하는 성공적인 경험은 공동체의 힘으로 기억되고 축적되었다. 이 3·1 집회와 3·10 총파업으로 축적된 성취감은 제주공동체의 자존감을 마음껏 발산한 대중투쟁으로 각인되어 향후 4·3 발생의 원인으로 작동한다.

발포(강요배 작)

다섯째. 육지경찰과 반공극우 서북청년단을 앞세운 대탄압과 횡포

억울한 사망사건과 총파업이 끝난 시점에서 분노한 민심을 안정시키기는커녕 군경은 예상을 뛰어넘는 전면적인 대탄압을 시작했다. 미군정청 소속 경무부장 조병옥과 행동부대 격인 육지경찰과 반공극우 청년단체가 수백 명씩 대규모로 계속 몰려왔다. 제주도지사로 온 육지 출신인 유해진은 부임할 때 민간인 서북청년단원 7명을 경호원처럼 대동했다. 나중에는 부족한 경찰관 모집과 국방경비대 군인 모병에 서북청년단원들이 대거 지원하여 민간인에서 경찰관과 군인 신분이 되었다.

대대적인 검거선풍, 고문수사, 대량 구속. 재판회부 등의 수순으로 이어지는 대탄압 과정은 냉전시대의 반공논리와 폭력성을 동반하는 것이었다. 그중 서청 출신 외부 세력은 재산약탈, 폭력, 납치감금, 고문치사 때문에 공포의 대상으로 악명을 떨쳤고 지금까지 악명이 이어진다.

그들 상관과 서청 회원들에 의하여 제주도는 '빨갱이섬(red iland)'이라고 낙인찍혀갔다. 4·3 발발 전후로 빨갱이는 죽여도 된다는 식으로 중세 시대 마녀사냥처럼 살벌해졌다. 육지것들에 대한 제주인의 전통적 피해의식이 되살아나는 만큼 그 이상의 반감과 분노의 여론이 급격히 형성됐다. 집권세력에 대한 제주도민의 반발 여론은 항쟁지도부에 대한 지지와 동참으로 결집된다. 이렇게 외부세력의 침탈과 대탄압 때문에 저항의 한길로 나서게 된 것이다. 민중에 대한 대탄압은 4·3 무장투쟁의 발발을 재촉했다.

여섯째. 제주도 인민위원회의 조직력과 제주인의 저항 정체성

1947년 3월 1일. 해방 시대 제주섬 안의 섬 가파도에서, 우도에서 남녀노소 수백 명씩 돛단배나 통통배를 타고 몰려오는 3·1절 집회는 누가 조직했을까? 제주 인구 약 28만 명 중 5만 명 이상을 지역별로 한날 한시에 불러 모으는 기적 같은 상황은 누가 만들었을까? 직장별 지역별 파업집회에 동참하는 파업율 94% 이상 약 4만 명 이상의 민관총파업은 도대체 누가 만들었는가? 그 조직의 정체는 노동조합도, 특정 정당도 아니다. 정답은 '인민위원회'였다.

그렇다면 제주도 인민위원회의 조직력과 집행력은 어디에서 나오는 가? 정답은 제주인 특유의 공동체문화와 대동단결 저항 정체성이다. 인민대중의 신뢰와 지지여론→ 공동체의 대동단결력→ 인민위원회의 투쟁조직력→ 정당조직→ 무장대 조직망으로 도식화되는 강고한 연결고리가 4·3의 내면적, 심층적 원인으로 작동했다.

특히 산악전투 시 한라산 동굴과 숲지대 곶자왈에 자리한 산간 마을주민의 보급지원은 남녀를 가리지 않았다. 제주도 인민위원회의 촘촘한 조직력과 지역자치 장악력은 언제든지 장기항전에 필요한 지원부대 역할과 투쟁조직력으로 전환될 수 있었다.

제주인의 저항 정체성은 전통적인 무장투쟁의 양상으로 나타났다. 제주인은 오래전부터 대동단결 결사항전의 저항 DNA, 저항정신이 강했다. 이런 역사적 배경은 부록으로 정리해 알기 쉽게 했다. 이러한 제주 인민위원회의 정신적 힘과 단결력과 투쟁조직력은 4·3의 심층적, 내면적 원인으로 융합되었다.

일곱째. 급박한 선거 일정과 항쟁지도부의 12:7 결정

1948년 5월 10일은 남한 단독선거 날이었다. 당시 다수의 국민이 남북 통일정부의 수립을 열망했었다. 다만 이승만 지지세력 등은 미국의 입장과 일치하여 단독정부를 주장했다. 단독정부냐? 통일정부냐? 단독선거냐? 남북 합동선거냐?란 고민은 깊어지고 그 속에서 남조선노동당(남로당) 제주도당 간부와 12개 읍면 조직책임자 등 19명은 심각한 토론과 고심 끝에 '5.10 선거 반대와 저지를 위한 무장투쟁 방침'을 결정했다. 본인의 목숨은 물론 수많은 죽음과 희생을 각오한 결정이었다. 신중론과 강경론이 오가면서 결국 12:7로 항쟁을 결정한 것이었다.

　조직의 방침과 결정은 강력한 규정력이 있었다. 곧 치밀한 준비가 시작되었다. 1948년 4월 3일 새벽, 한라산 오름마다 무장봉기의 횃불 신호가 올라갔다. 실제로 대다수의 주민들은 1948년 5.10선거를 거부하며 집단행동을 결심한다. 마을별로 산에 올라가서 선거가 끝난 후에야 내려왔다. 급박한 단독선거를 반대하는 무장투쟁 결정은 4·3의 직접적 원인으로 작용했다.

　이제 좀 더 자세히 제주 4·3속으로 들어가 보자.

첫째, 제주 4·3의 배경과 역사적 원인
-반봉건·반외세(反封建 反外勢)의 민족자주 독립국가 건설

　새로운 해방 세상이 열렸다. 봉건적 차별 철폐와 침략적 외세 축출은 기본전제였다. '반봉건·반외세의 민족자주 독립국가 건설하자.'라는 역사적 대의명분의 구체적인 목표는 단독선거와 단독정부를 반대하는 통일정부수립운동으로 실현될 수밖에 없었다. 또한 통일정부의 국가 정체성은 반봉건·반외세의 인간 평등 민주주의 자주국가였다.

그 목적을 위해 싸워야 했다. 반봉건·반외세의 민족자주 독립국가건설을 향한 투쟁 방법은 동학혁명처럼 무장봉기였다. 민족 자주 통일정부 건설이란 역사적 대의명분과 지지여론은 4·3의 역사적 발생 배경과 원인으로 단단히 자리매김했다.

1945년 8월 15일. 민족해방 소식이 들려왔다. 우리 민족이 40년 동안 일제 조선총독부 독재정치에서 해방된 날이었다. 1940년대였다. 봉건사회 해체기에 들어섰지만, 여전히 봉건적 문화와 관습의 힘은 살아 있었다. 식민지사회는 해체됐지만, 조선총독부 공간에 미군정청이 대신 들어섰다. 각종 차별에 앞장서던 봉건세력과 민족 탄압에 앞장서던 친일세력 그리고 기득권세력은 해방공간에서 호시탐탐 활로를 모색하고 있었다. 그에 더해 패전국 일본 대신 승전국 미국이 성조기 깃발을 앞세운 점령군으로 제59군정중대가 상륙했다.(1945. 11. 10.) 그 미군을 바라보는 제주사람들은 무슨 생각을 했을까?

미군의 정체성을 바라보는 혼란스러움은 얼마 지난 후 끝났다. 머뭇거림과 판단의 시간은 오래 걸리지 않았다. 그들 스스로가 말한 대로, 그들은 승전국 점령군이었다. 태평양 육군 총사령관 육군 대장 맥아더의 포고령과 주한미군사령관 하지 중장 명령을 받는 군정장관 육군 소장 아놀드 딘의 법령 공포로 제주도를 군사통치하러 온 세력이었다. 그래서 제주섬을 점령한 외부세력은 경계의 대상인 동시에 원망의 대상이었다.

오랜 세월 동안 물도 귀하고 농사가 잘 되지 않는 척박한 화산섬, 외딴섬, 가난한 제주인은 외부의 괴롭힘과 시달림을 받을수록 더욱 똘똘 뭉친 공동운명체가 되어 생존을 위한 집단방어로 저항의 역사를 만들어왔다. 천년을 이어온 저항 역사의 기록으로, 하나씩 축적된 저항정신은 제주인의 피에 스며들어 집단적 저항DNA가 형성된다. 제주학자 박찬식(『4·3공동체 저항의 역사』, 제주4·3연구소, 2018)은 다음과 같이 순종과 저항의 제주역사를 분석한다.

"강력한 외부의 힘에 대응하는 과정에서 제주민의 정체성은 순응과 저항의 양면성을 함께 지닌다. 순응의 정체성은 제주민을 극심한 수탈과 억압 속에서 참고 버티는 근면함과 강인함의 상징으로 각인되었다. 저항의 정체성은 중앙의 통치 세력에 대한 반발로 표출되고 대개 민란이나 항쟁으로 이어져 장두의 비극적인 죽음으로 귀결된다."

탄압과 저항의 역사를 잠시 보자. 제주의 해양왕국이었던 탐라국은 6세기경부터 국가의 위상이 약화되었다. 탐라국 국호는 유지하지만, 백제와 신라를 거쳐 고려의 간섭을 받는다. 고려시대 중기로 넘어와서는 탐라국 국호 딱지를 떼이고 '탐라' 또는 '제주'[건널 제(濟), 마을 주(州)]로 위상이 격하되는 복속 관계로 전환된다. 즉, 탐라국이 아닌 고려 소속의 바다 건너 큰마을 '제주'에 불과하게 한 것이다. 더구나 조선시대 때는, 중앙집권체제의 직접적인 통제가 심해지고, 허가 없이는 육지 출입을 금지한다는 출륙금지령(1629~1825)으로 200년 가까이 유배인처럼 고립적인 섬살이를 강요당한다.

고려 의종 때부터 중앙정부의 직접적인 통제가 시작되더니, 본토 파견관리의 지나친 세금 징수와 횡포에 맞서는 탐라인의 저항역사가 만들어진 것이다. 그리고 마침내 적극적인 무장봉기 민란이 줄을 이었다. 고대 탐라국 이후 한 덩어리 같은 지배 세력이 침탈하고 수탈하는 만큼 외지인에 대한 피해의식과 트라우마도 함께 누적됐다. 그 누적된 순종과 저항의 기억은 제주 전체로 구전되어 전설처럼 쌓였다. 제주인의 무뚝뚝한 순종은 생존을 위한 심리적 집단방어이며, 폭발적인 저항은 제주섬 특유의 공동체 투쟁력으로 집단화되었다. 외지인의 봉건적 차별과 탄압은 '반봉건·반외세'의 전통적 저항형식으로 4·3의 역사적 배경과 원인으로 작동했다.

차별과 탄압의 근거는 다음과 같다.

첫째, 섬 밖 외부 세력의 신분차별과 계급차별 때문이다. 제주는 몇몇 씨족세력을 제외하면, 거대한 정치권력, 자본권력이 없이 대체로 공동체적 사회질서로 안정과 균형을 유지했다. 사회의 하부구조인 마을 공동체 공동소유, 공동생산의 원시적 경제활동이 남아 있었다. 그래서 사회적 신분 갈등이나 소작쟁의 등 분쟁이 다른 지역보다 적었다. 가령, 해안마을의 해녀 어업도 동네별 마을바다 공동소유로 공동체 자치와 풍습으로 법률을 대신한다. 산간마을의 농축산업도 공동소유의 드넓은 마을목장과 공동방목의 순번제로 당번을 정하여 방목한다. 척박한 화산토질 때문에 대부분 벼농사 없이 밭농사로 자작농이거나 소규모의 자작 겸 소작을 하기 때문에 서로 돌아가면서 제주형 수눌음(노동력 품앗이) 공동체로 어울렸다. 경조사 등의 정보교환과 이야기로 하루해가 질 때까지 노동하는 공동체 생활문화에 익숙하다.

그런데 섬 밖 외부 세력들이 쳐들어오면서 계급 질서를 강요하고 신분 갈등을 부채질하고 지배와 피지배, 다단계 신분제도의 봉건사회적 질서를 강요했다. 하지만 제주인들은 외부의 탄압이 들어오면, 강인한 생활력만큼 강력한 저항으로 맞선다.

제주인의 반응은 봉건사회의 계급충돌과 문화충돌 현상으로 인식하고 정치적 불만과 갈등으로 여론이 확산되었다. "육지것들은 지나치게 신분과 계급을 따진다", "섬것들을 가난하고 무식하다고 멸시한다"는 말들이 퍼져나간 것이다.

둘째, 외부 세력의 지역차별(민족차별) 때문이다. 같은 말을 쓰는 육지 세력과 외국 말을 쓰는 외국 세력은 외형적으로 두 세력이지만, 제주인의 눈에는 하나의 외지인 권력으로 보인다. 육지점령 후 미군정청의 명령에 따라 미군인과 육지사람이 동행하면, 봉건시대의 제주파견 관리들처럼 인식하게 되었다. 지역차별과 민족차별은 하나의 몸통에서 나오는 차별과 탄압으로 동일시한다.

해방 시대 한반도 중심 세력은 남쪽 서울과 북쪽 평양이다. 중앙집단과 변방집단, 수도권과 지방권으로 나누는 일반적 기준보다 더욱 심각한 차별은 제주섬에 대한 외부 세력의 편견에서 시작한다. 이들은 사실과 왜곡을 뒤섞어 사실처럼 제주를 이야기했다.

"제주는 역사적으로 대역죄인이 유배 가는 반역의 섬이다." "제주는 무장봉기가 자주 일어나는 반란의 섬이다." 정도는 보통이다. 제주 원주민 몇 성씨를 제외하면, 제주에 입도한 조상 100여 성씨는 반역죄인들이 제주에 살면서 내려온 반역의 피가 흐르는 후손들이라고 이야기하거나 화산토질 때문에 물이 귀하고 농사가 어렵다거나 거친 섬바람과 함께 쓸모없는 돌이 많다고 하며 자연 상태를 비하하기도 했다. 바다 물살도 세고 높아 위험할뿐더러 너무 멀어서 파견관리들이 꺼리는 지역이고 먼바다로 고립된 섬이기 때문에 제주사람과는 말도 잘 안 통한다며 자신들

기준으로 이야기했다. 제주인은 무뚝뚝하며 거치며 폐쇄적이라며 비아냥대기도 했다.

제주도를 삼다 삼무(三多三無)의 섬으로 규정한 것도 육지사람들이 육지와 비교하며 만들어낸 것으로 해석할 수 있다. 삼다, 즉 돌, 바람, 여자는 척박한 자연환경과 노동조건을 지적한 것으로 보인다. 즉, 쓸데없는 돌투성이 밭과 땅이 많으며 바람과 해풍이 많이 불고 거세 장애가 된다. 남성노동력보다 여성노동력이 많다. 그리고 삼무, 즉 대문, 거지, 도둑은 열악한 사회환경을 지적한 것으로 보인다. 가진 것이 없으니 집에 단단한 대문이 필요 없다. 모두가 가난하여 거지와 평민이 큰 차이가 없다. 이러한 생각들이 지금처럼 천연의 자연풍광과 귤 등 밭작물로 각광받기 이전에 전통적인 제주도를 바라보는 지역차별적 심리가 깔린 관점이었다.

그러나 육지 세력에 의한 제주인에게 삼다 삼무의 제주 차별적 비교는 공동체를 똘똘 뭉치게 하는 자극제가 되기도 했다. 변방 제주인의 역사적 피해의식과 투쟁심은 봉건시대부터 중앙의 파견관리들이 부정부패와 탄압을 저질러서 발생했다.

일제강점기 조선총독부처럼 미군정청의 통치행위도 마찬가지였다. 미군정청 산하 제주 경찰병력이 부족해지자, 1947년 3·1절 기념집회와 3·10 민관총파업을 기회로 삼아 육지경찰과 반공극우 청년단체가 속속 들어왔다. 그들의 횡포와 탄압도 제주인들을 무시하는 지역차별에서 시작된 것이며 외세 지배 시절 동안 민족차별과 지역차별을 그냥 통틀어서 좀 더 강한 제주인 차별로 인식하며 살아왔다.

외부세력들이 저지른 제주인에 대한 다원적인 차별에 맞선 전통적 저항의 강도는 점차 높아만 갔다. 각종 차별과 봉건적 풍습의 힘은 그때까지도 잔존했다. 그러나 봉건사회 해체기와 맞물린 민족해방 시대의 역사적 목표가 결합하면서 제주인의 저항정신이 표적을 찾았다. 민족자주 독립국가 건설이라는 역사적 목표가 분명했다. 차별과 탄압에 대한 반응은 역사적 저항정신을 불러오고, 역사적 저항 목표, 즉, 반봉건·반외세의 민족자주 독립국가 건설 목표로 발전하며 제주 4·3을 불러온다.

둘째, 제주 4·3항쟁의 경제사회적 원인
-전쟁 직후 경제사회 민생 파탄과 공동체의 양적, 질적 변화-

첫째, 전쟁 중 일본군의 약탈과 노동력 착취로 가난해진 제주가 원인이 되었다.

제2차 세계대전과 태평양전쟁에서 패색이 짙어진 일본군은 마지막 발악을 한다. 일본군 결7호 작전명령에 따라 일본 본토 사수를 위한 최후의 결사 항전 전쟁터로 제주 전역을 요새화한 것이다. 생계를 위한 일손을 멈춘 제주인은 건설 현장에 나가서 일본군의 감시 감독하에 노예처럼 노동력을 착취당했다. 가령, 좁은 제주섬에 5개의 군용비행장을 건설하는데, 이들이 대정읍 송악산 근처 알뜨르비행장, 제주시 정뜨르비행장(현 제주국제공항), 신촌리 진뜨르비행장, 서홍동 서귀포비행장, 중산간 교래, 가시리 주변 비밀비행장이다. 이 활주로에 필요한 제주 화산석을 캐고 깨고 옮기고 깔기, 잔디를 강제공출하고, 주변 주민들을 건설 장비도 제대로 없이 강제노역을 시켰다. 특히 일본군은 6만이라는 대군에게 필요한 군사시설, 군용물자, 식량 보급이 부족해지자 제주도민의 재산을 약탈하는 걸로 보충했다. 도민들의 마소를 비롯한 농수축산물 먹거리까지 강제적으로 공출했다. 생산활동 시간을 뺏긴 채 무임금 노동착취로 시달리던 제주도민들이 배고픔, 가난, 고통으로 인내심이 바닥을 칠 때 해방이 찾아왔다.

둘째, 6만의 급격한 인구 유입으로 발생한 사회 혼란과 공동체의 변화가 원인이 된다.

해방 직후 제주도 출입 유동 인구를 고려해도, 약 27% 이상의 폭발적인 인구 유입 증가율은 월남 이재민이 가장 많은 서울을 제외하면 가장 높았다. 강제징병, 강제징용, 강제학병 피해자는 물론 수많은 제주인이 가난 탈출을 위하여 육지로, 일본으로 돈을 벌러 갔다가 귀향했다. 해방 소식에 기쁨과 설렘으로 귀향선의 출발 뱃고동 소리를 들을 수 있었다. 더구나 이 귀향인 연령대는 혈기왕성한 20대부터 다양한 사회 경험을 축적한 3~40대가 대다수인지라 제주사회에 엄청난 활력과 에너지를 공급해주었다. 귀향인 6만 세력이라는 급격한 인구이동은 부정적인 사회질서 혼란과 경제난의 요인이 되기도 하지만, 동시에 일본 제국주의를 청산하는 혁신에너지가 되어 긍정적인 사회변동 요인으로 작동하는 양면성이 있었다.

또한 일제강점기 독립운동가 제주선배들이 오사카를 중심으로 경찰의 감시를 피해 가며 활약했는데 그들은 자연스레 고향 사람들과 교류했다. 고무, 유리, 구리, 주철, 전기, 화학, 방적공장 등에서 각각 수십 명, 수백 명씩 조선인 단순노동자가 저임금과 열악한 노동환경에 노출되었다. 그들은 노동 인력 시장의 착취를 체험하는 동시에 노동조합의 단결과 민족의식을 깨닫고 뭉칠 수 있었다.

가령, 여성해방과 문맹퇴치를 위해 조천 부녀야학운동을 주도했던 김시숙(1880~1933)을 들 수 있다. 그녀는 1927년, 부족한 재정 마련을 위해서 제주인 노동자들이 많은 오사카로 건너갔다. 제주 여성노동자들의 열악한 노동 현실을 목격하고 일본에 눌러앉게 된다. 고순흠과 함께 조선여공보호회 조직 활동과 제주 출신 여자공장노동자들을 위한 소비조합운동 등으로 5년 넘게 여성노동운동을 했다. 김시숙은 54세에 사망하기 전까지 일본 내 제주 여성노동자의 대모 역할을 하며 존경받았다. 그녀가 오사카에서 운명하자, 제주 출신 여성노동자들이 애도 속에 호상회(好喪會)를 만들어 배를 타고 고향 조천까지 와서 슬픔 속에 장례식을 치렀다.

3년 후, 노동운동가로 활동했던 김문준의 장례식도 수많은 재일제주인의 애도 속에서 일본 땅에서 조국 고향 산천 조천까지 옮겨와 치러졌다.

"오사카에서 광전재봉소라는 옷 공장에서 시야개일(마무리일)을 했어요. 한 달 수입이 30원으로 밥값은 50전이죠. 노동자 수가 700명으로 큰 공장이죠. 여기서 3년 일하면서 나는 일본 전협(전국노동자단체협의회) 소속의 조합원이 되었죠. 이 공장에서 '처우개선', '임금인상'을 요구하며 파업에 참가하다 일본 경찰에 검거되어 모진 고문 끝에 강제소환당합니다. 그때 김문준(조천), 부병준(북촌) 등이 전협 간부로 있으면서 우리 무산자 계급을 위해 일을 많이 하신 분들입니다. 우리가 노동하면서 한 달 50전씩 회비를 낸 돈으로 고향(북촌)에 신성회관도 짓고 북촌 공동묘지 땅도 샀습니다. 악기도 사서 고향에 무슨 행사할 때 연주하라고 보냈죠. 조천에서 무슨 행사할 때도 북촌악대가 나갔어요."

(윤상목. 북촌리. 「4·3 장정」, 제주4·3연구소. 1990)

일본인 소유의 제주-오사카 연락선이 고액 승선료로 횡포를 부리자, 김문준은 '동아통항'조합을 만들어 제주인 자주운항운동으로 제주 연락선을 운행했고 1927년 무정부주의자(아나키스트) 고순흠 등도 신진회 조직 활동과 함께 제주-오사카 연락선 제주회사 만들기, 소비조합운동 등을 통하여 제주인의 관심사와 민원 해결에 앞장서는 독립운동가로 영향력을 확산시켜 나갔다. 그리하여 단순노동자에서 노동조합 조직원으로 변모하는 제주인도 생겨나고, 파업에 가담하며 노동자의 법적 권리를 체험하며 귀향한다. 강제징병 군인, 강제징용 노무자, 학병 출신 군인장교, 일본 유학 지식인, 생계형 남녀노동자, 사회주의자, 독립운동가와 같은 정말 다양한 6만 명의 각성된 체험부대가 귀향한 것이다. 좁은 제주섬을 벗어나 시야를 넓히고 다양한 체험으로 축적된 6만 명의 귀향인은 애향심, 애국심, 민족의식, 공동체 의식으로 대동단결하자는 여론 형성에 든든한 토대로 구축되었다.

도 내외에서 결합된 사회 분위기와 여론주도층의 목소리는 시련의 경제사회 격변기에 제주공동체의 변화를 적극적으로 견인했다. 따라서 6만 인구 급증으로 인한 부정적 경제난 발생과 긍정적 공동체 단결은 경제투쟁으로 시작하는 4·3항쟁의 경제사회적 원인으로 작동했다.

셋째, 전쟁 직후 극심한 경제 파탄과 미군정청의 무대책과 무능이 나타났다.

태평양미육군 총사령관 맥아더 육군대장→ 제24군단장 겸 주한미군사령관 하지 중장→ 재조선 미군정청 군정장관 딘 소장→ 제59 군정중대 스타우트 소령-베로스 중령-맨스필드 중령

이 도식은 제주 군정장관 군사통치의 순차적 책임자를 나타낸다. 그들은 국방부 장관의 명령도 받지만, 미국 국무부 장관 산하 주한미대사관의 최종적인 지시를 수행해야 했다. 당시 조선점령군 미국 군인들은 남한에 대한 배경지식도, 지배에 대한 준비도 부족했다. 미소 패권 경쟁의 냉전시대 개막에 따른 국제외교정책과 한반도의 운명에 대해서는 모른 척, 그냥 작전명령 이행처럼 상부의 지시를 충실히 집행한 것이다.

미군정 실시 초기에는 자본주의 자유시장 원리에 따라서 자유롭게 사고파는 시장에 맡기는 식량정책을 실시했다. 그리고는 매점매석과 물가 인상으로 쌀값이 뛰어오르자, 지나친 화폐 발행으로 인플레이션 현상을 악화시켰다.

얼마 후에 식량(미곡) 강제 수집과 강제 분배 정책으로 일방적으로 바꿔 버린다. 특히 제주인들은 가뭄과 주식인 보리농사 흉작, 인구 급증으로 생긴 실직난, 경제난 등으로 시달리는 상황인데, 식량 수집과 배급기준의 불합리성과 강제성 때문에 더욱 제때 제대로 먹지 못하고 굶주렸다.

마침내 구직난, 식량난, 생필품 부족, 물가 인상, 대흉작, 전염병 창궐, 밀수품 거래, 매점매석, 미군정청 공무원 관련 부정부패 등의 사건

까지 발생하여 총체적 경제 파탄과 사회 혼란이 생겨나고 민심이 극도로 흉흉해졌다. 심지어 미군정청은 일본에서 힘들게 번 돈의 상당량을 가져오지 못하게 하거나 일본에서 들여오던 생활필수품도 통제하고 제한한다.

가령, 1946년 여름 3개월 동안 "호랑이가 살점을 찢어내는 고통을 준다"라는 호열자(虎列刺, 콜레라) 발생이 심할 때는, 매일 평균 50명씩 발생하고 총 369명의 사망자가 나타났다. 게다가 방역 차원에서 환자 집과 동네를 격리해 버렸다. 도민들은 한동안 도외 출입금지령 때문에 출항과 경제활동을 중단하는 등 생활고와 경제난은 가중되었다. 굶주림에 지친 사람들은 칡뿌리 또는 보릿겨가 혼합된 해산물 톳밥, 전분 찌꺼기 등으로 연명했다.

그런데 이러한 상황에서 미국은 자국 회사의 상품인 양과자, 양담배 등을 광범위하게 살포하며 자신들에게 유리한 점들에 대해 선전했다. 이 상황에서 미국의 달콤한 사탕발림과 자본시장 진출 의도를 경계해야 한다는 양과자 반대 학생집회가 제주 시내 한복판 관덕정 앞 광장에서 개최되었다(1947. 2. 10.). 제주농업학교, 오현중, 제주여중 등 학생 1,000여 명이 동맹휴학을 결의하고 교문 밖으로 뛰쳐나와 시위를 벌인다.

양과자 반대 학생운동은 소문을 타고 제주 전역으로 퍼져나갔다. 미국 양과자 수입 반대운동과 시위 소식은 언론보도를 통해 전국적인 화젯거리가 되었다. 당시 미군 정보보고서에도 이를 제주도에서 일어난 최초의 반미시위로 상부에 보고했다.

밥도 제대로 못 먹는 세상에다 자연재해와 전염병으로 민심은 흉흉해졌다. 예부터 민심은 천심이다. 제주인들은 하늘만 쳐다보지 않았

제주농업학교에 설치된 미59군정중대 본부에 성조기가 휘날리고 있다.(미국립문서기록관리청 소장)

다. 누군가 책임지라는 여론의 향방은 해방정국의 지배자에게 향했다. 심각한 경제사회적 어려움은 무능한 미군정의 정책 실패와 대안부재로 신뢰가 깨지면서 정치적 분노로 변하여 확산되었다. 제주의 전통적 저항 에너지가 경제사회 민생 파탄과 공동체의 양적, 질적 변화에 탄력을 받아 제주 4·3의 경제사회적 원인이 되었다.

셋째, 제주 4·3 항쟁의 정치적 원인
-냉전시대 무능한 미군정청의 예정된 탄압

제2차 세계전쟁의 종전 전후부터 냉전시대를 준비하던 시기, 1946년 미국의 반공주의 정치가, 미국무부 정책담당자, 자본주의 경제학자 등은 새로운 국제질서 개편의 필요성을 강조하는 정책 준비단계에서 '썩은 사과 이야기'를 퍼뜨렸다.

"썩은 사과 하나가 상자 속의 사과들에 영향을 주는 것처럼, 그리스의 부패는 주변에 이란과 중동아시아, 동유럽 국가 전체에 영향을 미칠 것이다. 따라서 세계의 2/3 지역이 공산주의자에 의해 조종될 수 있는 심각한 문제이다. … 남한은 아시아에서 우리의 전체 성공이 달려있는 이데올로기의 전쟁터이다. 즉, 자본주의냐 공산주의냐를 결정하는 시험 장소이다."

(1946. 7. 16. 애치슨 D.G. Acheson)

당시는 2차 그리스 내전(1946~1949)이 진행 중인 상황이며, 미국과 소런이 한반도를 분할통치하는 상황이었다. 이 시기에 트루먼 대통령은 그리스 내전을 지원하는 재정확보를 위한 미의회 연설에서 새로운 외교 정책 선언인 트루먼 독트린(Truman Doctrine)을 천명했다.

> "그리스가 소수 무장세력에게 떨어지면 혼란과 무질서가 인근 터키, 이란 등 중동 전 지역으로 확산된다. 그리스에서 외부 세력에게 지원 받는 소수 무장세력에 저항하는 자유인민을 지지, 지원하는 것이 미국 의 외교정책이 되어야 한다."
>
> (1947. 3. 12. 트루먼 Harr S. Truman)

트루먼 선언은 제2차 세계대전 후 새로운 국제질서의 세계사를 열어가겠다는 냉전시대의 개막을 명확히 했다. 트루먼이 지적한 외부 세력은 소련이었고, 소수 무장세력은 그리스 반정부게릴라 무장대였다. 미소 강대국은 자국민의 엄청난 희생을 부르는 3차 대전 같은 열전(hot war)은 서로 피했다. 간접 대리전으로 제3지역, 제3의 국가나 세력을 앞장세운 저강도 전쟁, 국지전(지역제한 전쟁) 등에 관심을 돌렸다. 소규모 전쟁이지만, 그 배경에는 반드시 이념과 경제의 논리가 숨은 냉전(cold war) 시대로 돌입한 것이다. 이어서 트루먼 연설 이후 1947년 6월에는, 현역 군인 신분의 마샬 국무장관이 자본주의국가를 지원하기 위한 유럽부흥 계획, 즉, 마셜플랜(Marsall plan)을 발표했다. 이것은 미소 관계가 급격히 냉각되는 긴장 상태로 들어간다는 신호탄이었다. 유럽은 그리스에서, 아시아는 조선에서 냉전의 첫 실험장으로 예정된 정치적 상황판은 엄청난 비극을 예고하고 있었다.

미국은 한반도에 반공의 전진기지를 구축하기 위해 남한에 친미반공 우익세력을 지원하며 이승만 정치세력을 선택했다. 당시 제주 4·3이 일어나자, 주한미군은 "제주도는 동양의 그리스다"라고 비교하고 이에 동승한 서울발 외신들도 5·10선거를 전후하여 남한과 제주도의 상황이 전개되자, 그리스 내전과 비교하며 현재 진행 중인 두 사건의 전개 과정이 비슷하다고 보도했다. 그들은 제주도의 구체적인 5·10선거 무효사건을 근거로 제시했다.

제주 4·3에 대한 미국의 개입과 역할에 관한 연구를 지속하며, 대량학살의 책임소재를 추적하는 4·3 연구학자 허호준은 『4·3, 미국에 묻다』(2021)에서 분명하게 미국의 책임을 묻고 있다. 이를 요약하면 다음과 같다.

"이승만 정부수립 전에는 태평양미육군 총사령관 맥아더 대장, 주한미군사령관 하지 중장 미군정청 군정장관 딘 소장 등의 순으로 직간접 개입한다. 5·10선거가 무산되자 하지 중장이 직접 브라운 대령을 진압사령관으로 파견하여 군경토벌대를 지휘하게 했다. 정부수립 후에는 '한미군사안전잠정협정'(1948. 8. 24.)과 '주한미군 군사고문단 설치에 관한 협정' 등에 근거한 작전지휘권을 확보하여 미군사고문단(1949. 7. 1., 단장 로버츠 준장)과 주한미사절단을 통하여 직간접 개입하며 강경진압정책과 초토화작전으로 일관한다."

트루먼 독트린의 강경외교정책은 백악관, 국무부, 주한미국대사관 주도하에 국방부(펜타곤)와 주한미군사령부와 미군방첩부대(CIC) 라인을 통하여 제주도까지 차질 없이 집행되었다. 미국군사정부 미군정청은 세계적 냉전체제와 반공주의 국제질서를 구축하는 데 앞장섰다. 미군정청 산하 주요 구성원들은 아시아, 한반도, 제주도의 순으로 냉전시대의 강경 기조와 논리를 최초로 적용한 시험장의 현장 책임자들이었다. 이승만은 트루먼에게 보내는 서한에서, "한국은 그리스와 비슷한 전략적 가치와 상황에 놓여 있다. 미 점령지역 남한에서 과도적인 독립정부의 즉각적인 수립이야말로 공산주의 진출을 저지하는 보루를 세우는 일이다"라고 했으며 (1948. 3. 13.) 한국전쟁 직후 트루먼은 보좌관들에게 "한국은 극동의 그리스이다. 우리가 그리스에서 했던 것처럼 강력하게 맞서고 조치해야 한다"라고 했다.

반공극우 청년단체인 서북청년단도 제주도로 지원파견을 나가면서, "제주도는 조선의 작은 모스크바다"라고 맞장구를 쳤다고 한다. 그렇기에 민간인에게 그런 만행이 가능했다.

(「1947년 냉전체제의 형성과 제주도」, 허호준. 2017.)

제주도 군정장관의 임무와 관심사는 도내 치안질서 유지와 미군의 군사 지배력 유지와 정치적 영향력을 강화하는 것이었다. 그래서 전쟁 직후 누적된 경제공황 수준의 경제난으로 가난과 굶주림으로 아우성치는 민생과 흉흉한 민심은 남의 나라 일이었다. 젊은 군인장교의 행정력과 정치력은 시행착오와 한계가 뚜렷했다. 오히려 제주인의 전통적 저항의 대상이었던 섬 밖 외부 세력을 계속 끌어들이고 친일경찰 재등용 등으로 민심에 반하여 해결하려 했다.

미국의 냉전 논리와 예정된 강경탄압정책은 결과적으로 드러나고 입증된다. 가령, 남한만의 단독정부수립을 위한 단독선거가 제주도 3개 지역선거구 중 2개 선거구에서 무산되었다. 이는 남한에서 유일한 현상 이었다. 이에 주한미군사령관 하지 중장은 브라운 대령을 제주도 통합 사령관으로 임명하여 제주도에 급하게 파견했다(1948. 5. 20.). 제주도만의 1948년 6·23 재선거 실시계획을 염두에 둔 것이었다. 브라운 사령관은 제주도 현지 취재기자들에게 단호하게 발언했다.

"원인에는 관심이 없다. 나의 임무는 오직 진압이다."

그렇게 직접 작전지휘권을 행사하며 진압에 나섰지만, 실패하고 제 주도를 떠났다. 6·23 재선거 성공을 호언장담한 브라운 대령의 체면이 구겨졌다. 미군정청은 물론 미국의 얼굴도 구겨지는 사건이다. 그 후 미 국은 제주를 빨갱이 섬으로 재차 낙인찍고 진압에 더욱 강경해졌다. 1947년 제주 3·1절 미군정청 경찰 발포 6명 사망사건은 아시아 냉전의 신호탄이었다. 미국군사정부와 제주도 미군정청의 무능한 군사정치와 탄압정책은 이런 식으로 4·3 발생의 정치적 배경과 원인이 되었다.

넷째, 3·1절집회-3·10민관총파업의 대동단결과 분노의 기억 투쟁

"4·3 나기 전에 3·1운동 기념대회가 북국민학교에서 가졌거든, 몇천 명씩 전부 모였지. 선언문 낭독이 끝나자, 우리는 학교에서 제일 뒤에 서 떨어져 나왔단 말이야. 정문 나오기 전에 총소리가 나니까, 갑자기 난장판이 되어 서로 목숨 살라고 흩어져 도망쳤어. 그런데 누가 총 맞 아 죽었단 말이야. 이제 도민들도 그 때문에 악이 났단 말이야. 당당 히 3·1운동 기념식 하는데, 좌익인지 우익인지 구별 없이 보통 청년들은

제주 4·3평화공원 상설전시관

잘 모른단 말이야. 미국놈들 명령 때문에 말 탄 기마경찰이 수십 명 다니고, 미국 군대가 와가지고, 4·3운동을 만들어버린 것이야."

(양달후, 1926년생. 조천 대흘. 「4·3과 역사」. 제주4·3연구소. 2004.)

1947년 3월 1일. 우리들 해방세상이다. 모처럼 대동단결하여 마음 껏 소리치고 노래 부르며 3·1운동 정신을 부르짖는 비폭력 평화집회가 끝났다. 제주읍에서만 3만 명이 모인 집회였다. 감격과 흥분이 남아 있 는 시위군중, 해산군중, 구경군중이 엉켜진 상태다.

"도심 한복판 관덕정 광장에서 미군정청 페트리치 대위가 총지휘하 는 육지경찰의 무차별 총격 소리가 울려퍼진다."(「4·3 장정」, 제주4·3연구소. 1992.)

사전 경고 방송도, 경고 사이렌 소리도, 해산을 명령하는 공포탄 소리도 없다. 수십 명이 포진한 기마경찰들의 요란한 말발굽 소리와 군 중의 함성이 혼란과 함께할 뿐이었다. 기마경찰의 말발에 어린애가 다 쳐 쓰러진다. 집단항의와 시위가 일어난 후 민간인 희생자 6명과 부상 자 8명이 발생했다.

"박재옥 여인은 젖먹이 아기를 안은 채 식산은행 철문 앞에 쓰러져 있었다. 병원에 옮겨온 후에도 몇 시간 동안 목숨이 붙어 있었다. 총알 은 여인의 오른쪽 옆구리를 관통하여 왼쪽 둔부 쪽으로 빠져나갔다. 제주경찰서 경비 망루의 제일 높은 곳에서 쏜 총탄에 맞은 것 같았다. 그런데 젖먹이 어깨에도 총알이 스쳐 간 흔적이 있으나, 생명에는 지장 이 없던 것으로 기억한다."

(하두용, 당시 21세, 제주도립병원 직원. 「4·3과 역사」. 제주4·3연구소. 2004.)

다음은 이 상황을 보도한 신문 기사이다. 이를 봐도 그날의 참담함이 나타난다.

"피흘린 제주도 기록 - 검붉은 피는 아직도 땅에 원망스레 고여 있다!
아직도 검붉은 피의 흔적이 이 골목 저 골목 모퉁이에 남아 있는 기록의 실마리는 무엇이던가. 이번 총파업의 직접 원인에 대한 도민의 여론을 요약하면 다음과 같다.

첫째, 도립병원 앞 골목으로 피신하던 주민을 향해 총격을 가한 이문규 순경을 경찰당국이 파면 조치했으나, 경찰의 부당함을 인정하지는 않았다.

둘째, 관덕정 앞 발포사건에 대해서 시위군중이 먼저 경찰서 습격 자세를 보여서 경찰이 발포했다는 것이 경찰 측 입장이다.

그 당시 현장 목격한 도민의 말에 의하면 다음과 같다.

첫째, 당시 시위행렬은 이미 지나간 다음이므로 그 자리에 남아 있던 1000여 명의 관람군중뿐이었다.

둘째, 그들은 어린애를 치고 그냥 지나가는 기마경찰들에게 욕설과 돌팔매질을 했으나 경찰서를 습격할 어떤 무기도, 준비도 없었다.

셋째, 돌팔매질을 당한 기마경찰이 경찰서로 들어가면서, "쏘아라" 하는 신호로 총성이 울렸다.

넷째, 발포가 시작되자 군중 모두가 흩어져 무저항으로 뒤돌아서 도망갔다.

다섯째, 경찰서와 군중 사이에 상당한 거리가 있던 것으로 보여서 발포할 정도의 위급한 상황은 아니었다.

당시 도립병원 김시존 의사의 말에 의하면, 총탄에 사망한 희생자 검진

결과, 한 사람만 빼고 전부가 뒤를 맞았다고 한다. 피해 장소 또한 경찰서
와 상당히 떨어진 큰 건물의 처마 밑 또는 골목 모퉁이였다. 사망자는 도
망가는 무저항 상태였다."

(독립신보. 1947. 4. 5.)

이런 사례들에서 알 수 있듯 제주공동체의 엄청난 단결력과 투쟁력
은 대단했다고 말하겠다. 수적 규모와 참가 동기, 남녀노소 대동단결.
현장 도착 경로와 방법, 지역별, 단체별 사전집회. 집회 분위기와 열기,
대중의 요구사항, 진지함과 분노의 정도, 제주 인구 대비 참가인원 수,
기관단체별 파업 참가율 등은 엄청났다.

대체로 지난 과거의 추정 수치는 높은 편이나, 최근의 추정 수치는
줄어든다. 가령, 1992년 제주4·3연구소(「4·3 장정」 5호)는 "1947년 제주 인구
27만 5,899명 중에서 최소 6만 명, 최대 10만 명으로 추산함. 참석비율
은 21%~35%. 제주시 북국민학교 집회 3만여 명으로 추산함."이라고 했
으며 2010년대 이후 4·3 연구학자의 조사에 의하면(박찬식. 「1947년 제주 3·1사
건 연구」. 2006.) "전체 참가자는, 최소 3만 명~최대 5만여 명 정도로 추정한
다. 북국민학교 집회는 최소 2만 명~최대 3만 명으로 추정한다."고 했다.

결론적으로, 최소 기준으로 추산해도 엄청난 인파와 참가의 열기
를 보인 것이었다. 3·1절 발포와 사상자 발생에 대해 긴급하게 논의한 결
과, 남로당 제주도당과 제주도 민전(인민위원회의 후신)은 참사 발생 열흘 후
3·10 민관총파업으로 항의하고 요구사항을 전달하기로 했다. 도내 관
공서(도청~면사무소, 마을 이장 동참), 공장, 학교(교원 파업과 학생 동맹휴학), 교원양
성소, 상가(동네 영세업자 동참), 은행, 금융조합. 생필품조합, 농민조합, 어업

조합, 노동조합, 우편국, 기상측후소, 수력발전소, 일부 경찰지서와 제주경찰서 소속경찰관 태업, 미군정청 소속 일부 군무원 등 약 94% 이상의 파업 참가율로 한국 역사상 최초, 최대규모로 세계적으로 보기 힘든 민-관-학생 등 4만여 명 이상이 총파업에 가담했다. 군부대와 사법기관과 도립병원 등을 제외하면, 모든 출입문이 닫히거나, 업무기능이 정지되거나, 출근했지만 태업하여 일손을 놓아버렸다.

또한, 제주도청 공무원 100여 명은 도청마당 파업집회장에서, 미군정청 최고지휘관인 재조선 미국육군사령관(주한미군사령관) 하지(J. R. Hodge) 중장에게 요구사항을 전달하고 관철될 때까지의 파업을 결의했다. 이러한 제주인의 대동단결과 저항 분위기는 제주 출신 경찰조직에도 영향을 미쳤으며 이는 경찰징계 현황에서 나타났다.

"제주파업 참가 경찰 징계처분

4월 1일 조병옥 경무부장은 제주 3·1절 시위와 파업을 전후하여 제주도 사건에 대하여 사표 제출, 무단결근, 직무태만의 태도를 보인 경관 징계처분 결과를 다음과 같이 발표했다.

제주경찰청 본청 경사 4명, 순경 6명. 제1구 경찰서 경사 3명, 순경 9명.

제2구 경찰서 경위 1명, 경사 1명, 순경 12명 등의 총 66명이다.

그중에서 경위 1명과 순경 1명은 「포고 제2호」 위반 혐의로 계속 수사 중이다."

(1947. 4. 2. 중외신보. 서울신문. 독립신보 등의 같은 기사)

제주도청 공무원 파업 요구조건

1) 민주경찰 완전확립을 위하여 무장과 고문을 즉시 폐지할 것
2) 발포 책임자 및 발포 경관을 즉시 처벌할 것
3) 경찰 수뇌부는 인책 사임할 것
4) 희생자 유가족 및 부상자에 대한 생활을 보장할 것
5) 3·1사건에 관련한 애국적 인사를 검속치 말 것
6) 일본 경찰의 유업적 계승활동을 지양할 것

-제주신보. 1947. 3. 12.

파업을 단속하고 저지해야 할 경찰에서 나온 파업 동조 제주 출신 징계자 비율은 전체 약 300명을 기준으로 66명이었다. 이 중 20% 이상 징계를 당하고, 상당수가 자의 반 타의 반으로 경찰복을 벗었다.

미군정청이 임명한 초대 도지사 박경훈은 3월14일 항의 차원에서 자진사퇴 의사를 표명했다. 그러나 미군정청의 대응은 적반하장이다. 총파업 요구사항에 대하여 사상자 발생에 유감을 표하고, 경찰의 발포는 경찰서 경비를 위한 정당방위 차원에서 내린 조치라고 공식 발표했다. 게다가 서울에서 군징청 경찰 책임자 조병옥 경무부장이 급히 제주에 도착하여 모든 참가자들을 불법집회자와 불법파업자로 규정하고 대대적인 총검거령을 지시하자, 며칠 만에 200여 명이 체포, 연행되었다. 이들에 대한 고문 수사와 구타로 탄압이 심해졌다. 대대적인 탄압이 일어날수록 제주도민의 분노가 쌓여갔다. 그 분노의 감정과 기억은 3·1 집회와 3·10 총파업의 성취감과 제주공동체의 자존감으로 각인되었으며, 기억투쟁의 잠복기간을 거쳐 1년 후 4·3 무장 봉기 결정 과정에서 중요한 원인 중 하나로 작용한다.

한편, 3·1절 집회와 3·10 총파업 참가 관련 기소자 245명 이상의 재판이 빠르게 진행되었다. 법정에서 집회의 자유와 파업의 권리를 주장하는 법정투쟁이 당당한 분위기에서 진행되고, 다른 한편에선, 3·1절 집회 사상자와 유족 돕기 모금 운동을 제주신보사가 중계하면서 4월로 넘어갔다. 몇 개월째 제주공동체의 남녀노소가 가난과 시련의 경제난에도 불구하고 단체, 개인, 어린 학생들의 동참 속에서 상당한 모금액이 모이고, 모금 기간도 몇 차례 연장했다. 제주인의 따뜻한 상부상조 공동체 정신과 대동단결은 계속되었다. 3·1절 집회와 3·10 총파업의 자랑스러운 기억과 가열찬 분노는 1년 후 4·3항쟁의 원인으로 재작동했다.

다섯째, 육지경찰과 반공극우 서북청년단을 앞세운 대탄압과 횡포

3·1절 발포사건을 계기로 탄압받는 제주 사회는 긴장 상태의 연속이다. 제주 출신 박경훈 지사가 자진사퇴한 자리에 외지인 우익정당 출신의 유해진 도지사가 부임했다. 그는 편향적인 행정집행과 독선으로 제주인의 불신과 불만을 산다. 또한 경찰 당국은 3·1절 집회 직전에 100명의 육지경찰 파견 배치 이후 300명 증원파견을 하고 그 육지경찰병력이 탄압에 앞장서면서 민심은 점점 악화되었다.

당시 강인수 제주도경찰청장은 "제주 출신 경찰이 대량사퇴하여 육지부 경찰에게 특수수당을 지불하여 보충할 계획이다."라고 했다. 필요한 제주경찰 인원 중 약 150명이 부족한 상태라고 말한다. 육지경찰의 지나친 횡포와 교만한 행태 때문에 제주 출신 경찰관들이 반감을 느끼고 조직을 떠나거나 경찰 내 조직화합이 잘 되지 않았지만 당국은 이

사태의 원인은 생각하지 않은 태도를 보인다.

여기에 경찰총책 조병옥 경무부장은 경찰력 보강 목적으로 악명높은 반공극우청년단체 서북청년단(서청)을 제주에 계속 파견했다. 그래서 최고 700명 이상이 될 때도 있었다. 반공사상으로 무장된 이북 피난민 출신의 서청단원들은 제주 시내에 마련한 서청본부 사무실을 중심으로 세력을 확장한다. 그들은 주민 재산을 강탈하여 민폐를 끼치는 것으로 끝나지 않는다. 태극기와 이승만 사진을 비싸게 사라고 강매하고, 수배자를 찾는다고 집안 수색을 강제로 하고, 백주에 폭행과 테러와 고문치사 사건 등을 저질렀다. 경찰과 서청은 한통속이 되어 평소 마음에 안 들었던 제주인을 괘씸죄로 체포하고 고문 수사하는 일도 빈번했다. 돈과 힘만 쓰면, 4·3 당시 권력기관이었던 경찰, 군인, 서청을 통하여 풀려나기도 하고 잡혀가기도 했다.

1947년 3·1절 집회와 3·10 총파업 이후 미군정청의 강경탄압 속도가 더욱 빨라졌다. 제주도 전 지역에서 불법연행과 체포를 시작으로 정당 활동의 자유를 제한했고, 남조선 노동당 제주도당을 불법화하고, 집회 시위도 허가제로 제한했다. 감시와 체포의 공포정치, 공안정국이 조성되고 있었다. 즉, 대대적인 '검거선풍-고문수사-대량 구속-재판회부-대탄압' 과정은 냉전시대의 반공 논리를 기초로 폭력성을 동반하는 것이었으며, 미국의 예정된 순서였다.

"50여 일에 걸친 3·1사건 이후 공판은 지금까지 체형(실형) 52명, 집행유예 52명, 벌금형 56명, 기타 기소유예와 불기소 등 총 328명이다."

(제주신보. 1947. 5. 26.).

기록된 것처럼 1차 재판회부 대상자가 246명 이상이고, 지명수배자는 계속 체포된다. 1948년 4·3 무장봉기 발생 직전까지 약 1년 동안 총검거자 2,500명 이상, 구속자 250여 명이었다.

항쟁지도부는 제주공동체의 저항정신을 신뢰하며, 마침내 무력투쟁의 한길을 선택한다. "탄압이면 항쟁이다"란 말이 자연스러워질 만큼 대탄압과 횡포의 무게가 커지듯 전통적 저항의 무게감은 커지면서 4·3 무장봉기의 원인으로 귀결된다.

여섯째, 제주도 인민위원회의 조직력과 제주인의 저항 정체성

"제주도 1945년~46년은 완전히 인민위원회의 지배를 보여주었다."

(『한국전쟁의 기원』, 브루스 커밍스. 1965.)

"전후 점령군에 대하여 제주도처럼 격렬한 대중적 저항이 분출된 사건은 지구상 어디에서도 찾아볼 수 없었다."

(『제주도 반란』, 존 메릴. 1975.)

"미군정은 주민자치기관 역할을 하는 인민위원회의 활동을 넘어설 수 없었고, 그것에 제동을 거는 데도 역부족이었다. 제주도 인민위원회는 사실상 제주도 전역을 지배했던 주민자치조직이다. 도민들의 전적인 지지를 받았고, 수적으로도 상당한 우위에 있었다."

(김종배. 〈4·3은 말한다〉. 제민일보 취재반. 1990. 6. 26.)

"제주도 인민위원회는 모든 면에서 제주도에서 유일한 당이었고, 유일한 정부였다."

(그랜트 미드(미군정 관리), 『4·3은 말한다』 3, 제민일보 취재반, 1995.)

4·3에서는 인민위원회의 역할이 매우 컸다. 정부의 제주 4·3 진상보고서(2003)는 제주도의 독특한 자생 자치조직 인민위원회의 장점과 특성을 6가지로 요약했다.

1) 도민의 광범위한 지지를 받은 자치기구다.

2) 항일투쟁 경험자들이 주도한다.

3) 온건한 정책과 폭넓은 대중노선을 추구했다.

4) 출범 초기에 제주 주둔 미군정중대와 밀접한 협력관계를 유지했다.

5) 조직의 존속기간이 전국에서 가장 길었다.

6) 형식상 중앙과 전남 인민위 산하 조직이지만, 자주적 독자성을 유지했다.

제주도 인민위원회는 주민자치 행정 집행력이 탁월했다. 전국의 지역별 조직이지만, 동네까지 촘촘하게 연결된 조직망이 다양한 제주공동체 조직과 접목되어 조직의 견고한 안정성이 보장되었다. 양적 조직 확대와 질적 조직 강화가 이루어지고 지역 현안 사업 속에서 급성장했다. 제주공동체의 전폭적인 신뢰와 지지를 받는 전국 최고의 지역조직으로써, 중앙의 방침과는 다르게 자주적 결정권을 행사할 수도 있었다. 다음은 그 사례다.

첫째. 과도입법의원 선거에 대한 중앙 인민위원회의 방침은 확고했다. 미군정청 들러리 같은 입법자문기관에 불과한 의원선거이기 때문에 선거 거부 방침을 결정했다. 제주 인민위원회는 일단 선거 참여를 결정했다. 그리고 후보 출마와 함께 당선 이후 공개사퇴를 결의했다. 그것이 인민위원회의 조직력을 단련하는 좋은 기회이며, 존재감 부각의 기회였기 때문이다.

둘째, 전국적인 항쟁(1946. 10. 1.)이 대구에서 시작되어 지역단위 인민위원회가 적극적으로 동참하지만, 제주 인민위원회는 불참했다. 당시 제주도의 심각한 경제난 극복과 전염병 퇴치와 수습 등 당면한 문제를 집중적으로 해결하는 것이 좀 더 대중의 이해와 요구에 부합한다고 독자적 판단을 했기 때문이었다.

셋째, 인민위원회의 집행기구 중 행동부대 격인 청년조직, 전국청년단체총동맹이 조직강화를 위해서 전국 지역별로 조선민주청년동맹으로 발전적 해체와 개편을 진행하지만, 제주는 아주 늦게 조직개편에 들어간다.(중앙 1946. 4. 26.~제주 1947. 1. 12.) 왜냐면 새로운 조직개편의 시급성보다 제주의 인민위원회와 청년동맹의 현안 사업에 집중하는 것이 더 시급하다는 자주적인 결정을 내렸기 때문이었다.

당시 서울의 여운형을 중심으로 중앙의 건국준비위원회를 인민위원회로 조직개편 후에 지역별 인민위원회 조직에 들어갔다. 그러나 제주에서는 건국준비위원회(건준) → 인민위원회 → 민전(민주주의 민족전선)으로 조직강화 개편을 진행했다. 그러나 이는 명칭만 바꾼 것에 불과했다. 제주는 전통적으로 독자성이 강해서 아주 늦은 시기에 조직되어 3·1절 집회 직전에야 조직 명칭을 변경했다. 인민위원회 지도부는 항일운동

세력이 핵심이지만, 지역에서 존경받는 유명 인사들과 균형을 맞췄다. 제주는 이후에도 면, 리 단위까지 인민위원회 조직이 그대로 계승 발전되면서 4·3으로 이어졌다.

그렇다면 도내 마을마다, 직장마다, 각종 조직 단위 곳곳에서 인민위원회는 어떻게 깊이 뿌리 내려졌을까? 또 인민위원회의 단결력·집행력·조직력은 어디에서 나오는 것일까?

"단위조직 중에서 가장 회원 수가 많은 청년조직의 경우, 외형상 독자적인 대중단체지만 실질적으로 해당 지역 인민위원회의 지시와 통제를 받았다. 즉, 중앙 청년조직의 방침보다 제주도 인민위원회의 지시를 강하게 받았다. 인민위원회의 활동 내용을 청년동맹이 대부분 수행했기 때문에 사무실도 같이 사용하는 경우가 많았다. 면, 리 단위 공익사업, 봉사활동, 계몽운동, 교육사업, 마을별 체육대회, 웅변대회도 청년회 중심으로 부녀회 등이 협조하고 인민위원회가 지휘하는 집행체계다."

(「4·3 장정」, 제주4·3연구소.1992.)

전국 최고 제주 인민위원회의 원천적인 힘과 조직력은 전통적 제주 공동체의 대동단결에 그 기반을 둔다. 강력한 공동체 단결 투쟁도 제주도와 제주인 특유의 정체성(identity)에서 비롯되었다. 그러나 동네 공동체 조직만으로 해결할 수 없는 정치적 목표가 설정됐다. 즉, 식민지 해방시대의 목표인 민족자주 통일정부수립운동의 추진은 새로운 융합조직의 한 덩어리로 똘똘 뭉쳐야 가능했다.

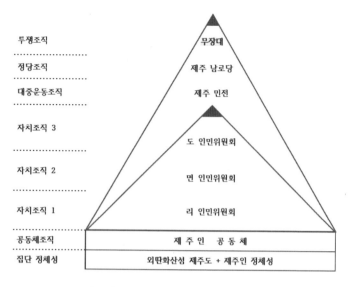

투쟁조직	무장대
정당조직	제주 남로당
대중운동조직	제주 민전
자치조직 3	도 인민위원회
자치조직 2	면 인민위원회
자치조직 1	리 인민위원회
공동체조직	제 주 인 공 동 체
집단 정체성	외딴화산섬 제주도 + 제주인 정체성

〈그림 1〉 제주도 인민위원회와 한라산 무장대 조직망

〈그림 1〉은 4·3 무장투쟁 조직을 중심에 놓고 그려본 쌍피라미드형 조직망이다. 이 그림으로 보아도 제주도 정체성→ 제주인 공동체→ 인민위원회→ 대중운동조직→ 정당조직→ 투쟁조직 무장대가 꼭짓점에 있다. 4·3의 조직구성을 이해하려면 이를 자세히 볼 필요가 있다.

첫째, 조직망 핵심 내부에 인민위원회란 또 하나의 꼭짓점이 있다. 즉, 두 개의 꼭짓점이 융합되어 하나의 동일체 정점으로 기능했기 때문에 4·3 무장투쟁은 거대한 힘을 받아 지속가능했던 것이다.

둘째, 인민위와 무장대 힘의 원천은 든든한 받침대, 즉 제주도 고유의 화산섬이라는 자연의 정체성과 제주인 고유의 공동체 정체성이 쌍받침대로 잘 받쳐줬기 때문에 4·3의 지속가능한 투쟁 에너지가 공급됐다는 것이다.

셋째, 외형상 노출된 상부의 조직은 하나 또는 두 개지만, 전체 피라미드를 구성하는 조직의 숫자는 총 7개이다. 4·3 무장봉기의 힘과 지속성이 남로당 제주도당 조직의 독자적 결정과 한라산 무장대 조직 때문에 엄청난 파괴력과 희생자가 발생한 것이 아니다. 제주공동체 조직과 자치 조직과 대중운동조직이 촘촘히 하부 조직체 5개로 받쳐줬기 때문에 역설적으로 지속가능한 파괴력과 엄청난 희생자가 거대한 피라미드처럼 존재하고 발생할 수 있었다.

특히 조직망 핵심 내부에 촘촘한 3개의 인민위원회 조직이 튼튼한 허리 역할로 위아래를 융합시켜주면서 4·3의 내면적, 융합적 원인으로 작동한다. '쌍받침 쌍삼각형 쌍피라미드 조직망'으로 융합된 무장대 조직으로 집중하는 조직의 대동맥은 인민위원회이다.

조직체계의 일반적인 상하 위계질서가 확실히 지켜져야 한다는 것은 두말할 필요도 없다. 그러나 비상시기나 전투 시 야전 상황에서는 평시의 수직적, 수평적 관계보다 융합적 조직으로 대응했다. 전투 현장에서 집단무력을 행사하는 최고의 정점은 무장대장이었다. 4·3 무장투쟁 기간이 중후반으로 갈수록 도당 사령부의 지도책보다 사실상 무장대장 중심의 전략으로 이동한 것으로 추정했다. 이는 조직의 위계질서가 무너진 것이 아니라, 목숨이 오락가락하는 전투 상황이 심각해지면 무장대장의 판단과 역할이 커진다. 전략적 판단과 순발력은 야전사령관인 무장대장의 몫이었다.

한라산 무장대와 인민위원회의 조직적 관계도 촘촘한 그물망처럼 한 통으로 연결되었다. 두 조직은 평화시에 명시적으로 수직적 상하관계는 아니다. 그렇다고 비상시에 수평적 관계도 아니다. 왜냐하면 무장대의 핵심 무력은 군대 출신과 인민위원회 활동가집단 출신이다. 무장대와 인민위원회 조직은 수직과 수평이 융합된 조직 통일체다. 투쟁체의 정점에는 한라산 무장대가 존재하지만, 자치 조직의 정점에는 제주 인민위원회가 존재한다. 수준 높은 조직의 융합 원리가 적용되는 사례다.

또한 4·3 공동체가 유지되는 내면적, 심층적 원인은 다음과 같다.

첫째, 인민위원회 지도부 구성원은 독립운동가 출신, 민족주의와 사회주의 활동가, 중립적인 마을의 유지, 행정적 경험이 많은 관료 출신, 다양한 직업 종사자가 포함되었다. 친일 경력만 없으면, 만장일치로 추대되어 제주공동체에 동참할 수 있었다.

둘째, 인민위원회의 협력적 단위조직은 촘촘한 연결망으로 집행력을 담보했다. 청년, 부녀, 농민, 어민, 해녀, 노동자, 정당, 교원, 학생, 직장조직, 문화운동가 등이 마을별, 지역별 행정단위 리, 면(읍), 제주도 행정조직처럼 부문운동과 지역운동 등이 씨줄과 날줄로 촘촘히 조직화되어 있다.

셋째, 제주도의 정체성, 제주인의 정체성이 다양한 공동체의 모습으로 융합된 조직체였다. 지형, 지질, 지정학적 위치에 따른 외딴섬공동체, 혈연공동체 등 여러 총체적 공동운명체로 융합된 힘의 조직망이다.

가령, 혈연공동체 경우, 제주 특유의 괸당(친인척) 중시 문화를 강조하는 언어유희가 있다. 즉, "정당보다 천당이 높고, 천당보다 괸당이 높다." 인민위원회 활동가와 한라산 입산 무장대에는 괸당이 한 사람 이상이 포함되어 있다고 보면 틀림없다.

또한 신앙공동체의 경우, 제주인은 역사적 사건의 고비마다 억울한 죽음과 비극적 참사 현장을 목격할 때가 많았다. 사람들은 동네마다 개인별, 집단별로 정신적 충격과 상처를 치유하기 위해 전통적인 종교시설들을 많이 찾아갔고 토속신앙(무속신앙)의 신을 모시는 당집과 절이 많아서 예부터 "당 오백 절 오백"이란 말이 나올 만큼 신앙공동체의 힘과 문화가 강성하다.

제주인은 육지인의 빨갱이 낙인찍히기에 대해서 묵묵한 순종과 격렬한 저항의 두 얼굴로 반응하며 생존을 모색해야 했다. 서로 도와주고 뭉치지 않으면 살아갈 수 없는 환경 때문에 공동체 문화와 대동단결을 모아주는 자치 조직이 있어야 했고 이것이 인민위원회였다. 위기와 위협 속에서도 단결력과 투쟁력은 남녀를 가리지 않았다.

제주 인민위원회의 조직력과 지역 자치 집행력은 언제든지 장기항전에 필요한 마을별 지원부대의 역할을 할 수 있었다. 제주인의 저항 정체성은 투쟁의 원천이며 대동단결의 DNA였다.

일곱째, 급박한 선거 일정과 항쟁지도부의 무장투쟁 결정

"38선을 베고 쓰러질지언정 분단정부 수립하는 것에 협력할 수 없다."

항일독립운동가 백범 김구의 진정성 담긴 발언이다.

제2차 미소공동위원회마저 결렬된 이후부터 미국은 국제연합(UN)을 앞세워 38도선 이남의 단독선거 실시를 위한 선거방침을 논의하게 했다. 결성된 UN 임시총회에서, 접근 가능한 지역만의 단독선거를 실시한다고 발표했다.(1947. 11. 14.) 그리하여 선거 준비를 위한 유엔 조선임시위원단이 남한에 들어오고(1948. 1. 8.) 1948년 5월 10일 주한미군사령관은 제헌의회 구성을 위한 국회의원 총선거 일정을 발표한다.(1948. 3. 1.)

"식민지 해방 조선이 자주독립국가를 건설한다"라는 민족적 대의명분은 자본주의 우파-사회주의 좌파-좌우통합파 등 어느 정치집단도 거역할 수 없는 국민의 명령 같은 지상목표였다. 이때 상당한 정치세력으로 성장한 좌파 정당 남로당은 선거 거부와 반대 투쟁을 결정했지만, 구체적인 실현 방법이 약했다. 제주 남로당은 적극적 투쟁 방법 결정을 위한 독자적인 비공개회의 절차에 들어갔다. 이때는 남로당 제주도당 간부와 12개 읍면 조직책임자 등 19명이 모였다. 엄청난 희생과 목숨을 각오하는 결정이기에 만장일치와 박수로 통과시킬 수 없었다. 그만큼 긴급하고 중대한 현안이었다.

당시 안세훈 등 장년층 일부 지도부는 육지에 있거나, 피신 중이라 공백이 생긴 상태였다. 참석자 중 조몽구 등 항일투쟁 경험이 풍부한 장년층 지도부는 시기상조 신중론이 많고, 김달삼 등 혈기 왕성한 청년층 지도부는 정면 돌파 강경론이 우세했다. 수 차례의 모임과 진지한 토론 결과 12:7로 무장봉기를 결정했다. 촉박한 선거 시기 일정을 발표하는 미군정청의 단독선거 실시방침은 4·3 무장봉기의 직접적 원인이 되고 말았다.

왜 제주 4·3항쟁의 희생자가
이렇게 많은가요?

한국전쟁(1950~1953) 이후 역사상으로 보면 단일지역, 단일사건으로
는 제주 4·3항쟁의 희생자가 제일 많았다. 정부의 약칭, 제주 4·3진상조
사위원회(위원장 국무총리) 심사 후 확정한 통계자료를 참고하면, 2020년 기
준 국가인정 희생자 수는 14,532명이며, 조금씩 증가하는 추세이다. 4·3
발생 75년이 되는 현재도 희생자(행방불명자 포함) 신청과 심사가 계속되고
있다.

4·3위원회 자료에 의한 희생자 분류 통계를 보면

토벌대에 의한 희생자: 84%

무장대에 의한 희생자: 12%

기타 불분명 약 4%

10대 이하 어린이 희생자: 5.4%. 770명 이상

60대 이상 노인 희생자: 11.7%. 901명 이상

여성 희생자: 21%. 2,990명 이상으로 나타난다.

어린이, 노인, 여성은 대부분 비무장 민간인 희생자로서 명백한 국

가폭력의 결과물이다. 그렇기에 4·3 특별법에 의거한 국가배상이 진행되고 있다. 계엄령법 위반과 국방경비법 위반죄의 군법회의, 군사재판 수형인 통계(박찬식. 「제주 4·3관련 수형인 학살의 진상」. 2001)에 따르면, 군법회의 1차(1948. 12. 3.~12. 29. 14회) 871명 계엄령 위반 유죄판결, 2차(1949. 6. 21.~7. 7. 11회) 1,659명 국방경비법 위반 유죄판결 수형인 총 2,530명 중 사형선고 345명 등이 문서기록으로 확인된 숫자이다.

내란죄와 국방경비법 제32조 이적죄, 제33조 간첩죄 등으로 총살형이 집행된다. 나머지는 장단기 징역형이다. 더구나 문서기록이 없어서 확인할 수 없는 희생자와 함께 전국 형무소에 분산된 수형인들이 한국전쟁이 발발하면서 총살되거나, 집단학살 후 암매장되거나 행방불명된 것으로 추정된다.

정상적인 국가 공권력에 의한 진압 작전 과정에서는 사망자를 최소화하고, 부상자는 신속히 응급조치 후 병원 후송을 해야 하는 것은 상식이다. 또 전쟁상태에서 발생하는 교전 중 사망자는 불가피하게 많이 생길 수 있다. 그러나 제주 4·3항쟁의 경우, 토벌대와 무장대에 의한 희생자 비율을 약 9대1 정도로 추정한다. 피해자와 가해자가 누구든지 민간인 희생자가 단 1명이라도 발생한 것을 무겁게 받아들여야 한다.

제주 4·3에서는 안타깝게도 사망자와 부상자의 정확한 통계자료가 사실상 존재하지 않는다. 정부의 공식 인정 희생자 심사 후 확정자가 약 15,000명에 근접하고, 발생 75년째 되는 현재까지도 계속 희생자(행방불명자 등) 신청을 받고 있다. 전체 사망자와 행불자. 호적상의 미신고자, 후유장애 사망자 등을 종합하면, 최소 2만 명, 최대 3만 명 정도로 추정할 수 있다.

70여 년이 훌쩍 지난 지금까지 각종 증언사례는 많다. 그러나 생존 부상자와 정신적 피해자, 트라우마, PTSD 환자의 통계자료와 부상자 조사 결과에 대한 공식자료는 없다. 후유증으로 인한 자살 희생자 통계도 없는 실정이다.

왜 이런 희생자가 나와야 했는가? 왜 이런 폭력이 있어야 했는가? 이에 대한 답을 정리하면 다음과 같다.

첫째, 부상자가 사망자보다 많은 것이 일반적인데, 4·3의 경우를 보면 사망자에 대한 비교자료가 없어 확정할 수 없으나 사망자도 많을 것으로 추정된다. 왜냐하면 목숨이 붙어 있는 경상자, 중상자 구별 없이 사망이 확실할 때까지 잔인하게 죽여버렸기 때문이다. 더구나 부상자가 발생하면 병원 후송이나 수용소까지 연행하는 것이 상식인데, 이 과정이 귀찮아서 그냥 죽여 버리거나, 사망자 숫자를 부풀리기 위하여 최대한 많이 죽여서 상부에 경쟁적으로 실적을 보고하는 경우가 많았다.

둘째, 약 5개월 이상 동안 자행한 군경토벌대의 전면적인 강경 진압, 초토화작전 때문이다. 그리고 1948년 10월 19일 여수·순천지역에서 제14연대 군인들이 총부리를 동포에게 겨눌 수 없다는 이유로 제주출동명령을 거부하는 사건이 전개되는 시기에 제주의 초토화작전은 강경 분위기를 타고 대량 학살로 이어졌다. 게다가 10·19 여순사건을 강경 진압한 계엄군 출신 일부 부대가 지리산 토벌작전을 끝내고 한라산 토벌작전에도 투입되었다. 그 결과, 4·3 전체 기간과 초토화작전 시기 집중된 방화로 약 130개 이상의 크고 작은 동네 마을이 폐허가 되거나 사라졌다. 불태워 죽이고, 굶겨 죽이고, 쏘아 죽이는 삼광 삼진 작전으로 희생은 배가되었다.

제주도경비사령부 설치(1948. 10. 11.), 송요찬 9연대장 포고령(1948. 10. 17. 소개령. 강제이주명령), 2대 이덕구 무장대장 선전포고(1948. 10. 24.), 이승만 대통령의 불법 계엄령 선포(1948.11.17.), 제주도지구전투사령부 설치(1949. 3. 2. 사령관 유재흥)라는 순으로 학살의 단계는 이어졌다. 이어서 격렬한 교전 상황과 초토화작전 시기에 민간인 최소 10,000여 명의 희생자와 행방불명자들이 상당수 발생한 것이다. 해안마을로 아직 떠나지 못한 마을 민간인들은 보이는 대로 무자비하게 처형되지만, 해안마을로 소개(강제이주) 당한 사람들도 도피자 가족으로 혹은 무장대 산사람 가족으로 의심받아 연행되거나 고문 수사 끝에 희생되었다.

소개령 이후 미처 하산하지 못한 사람, 당장 농사 마무리나 소, 말, 돼지 등 가축이 아까워서 집 근처 마을 근처 동굴 등에 숨어 사는 사람, 4·3사건이 곧 끝나기를 기대하는 사람, 또는 해안마을에 친인척 연고가 없는 주민 상당수가 은신 생활에 들어간다. 심지어 깊은 산간마을에서는 소개령 소식 자체를 모르는 마을 사람들까지도 처형됐다.

셋째. 미소의 냉전시대 강경 진압 방침에 따라서 충성심을 발휘하는 군경토벌대와 서북청년단의 만행 때문에 엄청난 희생자가 발생한다. 주한미사절단 드럼라이트(E. F. Drumright, 미대사관 참사관)가 군사고문단장 로버츠 단장에게 보낸 서한(1949. 3. 10.)에 "제주도가 상당히 심각한 상황에 처해 있으며, 이런 상황을 타개하기 위하여 적극적인 조치가 필요하다."라고 하자, 로버츠는, "한국 대통령과 국무총리에게 제주도 게릴라에 대한 강력한 군사작전 등 대응조치가 필요하다는 서한을 보냈다"라고 보고한다. 곧이어 1949년 4월 4일에는, 주한미대사 무초(Muccio)가 이승만 대통령을 직접 만나서 다음과 같이 요구한다.

"한국은 제주도와 전라남도에서 창궐하는 게릴라 도당을 제거하고 보안군 훈련을 강화시킴으로써 대한민국의 입장을 분명히 밝혀야 한다."

(허호준. 「미국의 책임에서 본 보고서의 성과와 과제」. 제주4·3연구소. 2003.)

냉전시대의 패권 경쟁과 이념전쟁에서 아시아의 첫 시험장으로 선택할 곳이 한반도의 제주도로 굳어지는 형국이었다. 겉으로는 점잖은 냉전주도세력 산하지만 실제로는 피를 만지고 보는 제주파견 육지경찰, 군인, 이북 출신 서청단원 또는 서청 출신 군경 등이 무자비한 대량 학살로 충성했기 때문에 엄청난 인명피해가 발생할 수밖에 없었다. 이들은 제주인에 대한 "빨갱이 낙인찍기"를 통하여 소탕 작전 집단내부에서 세뇌를 진행했다. 이런 학습효과가 확산될수록 대량 학살에 희생된 자들의 숫자는 늘어났다

조천면 북촌리 사례

북촌포구로 표류한 배에 우도지서장 등 경찰과 그 가족을 포함한 13명이 탔는데, 포구 근처에서 바닷속 물고기에게 총을 쏘며 요란스럽게 입항하자 북촌청년들이 경찰 2명을 살해했다(1948. 6. 16.). 1948년 12월 16일, 토벌군이 지난 5.10 단독선거에도 불참한 북촌에 문제가 많다는 이유로 북촌청년 24명을 총살에 처했다. 1949년 1월 17일 아침 일찍

군인 2명이 북촌리 일주도로에서 무장대 기습공격으로 피살당하자, 즉시 보복학살이 일어났다. 군인 2명의 시신을 수습하고 함덕 본부까지 가져간 주민 9명 중 경찰 가족 1명 제외한 8명을 사살했다. 곧이어 함덕 주둔 토벌대 군인들이 2대의 군용트럭을 타고 긴급출동하여 마을 방화를 시작으로 북촌초등학교 운동장에 전체 주민 1,000여 명을 집합시킨다. 두 곳으로 나누어 민간인 300여 명을 보복 집단 총살하는 중이었을 때 대대장의 사격중지 명령으로 일단 중단했다. 살아남은 사람들에게 다음 날 대대본부가 있는 함덕국민학교로 다시 오라고 집합명령을 내리고 철수하면서 옆마을 동복리에 가서 민간인 수십여 명을 사살했다. 다음 날 일부는 산으로 도피하고, 일부가 대대본부에 찾아갔는데, 그중 24명을 함덕 해수욕장 부근으로 연행해 또 보복총살했다. 그 후 1949년 2월 4일경, 이번에는 무장대의 습격으로 일주도로 꿩동산 근처에서 교전 중 군용트럭에 탄 군인 23명이 전사하고 말았다.

남원면 해촌과 산촌의 보복과 마을 갈등 사례

① 토벌대가 산촌 의귀. 수망, 한남리를 덮쳐 무차별 살해한다.(1948. 11. 7.)

② 무장대가 해촌 남원리, 위미리를 덮쳐 방화, 무차별 살해한다.(1948. 11. 28.)

③ 쌍방의 보복학살 후 중산간 마을에 숨어 살던 주민 대부분 노인과 어린애들이 희생된다. 군경토벌대를 따라다니던 해촌 마을주민 민보단이 동원되면서 보복의 악순환이 감정적 마을 갈등으로 조장된다.

"그때 토벌대가 민보단을 동원하지 말아야 했지요. 마지못해 따라다니긴 하지만, 토벌대가 중산간을 휩쓰는 현장에 해변마을 민보단이 있었으니 제주사람끼리 감정이 악화됩니다. 토벌대가 민보단을 앞세워 총알받이로 이용하여 민보단원도 희생되지만, 산촌마을 노약자들은 멀리 도망가지 못해서 희생된 겁니다."

(양상석. 『4·3은 말한다』 5. 제민일보 취재반. 1998.)

구좌읍 한동리 사례

한동리에서 토벌대와 무장대 양쪽의 잔인한 학살로 30여 명이 죽었다. 당시 세화지서 경찰과 한동국민학교에 주둔한 서청 출신 특별중대가 경쟁적으로 주민들을 괴롭히고 총살한 것이다. 한편으로 5.10 선거 실시업무에 마을지도자인 마을 이장과 조합장 등이 협조한 이유로 무장대의 보복 표적이 되었다. 주둔군 협조원, 토벌대 길 안내원이 있다는 이유로 무장대의 방화와 습격으로 억울한 희생자가 발생하게 되었다. 밤에는 무장대 세상이어서 식량과 의복을 강탈당하지만, 낮에는 군경토벌대 세상이라 쌀 한 톨이라도 산사람에게 주었다는 소문을 듣거나 의심스러우면 고문수사하다가 총살에 처했다.

(『4·3은 말한다』 5. 제민일보 취재반. 1998.)

넷째 내전 상태와 초토화작전 기간이 장기화될수록 집단학살 종류와 사례도 점점 많아지기 때문이다.

제9연대장 송요찬(1948년 10월~12월), 제2연대장 함병선(1949년 1월~3월), 제주도 지구 전투사령부 사령관 유재홍 대령(1949년 3월~5월) 등이 토벌대를 지휘했다. 이때 다양한 집단학살의 종류와 방법이 생겨났다. 마을몰살, 가족몰살, 잠복학살, 대리사살(입산자, 도피자 대신하여 가족 살해), 구경학살(관광학살), 자수자는 살려준다고 속이고 하산자를 수십수백 명씩 죽이는 자수자학살, 토벌대가 무장대로 위장하여 야간에 마을 사람들을 만나며 산사람 무장대라고 속이고, 먹을 것이나 식량을 달라고 부탁하여 협조하면, 폭도 협조자라고 학살해버리는 함정학살 등의 방식으로 변질해 억울한 인명피해는 점점 누적되었다.

잠복학살 사례(1948. 12. 12. 안덕면 동광리)

"동짓달 열하룻날 죽은 사람이 7명이고, 다음 날 죽은 사람이 19명이다. 내 남편과 시동생, 70세 사촌, 어린 조카들까지 죽었다. 그 7명이 죽은 다음 날 새벽에 조카뻘 되는 김씨와 여러 사람이 시신 수습하러 그곳에 갔는데, 군인들이 계획적으로 숨어 잠복했다가 부친의 시신을 수습하려던 김씨와 그 애기들까지 전부 몰살시켰다."

(강○○. 동광리. 『제주 4·3유적』 2. 제주4·3연구소. 2020.)

구경학살(관광학살) 사례(1948년 11월. 대정면 보성리)

"아무 데서도 죽였어. 지서 앞에서, 밭에서, 동헌 터에서, 한번은 마을 사람들 모여서 강제로 구경하라고 하면서, 우리 보는 앞에서 총으로 팡팡, 20명도 죽이고, 30명도 죽이고...그때 생각하면 몸서리가 나지. 어떻게 해서 그때 나는 죽지 않고 살아날 수 있었는지."

(박경옥. 보성리. 『4·3 장정』. 제주4·3연구소. 1993.)

자수자 학살사건 사례(1948. 12. 21. 조천면 신촌리)

함덕리 대대본부에 자수한 조천면 지역에서 주민 150여 명을 차에 태워 수차례 박성내 다리 근처에서 무차별 사살했다.

"나도 산에 불가피하게 돈 15원을 올린 적이 있어서 자수했지요. 그런데 꼭 죄가 있어서 자수한 게 아니고, 자수하면 살려준다는 말을 믿고 여기저기서 사람들이 함덕국민학교에 집결한 겁니다. 2주일 정도 수용되어 있는데, 하루는 토벌을 간다면서 이름들을 불러댑니다. 일부는 토벌 갔다 오면 자유롭게 될 수 있다는 기대감 때문에 서로 자원하기도 합니다. 나도 자원대열에 끼었지요. 군인들이 주먹밥을 하나씩 나눠줬는데, 곧 차가 와서 주먹밥을 늦게 받은 사람들은 차에 오르지 못했습니다. … 일단 제주농업학교에 도착하자, 군인들이 갑자기 철삿줄로 우리 손을 뒤로 묶었습니다. 10명씩 쓰리쿼터에 박성내 다리에 다다르자 지휘관이 '여러분이 곱게 죽어주면 가족에게 알려 시신이라도 찾아가게 해주겠다'라고 말했습니다. 군인들은 총살에 앞서 우리들 주머니를 털어서 돈과 귀중품을 챙겼습니다. 묶여 있는 10명 단위로 총을 쐈습니다. 몇 사람이 죽지 않고 꿈틀거리자 휘발유를 뿌려 태웠습니다. 나는 어깨와 팔에 총상을 입은 채 구석에 숨어 죽은 척하다 새벽에 현장을 벗어나서 맨발에 눈길을 걸었습니다. 동상에 걸리고 아무것도 먹지 못한 채 삼양 원당봉을 등대 삼아 밤 시간만 이동하여 5일만에 신촌 집에 도착하자마자 혼수상태에 빠졌습니다."

(김태준, 신촌리, 『4·3은 말한다』 4. 제민일보 취재반, 1997)

군경토벌대는 기습공격을 받거나, 교전 후에 피해를 보면 어떻게든 보복 대상을 만들어내었다. 입산한 무장대가 살던 마을, 산사람 가족과 친인척, 무장대 협조자거나, 협조자 마을로 의심되는 마을 등에 불을 지르고 집단학살을 저질렀다.

다섯째, 무장대 생포자와 민간인들을 재판 없이 즉결처분하거나, 절차상 하자가 있는 집단재판으로 졸속심리하여 끝내버렸다. 정상적인 재판절차를 밟아서 변호인 선임권을 부여하고 정식재판 일정을 모두 진행했다면 재판 속도만큼 죽음의 속도는 지체되어 대량 희생자는 훨씬 줄어들었을 것이다. 군인 사형수들은 길어야 몇 달 만에 총살을 집행해버렸다. 사형선고 이외의 수형인들은 죄명도 정확히 모른 채 육지 형무소에 분산 수감됐다가 한국전쟁 시기에 정부군에 의하여 집단총살 후 암매장되었다. 결과적으로 몇천 명의 행방불명자, 미확인 희생자가 발생했다.

> "6·25 때쯤에 우리 언니네가 서문통에서 고무신 장사를 했는데, 상점에 앉아서 비행장으로 차 8대로 사람들을 실어 가는 것을 봤어. 시간이 밝을 때라 사람들 죽이려고 광목으로 눈가리개를 하고 가는 모습이 잊히지 않아. 나중에 알아보니까, 그때 비행장에서 800명을 죽여버렸다고 했어."
>
> (추순선, 당시 23세, 『4·3이 뭐우꽈?』, 제주 4·3기념사업위원회. 2017.)

여섯째, 집단심리적, 정신분석학적 파괴본능이 반복적으로 합리화, 정당화됐기 때문에 엄청난 희생자가 발생했다. 개인의 연쇄살인범죄는 집단심리는 아니지만 정신분석학적으로는 파괴본능, 죽음의 본능을 가지기 때문이다. 전쟁범죄와 조직폭력범죄의 공통점은 집단행동과 집단심리를 통하여 정당성을 합리화한다는 것이다. 이어서 파괴본능이 무자비한 살해 방법을 통하여 죽음의 본능을 집단적으로 실현한다.

인간은 평소에 교육과 이성의 힘으로 건강하게 장수하고 싶은 삶의 본능(바이오필리아)에 충실하다. 인류의 사회 문명도 생명과 평화를 사랑하는 집단의식의 지배가 파괴본능과 성적 본능을 억압했기 때문이다.

그러나 형무소 교도관의 복장을 입히면, 평범한 직장인도 업무를 수행하듯이 태연하게 죄수를 괴롭히고 싶은 사디즘적 학대행위 충동을 느낀다는 집단심리 모의실험실 사례가 있다. 인간의 잠재의식 속에 있는 두 개의 본능, 즉 삶의 본능(생존본능-바이오필리아)과 죽음의 본능(파괴본능-네크로필리아)의 충돌 끝에 파괴적 무의식이 사디즘적 돌출행위로 실현되는 사례이다.

제주 4·3에서 인간의 탈을 쓰고 저지르는 엄청난 인명피해와 잔인성은 어디서 나올까? 냉전시대의 이념전쟁과 경제전쟁 건너편 깊숙한 곳에 집단심리적 파괴본능이 도사리고 있었다. 보복과 죽음의 악순환을 반복하는 파괴본능이 쌍방 간에 전쟁의 광기, 광풍으로 일상화되고 평범한 것으로 생각하도록 악마화되었다.

적군을 죽여야 아군이 살아난다. 확실히 승리하는 방법은 씨를 말리듯이, 가능한 많이 죽여야 했다. 대량 학살은 당연하고 평범한 것으로 반응한다. 여기에는 대량 학살의 집단심리와 파괴본능이란 심리적 원인이 함축되어 있다. 자기신념화된 명령을 태연하게 수행하듯이 군인의 성실성으로 평범하게 지시하고 사람을 성실하게 계속 죽이는 것이다. 그리하여 죄의식이 없는 악의 평범성으로 일상화. 정당화가 정착된다.

다음은 정신의학적 관점에서 초토화 작전 시기는 집단광기의 시대라고 규정한 진단이다.

> "빨갱이라는 단어는 나병환자라는 뜻의 문둥이라는 말을 떠올리게 한다. 그런데 문둥이라는 말과 달리 빨갱이는 애당초 실체가 없다. 그러나 실체가 없기에 문둥이라는 말보다 훨씬 더 파괴적이었다. 빨갱이가 아니라는 사실을 증명하라는 협박과 공포 앞에서 무엇을 말할 수 있겠는가."

(황상익, 「의학사적 측면에서 본 4·3」, 제주4·3연구소, 1999.)

왜 그런 끔찍한 대량 학살이 일어났는가? 강성현 4·3 연구자는 「제주 4·3 학살사건의 사회학적 연구」(제주4·3연구소, 2002.)에서 대량 학살의 이유 3가지를 요약 제시했다.

첫째, 식민지에서 해방 후, 국가 건설기간 중에 특정정치세력이 주도권 쟁탈 과정에서 양민 대량 학살을 정당화, 합법화했기 때문이다. 지배세력에 저항하는 지역, 집단은 빨갱이섬, 빨갱이, 폭도(반도)로 몰아서 비(非)국민으로 규정해야 대량 학살이 가능했기 때문이다.

둘째, 평소에 억압된 증오심, 적개심이 전쟁 상황에서 공격성, 파괴성으로 급속히 확산되는 정신분석학적 집단심리 때문이다.

셋째, 제주도민→ 빨갱이 종자→ 민족반역자→ 제주도민으로 순환하고 반복하면서 비(非)인간화, 이념(이데올로기)화하는 학습효과를 통하여 군경토벌대가 대량 학살에 투입됐기 때문이다. 즉, 빨갱이 종자는 잡초이므로 국가 정원사에 의해서 마땅히 제거되어야 한다는 논리다. 특히

제주 4·3평화공원, 행방불명 희생자 표석

여자는 빨갱이를 재생산하기 때문에 확실히 근원을 제거하는 씨를 말려 죽여야 한다. 제주 4·3 항쟁은 지역차별-종족차별-이념차별-여성차별의 4중구도가 정착된 것이다.(강성현. 「제주 4·3 학살사건의 사회학적 연구」 제주4·3연구소. 2002)

왜 4·3에서 가해자가 피해자가 되고, 피해자가 가해자가 됐던가?

왜 내전 상태에서 쌍방간 보복의 악순환이 집단광기로 일상화됐던가?

왜 엄청난 4·3 희생자와 생존부상자가 아직도 다 밝혀지지 않는가?

가해자든 피해자든 제주인에게 신체 상처, 감정 상처, 역사상처는 아직도 치유 받지 못한 채 남아 있다. 눈에 보이는 희생자도 많다. 4·3 생존부상자의 신체상처는 아직 치료가 계속되고 있다. 감정상처가 남아 있는 트라우마를 지닌 생존인이 있다. 잔혹한 4·3역사의 현장 자체가 주는 충격과 공포에 대한 기억삭제와 상상억제에 실패한 사람이 겪는 역사상처의 후유증 또한 심각하다. 그럼에도 4·3의 감정상처와 슬픔으로 자살한 제주인 통계조사는 아무도 하지 않고, 아무도 모르고, 희생자 범위에 포함하는 기준도 아직 없다. 75년 전 제주 4·3의 역사를 아는 체험세대, 현세대, 미래세대 누구든지 역사적 상처와 충격을 받을 수 있고, 향후에 심리적 환자도 될 수 있다.

광주 5·18 당시 구타 사망사건 사례다. 1980년 5월 18일. 비상계엄령으로 계엄군들이 광주지역을 점령하던 날이었다. 청각장애인 김경철은 광주 시내에서 친구들과 점심을 먹고 귀가 중에 공수부대에게 구타당한다. 뒤통수가 깨지고, 눈이 터지고, 팔과 어깨가 부서지고, 엉덩이와 허벅지에 타박상을 입었다. 그는 광주 적십자병원으로 긴급후송됐지만, 이튿날 새벽 3시 뇌출혈로 사망했다.

당시 시민군 기동타격대원으로 도청건물 본부의 결사항전 현장에서 살아남은 청년의 증언이다. 군사재판에서 소년범으로 단기 5년 장기 7년 형을 선고받았다.

"밤 8시가 통행금지 시간이었다. 기동타격대는 1조 5명인데, 다행히 동네 선후배 사이로 끈끈한 정으로 잘 지냈다. 26일 깊은 밤, 도청 주변 순찰 중에 계엄군들이 쳐들어오는 것을 목격하고 도청에 들어가 비상을 걸었다. 도청 지하실에는 신원 미확인 시신들이 많았다. 끔찍하고 무서웠다. 얼굴과 목이 달아난 시신, 목이 심하게 졸린 자국의 여자 시신 등으로 가득 찬 시신 보관실 다른 쪽에는 엄청난 규모의 무기. 탄약, 수류탄, 폭발물을 비축하고 있었다. 특히 대량의 다이나마이트 화약은 이리역 화약폭발사건 때보다 많은 양이다. 공수부대라도 건물 전체가 날아갈 화약 폭발 때문에 곧바로 진입할 줄은 몰랐다. 결국 싸우다 먼저 죽어간 사람들에게 부끄럽게도 생포되어 살아남았다. 합수부 군수사기관에서 기동타격대라고 더 심하게 구타, 고문을 당했다.

김대중이 대통령 되면 광주경찰서장 자리를 주기로 약속받았다고 자백하고 자술서에 도장만 찍으라는 것이 고문 이유였다. 내란죄로 엮으려는 의도였다. 처음엔 군 지휘봉으로 어깨를 마구잡이로 내려치다가, 나중엔 군대 곡괭이 자루로 아무 데나 걸리는 대로 맞았다. 고문 수사 3개월 만에 피투성이가 된 채로 국군통합병원으로 후송됐다. 3개월 만에 처음으로 거울을 볼 수 있었다. 내 얼굴이 아니었다."

(양동남, 당시 20세. 출처: CBS라디오. 2022. 5. 18.)

AP통신 테리 앤더슨 기자는 "5·18은 사실상 군인들에 의한 폭동이었다. 놀라움과 분노로 가득 찬 시민들 앞에서 곤봉으로 때리고, 최루탄과 총격으로 밀어붙였다. 공수부대원들은 상점과 시내버스 안까지 쫓아가서 젊은이들을 잡아냈다. 현장을 목격한 시민들은 분노로 일어섰다."라고 증언했으며 미국 선지 서울 특파원 B. M. 볼티모어 기자는 "나는 25년 기자생활 중에서도 광주의 참상을 영원히 잊을 수가 없다. 광주에 단 하루밤에 머물지 않았지만, 1980년 5월 26일. 그날 하루만이라도 죽음을 각오하고 계엄군의 폭압에 맞서서 투쟁하는 용감한 시민의 모습이 나의 뇌리에서 지워지지 않는다. 광주야말로 내 기자 경력 중에서 가장 감동적인 경험을 제공해 준 곳이었다."라고 회고하였다.

다음은, 5·18 시민수습대책위원회에서 활약한 여성운동가 조아라 여사의 증언과 군사법정 최후진술의 일부 내용이다.

"5·18 때 얼마나 많은 사람들이 죽었는지 관을 구할 수가 없었어. 계엄군의 광주 봉쇄 작전으로 광주 외곽도로가 출입이 통제됐기 때문이야. 학생들이 두꺼운 베니어합판을 구해다가 잘라서 관을 만들었지. 미처 수의를 못 만드니까 당목으로 둘둘 감아서 태극기 한 장씩을 덮어 묶었지. 도청마당에 하나 가득이여. 나중에는 돈 나올 데가 없으니, 관 살 돈도 없었제. 그래 교회에서 우선 30만 원을 얻어서 감당했제."

"이 모든 사건은 저지른 사람, 만든 사람이 있다고 믿는다. 또한 하나님과 역사가 기억을 하고 있으니까, 언젠가 전부 드러날 것이다. 사실 우리는 아무런 죄가 없고, 누군가 불을 질러놨기에 그 불 끄려고 들어간 사림이다. 그런데 이 나라의 법은 어떻게 된 법이길래 방화범은 안 잡고 있다. 불 끄던 선의의 사람들을 데려다가 이렇게 죄인 취급하는지, 그것이 정말 의아스럽다."

(조아라 기념관)

광주와 제주는 무엇이 닮았고 무엇이 다른가? 피 끓는 희생과 처절한 저항은 쉽게 체감할 수 없는 광주의 40년만큼 제주의 75년이 흐르는 오늘, 역사적 불감증에 걸린 현대인이라도 이러한 사건들에 대해서는 무심할 수 없다. 따라서 광주와 제주를 다시 집어내서 비교하는 것은 시지프스의 신화처럼 벌을 받는 현대인의 숙제일 수도 있기 때문이다.

우선 광주 5·18과 제주 4·3의 공통점과 차이점 등을 비교하면 다음과 같다.

구분	광주 5·18	제주 4·3
통치권력공백기	박정희 유신독재가 끝남. 보안사령관 전두환 소장 이하 신군부세력이 전국적인 민주화 요구 집회시위에 강경진압을 결정함. 계엄군의 첫 작전지역으로 광주를 선택함.	일제 조선총독부 통치가 끝남. 주한미군사령관 하지 중장 이하 미군정청 딘 소장 등 미소 냉전 강경 세력이 아시아 첫 시험장으로 한반도 제주도를 선택함.
기간	1980. 5. 18.~1980. 5. 27.(약 10일)	1947. 3. 1.~1954. 9. 21.(약 7년 7개월)
공간적 배경	광주 시내 및 무등산-지리산 주변 지역 마을	제주도 전역 및 한라산 오름 주변 마을
희생자 각종통계 및 후유증	①사망자 165명 ②부상 후 후유증 사망자 113명 ③공식인정 행방불명자 84명 부상자·구금·연행자 5,000명 이상(2019년. 광주시. 광주5·18민주화운동기록관) 광주시민단체에서는 미확인 행방불명자와 부상 후 후유 사망자 등이 증가하여 사망자 600명 안팎으로 추정함. ---------- 부상자와 구속자 중에서 성폭행, 고문 피해, 또는 살해 현장 목격 등으로 정신적 상처가 지속됨. 피해의식, 트라우마, 외상후 스트레스 장애(PTSD) 후유증으로 불면증, 우울증. 불안장애. 알코올중독 현상 후 자살자 통계=사망자 376명 중 39명 자살율 약 10%(2007년. 오수성 전남대 교수). 5·18 관련 PTSD자살율은 기준에 따라서 해가 갈수록 점점 높아지고 있으며, 일반인의 약 500배 정도라고 추정함. 5·18 관련 감정상처가 상존함. 5·18 관련 자살 희생자 통계조사자료가 부분적으로 있음.	희생자 공식 인정: 14,577명. ① 토벌대에 의한 희생자: 약 84%. ② 무장대에 의한 희생자: 약 12%. ③ 기타 불분명 약 4%. ④ 10대 이하 어린이 희생자: 770명 이상 ⑤ 60대 이상 노인 희생자: 901명 이상 ⑥ 여성 희생자: 2,990명 이상. 총희생자 기준확정 후 통계는, 사망자 10,446+행방불명자 3642+후유장애1 96+수형인 293=14,577명. (2022년. 제주 4·3중앙위원회) 2020년 기준 여성·어린이·노인 희생자 비율은 38% 이상임. 총희생자 수: 약 2만 명 이상 또는 최소 2만 5천~최대 3만 명으로 추정함. ----------- 레드콤플렉스(적색 공포와 빨갱이누명 불안증), 트라우마, PTSD 현상이 심각함. 생존 후유장애인 66명 중 PTSD유병률 약 69%로 나옴(김문두. 제주대 교수. 2011).

구분	광주 5·18	제주 4·3
희생자 각종통계 및 후유증		4·3생존 후유장애인 110명 조사 결과PTSD 39%, 자살 경향성 46% (제주도 광역정신건강증진센터. 2015) 4·3희생자 및 유족 트라우마 치유대상자는 17,0000여 명이며, 생존자 39%, 유족 11%가 외상후스트레스장애 증상과 고위험군으로 시급한 치유가 필요함(제주 트라우마센터. 2020). 광주는 40년 동안, 제주는 75년 동안 감정 상처가 아물지 않고 있음. 4·3 관련 자살 희생자 통계 조사자료가 없음.
초기 수습활동	광주시민수습위원회 구성됨. 5월 21일 진압군 철수 후 5일 동안 시내 치안 질서 유지하며 수습방안을 모색했으나, 학생수습위원회가 무기 반납을 거부하자, 계엄군 측의 협상거부로 수습에 실패함	시국 수습을 위해 도민시국좌담회 개최함 (48. 4. 17. 오현중학교). 지역유지 중심의 시국수습대책위원회(48. 4. 18. 제주읍사무소)에서 좌우익인사와 9연대장 김익렬 등 포함한 수습책을 논의했으나 실패함.
국가폭력	진압군(계엄군) 등	토벌대(군인, 경찰, 서북청년단 등)
피해자	민간 남녀노소 및 시민저항군	쌍방 한라산 무장대와 토벌대 및 민간인 남녀노소
가해자	진압군(계엄군) 등	군경토벌대와 한라산 무장대 등
대표성 비교	광주5·18은 대한민국 민주화운동의 역사적 상징이다.	제주 4·3은 냉전시대 아시아 최초의 대량학살 대표적 사례이다.
사건명칭 및 현재 진행과정	광주폭동이냐, 광주항쟁이냐? "광주5·18민주화운동"으로 정부 공식 명칭을 단일화했음. 가해자-피해자 논쟁이 정리됨. 특별법 제정으로 유해 발굴과 보상 및 진상규명 진행 중임.	4·3폭동이냐, 4·3항쟁이냐? "제주 4·3사건"은 성부 법률상 명칭, 명칭-정명(正命), 정명(定命)도 없음. 가해자-피해자 논쟁에서 쌍방 간에 원인제공 인정함. 특별법 제정으로 유해 발굴과 보상 및 진상규명 중임.
미국의 개입과 책임	미국정부 비밀해제 문서공개- 1. 전두환 신군부가 질의형식의 요청으로 위컴 주한미군사령관이 작전부대 이동과 광주투입을 묵인, 승인함. 미군의 작전지휘권을 유보한 채 제지 안 함. 2. 미군은 광주폭동 악화되면, 북한군 개입설과 남침 가능성을 강조하는 가짜뉴스 퍼뜨림.	1. 주한미군사령관 하지 중장, 미군정청 군정장관 딘 소장이 직접 개입함. 정부수립 전후에 대량학살, 초토화 작전지휘권 행사함. 한미군사협정(48. 8. 24), 주한미군사고문단(49. 7. 1)의 개입이 확인됨. 2. 미군은 소련 잠수함, 북한 잠수함, 괴선박 제주바다 출현과 북한군 게릴라부대 파견설 등 가짜뉴스 퍼뜨림.

구분	광주 5·18	제주 4·3
미국의 강경진압 이유	냉전시대 격동기에 '이란 미대사관 점거사건'(1979. 11. 4. 미국 인질 52명을 잡고 444일 동안 친미 세력인 팔레비 왕을 내놓으라고 주장하는 이란혁명세력과 대학생들이 농성 투쟁한 사건) 시기에 '제2의 이란사태'가 광주에서 발생하는 것을 대비함. 미국은 전두환 세력이 박정희 암살사건을 빨리 수습하고 한국정치안정을 바람. 국익 때문에 전두환 불법 쿠데타 세력과 손잡음.	미소 패권경쟁시대 미국 대통령이 트루먼 독트린, 사실상 냉전 선언 발표(1947. 3. 12.)로 외교정책 강경 추진 세력이 미소 대리전 같은 유럽의 그리스 내전(1946~1949)에 깊숙이 개입한다. 한반도 제주도에서 1948년 4·3무장봉기가 일어난다. "제주도는 빨갱이 섬이다", "한반도 제주도는 동양의 그리스다"라고 왜곡 선전하며, 미국 국익 때문에 남한 단독정부 수립을 주장하는 친미반공주의 이승만 세력과 손잡음.
투쟁의 대상과 방법	불법 쿠데타 세력 전두환 신군부 독재와 탄압에 대한 결사항전 무장투쟁임	점령군 미군정청과 친미반공세력의 탄압에 대한 결사항전 무장투쟁임
통신수단과 언론 환경	계엄군의 언론보도 통제와 감시로 광주폭동사태, 폭도. 불순분자. 북한군 침입설 보도 중심임. 동영상. 핸드폰 없는 시대에 TV 방송은 일방적 편파보도로 국민 알권리 등 정보 차단함. 집전화와 인편, 차편 등으로 제한된 정보 공유함. 일부 외신 보도 이외는 언론통신과 교통 연락도 차단됨. 언론의 역할이 제대로 작동했다면, 무자비한 인명 살상과 대량학살의 참극이 최소화됐을 것임. 광주 고립화작전 진행 중이었음.	사건 발생 때마다 며칠 지나서 보도함. 열악한 인쇄 기술로 신문(新聞)이 아니라 구문(舊聞) 보도 수준임. 수동식 집전화기도, 라디오도 극히 희귀하던 시절, TV 동영상도 없으므로 극히 제한된 정보 공유함. 폭동. 폭도, 무장공비 소식 이외는 뉴스 접근이 힘든 상태로 점점 심각해짐. 미해군함정에 의한 제주해안 봉쇄작전과 육지출입금지령으로 정보 차단. 차량도 없이 인편과 소문, 시기 지난 신문, 소년 연락병 등으로 겨우 정보 접근함. 제주 고립화작전 진행 중이었음.
최후의 상황 종료	80. 5. 27. 새벽, '상무 충정작전' 명으로 작전 병력 총 25,000명 투입됨. 장갑차를 앞세운 전차부대가 광주 시내로 진격하여, 광주시민과 시민저항군의 광주 자치가 5일 만에 종료됨. 전라도로 확산된 주민 세력과 광주를 차단했던 광주봉쇄작전을 풀고, 계엄군이 광주 재진입 진압 작전 전개함. 1만 발 이상의 총알을 퍼붓는 공수부대 특공작전팀이 기습공격하여 결사항전 저항군 수십 명의 사상자와 나머지 생포자가 연행되며 상황이 종료됨.	6·25 전쟁이 정전협정(1953. 7. 27.)으로 정지되고, 약 14개월 후에 한라산 금족령 해제, 출입금지령(1954. 9. 21.) 해제 발표가 되면서, 3·1절 경찰발포사건(47. 3. 1.)이후 7년 7개월 만에 종료됨.(2003년 「제주 4·3진상조사보고서」) 그러나 군경토벌대의 한라산 무장대 소탕작전은 계속되었으며, 4·3 발생 10년 때까지 토벌대의 소규모 소탕전으로 잔존무장대가 거의 전사하고, 교전 중 도주하던 무장대원 한순애(여)가 생포되고 (57. 3. 21.), 7일 후 교전(57. 3. 27.) 중 2명 사살되고, 5일 후 최후의 무장대원 오원권(남)이 생포됨.(1957. 4. 2.)

구분	광주 5·18	제주 4·3
주장·요구 슬로건	"전두환은 물러가라" "비상계엄 해제하라" "김대중을 석방하라" 등	"통일정부 쟁취하자" "단선단정 반대한다" "탄압이면 항쟁이다" 등
항쟁 이후 역사적 평가와 전국화 수준	전두환의 재판결과-군사반란. 반란의 수괴, 내란음모죄. 내란죄. 내란 목적 살인죄, 뇌물죄 등 14개 죄명으로 1997년 대법원 최종심 결과 무기징역, 추징금 2,205억 원 확정(1996년 1심 결과-사형선고, 추징금 2205억 원) 5·18 종료 10년 만에 광주는 한국민주화운동의 상징이 되고, 망월동 희생자 묘역이 성역화되어 참배순례지로 전국화됨. 광주5·18특별법 제정(1996. 8. 26.)으로 명예회복과 보상이 진행됨. 광주 5·18의 전국화, 국제화를 위한 시민운동이 전개됨. 광주 5·18 관련 상업영화 제작과 흥행에도 성공하여 5·18 역사의 대중화가 성공적으로 진행 중임(영화 〈화려한 휴가〉, 〈택시운전사〉 등) 5·18민주화운동 기록물이 UN 유네스코 기록유산 등재하기로 만장일치 결정됨(2011. 5. 25.) 7년 후 87년 6월항쟁으로 계승되고, 한국민주화운동사에 큰 영향을 주면서 역사적 평가가 끝남.	한라산 무장대 측에 가담 또는 협조했다는 이유로 미군정청 포고령 2호 위반죄, 내란죄, 이적죄, 간첩죄, 국방경비법 위반죄 등으로 4·3 기간 중에 2,530명 이상이 군사재판에 회부되고, 345명이 사형선고됨. 그 후 일반재판 등으로 수천 명의 전과자가 생겨남. 사회진출과 취직에도 그 가족과 친척들까지 연좌제 폐지(1981. 3. 25.) 이후에도 진학, 취업, 승진 상의 차별과 불이익을 받음. 4·3 종료 이후 30년 동안 4·3 이야기를 못 하는 금기의 세월 중에 다랑쉬굴 학살 현장이 첫 발견 공개(1992. 4. 1)되면서 수면 위로 떠오름. 현재 「제주 4·3특별법」(2000)에 근거한 희생자 명예회복과 보상 특별법 개정(2021. 12. 9)으로 보상이 진행 중임. 4·3 관련 재심 신청 결과 70년 만에 무죄판결이 나오기 시작함. 그러나 4·3 전국화와 대중화는 상당히 미흡함. 87년 6월항쟁 이후 수많은 4·3 유적지 발굴과 4·3 연구가 진행 중이나, 아직도 4·3은 이름도 없이, 역사적 평가가 더디며 현재진행형으로 광주와 비교됨.

1980년 5월, 광주에서의 총성은 제주, 1947년 3월의 총성과 닮았다. 권력의 실세, 통치 세력 집권 초기에는 강력한 권위주의와 무력행사로 새로운 권력의 힘과 통치력을 정착시키려는 본보기가 필요했다. 광주가 본보기 희생양이었고, 제주가 희생양 본보기였다. 광주와 제주에는 민주주의도, 인권도, 평화도, 생명의 존엄성도 없었다.

미국 루스벨트 대통령의 갑작스러운 죽음으로 1945년 4월에 어쩌다 대통령이 된 부통령 트루먼처럼, 박정희 대통령의 죽음으로 별 두 개 짜리 보안사령관 전두환은 1979년 12.12 불법 군사반란 (쿠데타) 성공과 신군부 세력으로 급부상하여 권력을 장악했다. 그리고 새로운 신흥 권력 주변에 사람들이 권력 냄새를 맡은 파리떼처럼 들끓었다. 광주에는 신군부 군인들이, 제주에는 미군정청 군인들이 지배한다. 군인의 명령체계는 명에 살고 명에 죽는다. 단순하고 강력했다.

"5월 21일 발포명령과 학살이 긴급하게 전개되고 시민군이 무장하자, 미국 카터 행정부 백악관에서 중대회의가 열린다.(80.5.22) 전두환 군부세력에 대한 지지와 함께 진압토벌작전을 승인한다. 당시 광주항쟁이 한국 내부의 안보 상황과 미국의 국가안보 이익에 위협이 된다고 결론지었다."

(팀 셔록. 「미국기자가 본 4·3과 5·18」. 제주포럼. 2018.)

"1948년에도, 1980년에도, 2016년 현재도 한국군 작전통제권은 미국이 가지고 있다. 미국 대통령은 광주와 제주에 와서 사과해야 한다."

(팀 셔록. 기자. 민중의 소리. 2016. 5. 23.)

열혈 청년 시민군 무장투쟁 지도부와 30세 윤상원은 5월 26일, 도청에 남아 있는 학생과 여자들을 상당수 귀가시켰다. 5월 27일 새벽, 마지막으로 남아서 결사항전을 다지는 도청 시민군에게 최후의 연설을 했다.

"우리는 광주시민을 위하여 총을 들었습니다. 몇 시간 후, 아니 30분 뒤 여러분과 나는 이 세상과 영영 이별할지 모릅니다. 그러나 두려워 마십시오. 광주시민은 우리를 기억할 겁니다. 우리의 죽음은 살아있는 역사로 기록될 것입니다."

시민군, 저항군 대변인 윤상원이 죽기 전에 마지막으로 외신기자들에게 한 말을 요약해 본다.

"광주시민들을 잔악하게 살상하는 계엄군 공수부대에게 목숨 때문에 백기를 내걸며 항복할 수는 없습니다. 오늘 우리는 패배할 것입니다. 그러나 역사는 우리를 승리자로 만들 것입니다."

(전남도청 2층 기자실. 1980. 5. 26.)

이 말에서 가해자와 피해자를 바꾸고, 광주를 제주로 바꾸어 보았다.

"제주도민들을 잔악하게 살상하는 진압군 군경토벌대에게 목숨 때문에 백기를 내걸며 항복할 수는 없습니다. 오늘 우리는 패배할 것입니다. 그러나 역사는 우리를 승리자로 만들 것입니다."

"광주학살 책임지고 미국은 사과하라"
"제주학살 책임지고 미국은 사과하라"

우리가 왜 광주와 제주를 비교하는가? 그 이유는 밖으로는, 책임

있는 미국의 정체를 드러내기 위함이다. 세계평화라는 화장술로 얼굴을 가린 미국의 맨얼굴을 드러내기 위해서다. 사람의 얼굴은 비교해 볼 때 그 얼굴의 정체가 잘 드러나는 법이다. 광주와 제주의 자치정신으로 목숨을 건 무장투쟁을 드러내기 위함이다.

왜 제주 4·3과
그리스 내전을 비교하나요?

"한국군은 인식하지 못한 채, 미국을 대신해 많은 피를 흘리고 있다."

1948년 8월 15일 이승만 정부수립 후 미군사고문단장 로버츠 준장의 개인 편지 내용이다.(《이제는 말할 수 있다》. 제주MBC. 1999. 9. 12.)

앞서 말했지만, 트루먼 대통령은 2차 세계대전 종전 후 1947년, 미의회 연설에서 새로운 외교정책을 발표한다. 이는 1차 세계대전 종전 무렵인 1918년, 윌슨 대통령의 외교정책-민족자결주의 원칙을 뒤집는 선언으로 평가됐다. 즉, 세계의 각 민족은 정치적 운명을 스스로 결정할 권리가 있으며, 다른 민족의 간섭을 받을 수 없다는 민족자결주의 외교정책을 30년 만에 뒤집은 것이다. 투르먼은 그리스 내전을 지원하는 재정확보 요청을 미 의회에 하면서 새로운 외교정책, 트루먼 독트린(Truman Doctrine)을 천명했다.

"그리스가 소수 무장세력에게 떨어지면 혼란과 무질서가 인근 터키, 이란 등 중동 전 지역으로 확산된다. 그리스에서 외부 세력의 지원을 받는 소수무장세력에 저항하는 자유인민을 지지, 지원하는 것이 미국의 외교정책이 되어야 한다."

(Harr S. Truman. 1947. 3. 12.)

이 트루먼 선언(Truman Doctrine)은 닉슨 독트린(Nixon Doctrin 1969.7.25. 미국이 참전한 베트남전쟁 패배 후 미국 내 높아지는 전쟁 반대 여론 때문에 아시아지역 국지 전 불개입 외교정책 선언)이 나오기 전까지, 20년 동안 냉전시대를 유지, 강화하는 미국의 세계지배전략 외교정책으로 구축했다. 이는 냉전정책의 시험장으로 유럽과 아시아에서 적용되기 시작했다. 그 첫 단추가 그리스와 제주도였다.

우리 민족끼리 특정 지역에서 상당 기간 전투 상황이 전개되는 제주 4·3항쟁도 민족 내전의 구성요소가 충분하며, 일정 기간 내전 상태가 지속됐다는 전제하에, 그리스 내전과 제주 4·3은 무엇이 닮았고 무엇이 다를까? 다음은 미국 UPI 국제통신사 서울특파원 로퍼(J.Roper)의 기사를 국내 다수의 신문사가 인용한 내용 중 일부이다.

"조선은 희랍사태 재연

조선은 희랍 사태의 완전한 재연이다. 희랍에서 발생한 전투는 조선에서도 발생할지 모른다. 양국은 지리적으로도 유사하다. 양국은 다 산악이 많은 반도 국가이다. 희랍 반도는 공산주의가 지배하는 발칸반도에 연결되어 있으며, 조선 한반도는 역사적으로 소련의 영향력이 크고, 현재 중국 공산당이 세력을 확산하는 만주에 연결되어 있다."

(동아일보. 1948. 5. 10.)

"미국 당국(미군정청)은 '혼란스러운 제주도에서 난폭한 경찰의 연행자 구타와 폭력행위가 심해졌다. 도민들의 경찰 증오심을 선동하는 공산주의 좌파 세력이 활동하기가 쉬워지고 있다'고 말했다. 마찬가지로 희랍에도 막무가내로 거칠고 난폭한 경찰부대가 있었다. 아테네에서는 1944년 12월 3일에 경찰이 좌익 시위군중에게 발포했다… 조선 점령군 사령관 하지 중장도 희랍과 조선의 사태 유사성에 놀라고 있다."

(1948. 5. 11.~ 5. 12. 일부 국내외 기사)

그리스 내전과 제주 4·3에 대한 비교연구를 통하여 미국의 개입과 책임을 집요하게 추적한 학문적 결과물(허호준. 「냉전체제 형성기 미국의 제3세계 개입과 역할」. 2015., 「1947년 냉전체제 형성과 제주도」. 2016., 「그리스 내전과 제주 4·3 비교」. 2019. 4. 3., 「미국에 묻다」. 2021.) 등을 중심으로 그리스 내전과 제주 4·3을 요약, 비교하면 다음과 같다.

구분	그리스 내전	제주 4·3
전체기간 발생 시점 경찰 발포 사건 초기	1차 1944. 12. 3. ~ 2차 1946~1949. 10. 16. 영국의 지원을 받는 그리스의 난폭한 정부군 헌병 경찰부대가 아테네 시위군중에게 발포로 사망자 12명, 수십 명의 부상자 발생 후 집단항의함. 1차 영국 개입 후 2차 미국 개입함.	1947. 3. 1. ~ 1954. 9. 21. 3·1절 기념집회를 마치고 나온 제주 시내 관덕정 광장에 남은 군중을 향해 경찰서 경비망루에서 미군정청 경찰이 발포하여 사망자 6명, 8명의 부상자 발생 후 3·10민관총파업 항의로 이어짐.
무장투쟁 활동공간	반정부군이 그리스 반도 북쪽 넓은 산악지역 국경을 넘나들 수 있는 퇴로를 확보한 유리한 지형의 산악게릴라전	제주 한라산 무장대는 미군과 군경토벌대의 해안봉쇄작전으로 고립된 외딴섬에서 퇴로도 없이 한라산 밀림과 산간마을에 의존하며 불리한 결사항전 산악게릴라전
지정학적 위치	유럽 지중해와 중동아시아의 자원과 해상교통의 군사적, 경제적 가치가 높은 섬과 반도 지역임. 북부 아프리카와 지중해와 유럽의 지브롤터해협의 관문으로 가는 요충지. 정부군이 진압 작전과 내전(제한적인 국지전)을 통해 확보하려는 지역이고, 그리스반도가 소련에 넘어가면 지중해, 중동아시아, 북부 아프리카까지 넘어간다고 판단한 지역임.	역사적으로 해상교통과 군사 전략적 가치가 높은 지역임. 중일전쟁(1937)과 2차대전 태평양전쟁 때도 동아시아의 군사적 요충지. 주변 강대국들이 정치적, 경제적 전략 지역으로 눈독을 들이는 위치임. 소련의 동아시아 진출을 견제. 저지하는 데 한반도와 제주도 확보는 필수적임. 한국은 극동의 그리스다. 제주도는 동양의 그리스다.
미소냉전 최초의 대리전 개입	2차대전 직후 소련은 대유럽 서진정책과 대아시아 남진정책으로 공산주의 세력 팽창에 나섬. 그리스 반정부군 거점지역 북부 산악지대 국경 근처의 유럽 국가 알바니아, 유고 등이 간접 지원함. 이에 맞서 미국은 대소련 봉쇄정책으로 유럽 그리스 내전에 간접적 지원형식이지만, 적극 개입함. 그리스 주재 미합동군사고문단장 밴 플리트 장군은 그리스 정부군 참모총장을 통하여 업무 전달과 그리스군 작전거부권 행사와 대량의 무기지원으로 사실상 총사령관 역할을 함. 외형상 간접 개입이지만, 미국의 입장과 국익을 관철함.	냉전의 본질적 원인은 이념 우월성 경쟁을 통한 시장확보 경제전쟁임. 미국은 유럽에 이어서 아시아에서 한반도의 만만한 제주섬을 냉전시대의 첫 희생양으로 선택함. 미군사정부 미군정청의 직접통치는 물론 주한미군사령과 과 군정장관은 국방경비대, 해안경비대, 제주지역 군경토벌대에 강경진압작전 지시로만 끝나지 않음. 제주도의 모든 작전지휘권을 부여받은 전투사령관으로 브라운 대령을 파견하여, 2차 대전 후 외국의 전투 현장에 미군을 진압작전 책임자로 직접 파견한 첫 사례이며, 직접 개입한 책임 또한 확실함.
전개과정	1948년 그리스 정부군에 의한 산악마을 주민소개령(강제이주령)과 반정부게릴라와 주민격리작전으로 체포, 폭행, 고문, 사형집행, 집단학살함.	1948년 10월 중산간마을주민 소개령(해안마을 강제이주령)과 주민격리작전과 초토화작전으로 보이는 대로 즉결처형하고 마을 방화와 잔인한 방법으로 집단학살함.

구분	그리스 내전	제주 4·3
전개과정	좌익 반정부군의 근거지. 아지트 본부와 내전 산악지역 그람모스에 그리스 공군이 미국이 지원한 미제폭탄 네이팜탄을 세계 최초로 사용한다. 섭씨 3,000도의 화염, 고열로 불바다 불폭탄이 목표물을 완전히 태워버림. 숨어 살던 어린이, 여성 희생자가 엄청나게 발생함.	초토화작전 시기에 제주섬 전체를 돌아가면서 중산간마을이 150여 개 이상이 방화로 무너지고 사라져버림. 대대적인 초강경 진압작전 5개월 이상의 기간 동안 10,000명 이상이 고통과 아우성 속에서 대량 학살됨.
상황종료	반정부군은 내전 최후의 라디오 방송에서, 더 이상의 그리스 주민 희생과 파괴를 막기 위해서 전투를 중단하고 적대행위를 하지 않겠다고 사실상의 종전을 발표함(1949. 10. 16.) 트루먼 대통령은 미의회 연설에서 그리스 정부의 승리를 선언함(1949. 11. 28.)	6·25 한국전쟁이 밀고 당기는 정전협정(1953. 7. 27.)으로 끝나고, 약 14개월이 지나서 한라산 금족구역 해제령(1954. 9. 21.) 발표로 일단 상황이 종료됨. 그러나 무장대 세력이 완전히 소멸되거나, 항복을 선언한 것도 아니며 결사항전하다 마지막 생포됨(1957. 4. 2.)
미국의 획득 목표	미국 중심의 냉전체제 구축과 미국군사고문단의 작전통제권 유지와 그리스의 친미반공 정권 수립에 성공함.	미국 중심의 냉전체제 구축과 작전통제권(지휘권) 존속과 함께 남조선의 친미반공 정권 수립에 성공함.

제주 4·3 연구학자 허호준의 비교연구 결론 부분을 종합하면 다음과 같이 세 가지로 요약할 수 있다.

첫째, 그리스 내전과 제주 4·3의 발발로 두 지역 공히 좌파와 우파가 공존할 수 있는 공동체 공간이 사라졌다. 공산주의 세력과 투쟁한다는 국가안보의 명분은 범죄행위와 대량 학살의 정당화를 가능하게 만들었다.

둘째, 제2차 세계전쟁 직후 공산주의라는 용어는 미국의 개입을 정당화하는 트루먼 독트린, 즉 냉전 선언과 세계전략의 외교정책으로 굳혀졌다.

셋째, 미국은 그리스 내전과 제주 4·3이 끝난 뒤 이승만 친미반공정권을 확실히 굳혔으며, 그리스와 남한은 미국의 의존도가 점점 심화되었다.

제2차 세계대전 아시아지역 태평양전쟁 종전 전후하여 미국의 개입과 역할에 대한 책임은 비단 그리스 내전과 제주 4·3에서만 심각한 것이 아니었다. 트루먼 대통령의 최종명령이 떨어지자, 미군은 '리틀보이'라는 작전명으로 일본 히로시마와 나가사키에 세계 최초로 두 개의 핵폭탄(1945.8.6.~8.9)을 투하했다. 이는 그리스 내전 당시 세계 최초로 사용된 네이팜탄 투하와 비교할 바가 아니었다. 원자폭탄 두 발로 무려 20만 명 이상의 희생자와 수십만 명의 방사능오염 부상자와 후유증으로 세계를 경악시켰다.

미국은 일본군의 태평양 진주만 기습공격 후 선전포고하면서 미국 내 거주하는 일본 유학생과 일본인들을 불법체포, 무차별 연행하여 강제수용소에 감금한다. 인권침해와 국제법 위반으로 종전 이후 미국 대통령의 공개 사과와 함께 당시 재미 일본인에 대하여 피해보상금을 지불한 사례도 있어 기억해야 한다.

미국은 승전국 점령군으로서 남한의 미군사정부 3년 동안 죄없이 희생된 비무장 민간인에 대한 입장을 명백히 밝히지 않는다. 그런데 미국 행정부는 인도주의 국제법 정신과 제네바 협정(1949. 8. 12.)에 따라서 미국의 지시와 배후 조종에 의한 민간인 희생자 발생에 대한 책임을 인정해야 한다.

> "집단학살을 행하는 주체는 군과 경찰 같은 국가기관이 아닐 수도 있다. 민간단체, 특정 폭력집단이 적대관계에 있는 집단이나 개인에 대한 학살행위를 비호하는 국가기관도 국가폭력, 국가범죄행위에 해당한다."
>
> (김동춘, 「20세기 한국의 제노사이드」, 제주4·3연구소. 2005.)

"세계 식민지 지배체제에 대한 저항 세력을 없애기 위한 제국주의의 게릴라 진압 작전도 무차별 학살에 기초하고, 식민지 지배체제 그 자체가 넓은 의미의 학살이다."

(레오 쿠퍼. L.Kuper. 1981.)

진실과 화해를 위한 과거사 청산 대상은 국내뿐만 아니라, 나라 밖 일본과 미국도 해당된다. 일본의 엄청난 책임과 비교해서, 미국은 멀찌감치 떨어져서 남의 나라 일로 지금도 안심하고 있다. 미군사정부 통치기간 3년 동안 미군정청 군인들이 지시한 집단학살은 물론 미국에 의한 무고한 민간인에 대한 국가폭력은 명백하다. 태평양 방면 미국육군 총사령관 맥아더 장군의 '조선 인민에게 고함' 포고령 제1호(1945. 9. 7.), 미군정청 제1호 관보 공포로 미군사정부가 행정, 사법, 입법 3권을 행사했다. 이승만 정부수립 후 군사고문단을 내세운 제주 초토화 작전 지휘권 행사의 결과도 국가폭력의 주범 중 하나가 미국이었다.

미국 행정부는 책임을 지고, 사과하고, 배상해야 하는 미군사정부의 대리인이다. 1998년 3월, 『한국전쟁의 기원』 저자인 브루스 커밍스(Bruce Cummings)는 일본 도쿄에서 열린 제주 4·3 60주년 기념강연 중 미국의 책임 부분을 다음과 같이 분명히 하고 있다.

"미국과 미군정은 4·3시기 제주 민간인 학살에 대하여 군사적, 법률적 책임이 있다. 미국의 개입 증거로 방첩 활동을 한 부대의 일상적 훈련, 수감자에 대한 직접심문, 게릴라 탐색을 위한 미군기의 정찰비행이었다. 전쟁 후 세계가 처음으로 목격한 것은, 잊을 수 없을 정도로 아름다운 섬 제주에서 민족자결과 사회정의를 위해 싸운 도민에 대한 미국의 무차별적인 폭력이다. 만약 1945년부터 1954년 사이에 일어난 한국의 사건에 대하여 미국 정부로부터 배상을 받는 한국인이 있다면, 의심할 여지 없이 제주도 사람부터다."

(「어둠에서 빛으로」, 제주4·3평화재단, 2017.)

4년 동안 대정면 무장대 조직팀에서 활동하다 생포된 후 육군 특무대(CIC 미군 방첩부대) 협조자로 변신한 김○○의 증언도 미군의 개입을 증언한다.

"군인들이 토벌이 심하게 올 때는 9연대에 우리 조직이 있기 때문에 대개 미리 연락이 왔어. 미군이 군경합동 토벌에 같이할 때도 있어. 검은 개(경찰)가 토벌 온다면 대항하지만, 노랑 개(군인)와 미군이 합쳐서 올라온다고 하면 일단 피해야지. 우리 무장부대의 각 기관에서 토벌 집중 기간 동안은 안전하게 분산하여 은신하라고 지시가 왔어. 우리가 분산 지시에 따라서 마을에 내려가 비상식량을 챙기고 나오는데, 미군들이 총은 안 쏘고 길옆에 전부 붙어 있는 거야. 얼른 밭으로 도망가는데 뒤에서 총소리가 팡팡팡 났지"

(김○○, 「4·3 장정」, 제주4·3연구소, 1993)

2016년 미국 오바마 대통령이 일본을 방문했을 때 히로시마 평화공원에 가서 원폭피해자에 대한 사죄의 참배를 하듯이, 향후 한국을 방문하는 미국 대통령은 제주도 4·3평화공원에 가서 사죄의 뜻으로 참배하는 모습을 보여야 한다. 그것이 희생자에 대한 최소한의 예의가 아닐까?

미소 패권경쟁의 냉전시대에도 무대 뒤에서 냉전 잔치(Coldwar Festival)를 진행하고 있었다. 승전국 미국과 패전국 일본은 후속 조치와 전후 배상 문제를 진행했다. 전쟁범죄국가 일본은 점령군 미국의 대가 요구에 절대복종, 속수무책이었다. 그 결과 미국은 아시아 태평양지역의 군사전략적 요충지 오키나와 점령으로 미국령 땅처럼 20년 넘게 온전히 차지했다. 1972년에야 대규모 미국군사기지를 오키나와 도심 한복판에 계속 주둔하는 조건부로 일본에 외형상 반환했다.

승전국의 한 축인 소련도 마찬가지다. 일본 북쪽 사할린섬에 점령군으로 계속 눈독을 들인다. 샌프란시스코 국제조약(1952. 4. 28.)으로 남사할린마저 슬그머니 소련 영토(현재 러시아 영토)로 만들어 버렸다. 미국은 일본의 남쪽 끝을 잘라 먹고, 소련은 일본의 북쪽 끝을 잘라 먹는 잔치는 여기서 끝나지 않았다.

또 하나의 전리품처럼 한반도, 조선은 어떻게 차지할 것인가에 골몰하여 여러 차례 주요 승전국끼리 진지하게 국제회의를 하는 척하다가, 한반도 북위 38도 기준으로 미국과 소련이 각각 일정 기간 분할통치 후에 독립 국가로 인정해 주기로 합의했다. 일본 국토의 남쪽 오키나와섬과 북쪽 사할린섬을 갈라 먹는 것처럼, 한반도 조선도 처음에는 사이좋게 남북을 갈라치기했다. 그 결과 5년 후에는 한반도가 한국전쟁 민족상잔의 전쟁터, 민족 최대의 희생자가 나오는 참사 현장으로 변하고 말았다.

현재까지 70년이 넘도록 외세 미국과 소련에 의한 남북 갈라치기

분할체제는 여전히 민족분단을 강제하고 있다. 미국은 불평등조약인 소파협정(SOFA. 주한미군 지위에 관한 협정)에 근거하여, 수십만 평의 미군 용산기지를 70년 넘게 무상으로 사용하다 현재는 여의도 면적 약 5배 규모로 경기도 평택 미군기지를 확보했다. 최대 8만 명의 미군부대와 부대시설이 들어설 수 있을 만큼 세계 최대의 미국 해외 군사기지가 구축되고 있다. 그들은 또 언제까지 한반도에 주둔할 것인지 역사가 지켜봐야 할 것이다.

위의 서술 내용처럼 그리스와 제주를 비교하는 이유는 미국의 정체를 드러내기 위함이다. 세계평화라는 화장술로 얼굴을 가린 미국의 맨얼굴을 드러내기 위함이다. 평상시에 못 보는 맨얼굴을 유사시에는 과거의 역사 거울을 통해 볼 수 있다.

향후 언제라도 미국은 책임문제 사과문제 배상문제의 3단계 과정을 거쳐야 한다. 그러나 1단계 미국의 책임을 시인하라는 요구가 남북대치 분단국가의 운명 속에서 과연 가능할 것인가? 강대국 미국은 이에 응답할 것인가? 그리고 역사의 심판이 경기를 공명정대하게 진행할 것인가? 그 경기장에는 제주 4·3 정신, 즉 통일정부수립운동의 깃발들이 소리 없는 아우성으로 제주를 응원하고 있을 것이다.

왜 제주 4·3 투쟁지도부는 12:7로 결정했나요?

만장일치가 아니다. 압도적 찬성도 아니다. 결과는 찬반 12:7이다. 무기명 비밀투표 결과인지 아니면 손을 드는 거수 결정인지 모른다. 진행자와 위원장의 정리 발표 결과인지, 무장투쟁은 찬성하지만, 시기 결정에 대한 경향성 파악 정도인지도 잘 모른다. 이 찬성 비율의 이유는 현재까지도 정확히 추론하거나 결론을 내리거나 장담할 수 없다. 그러나 이 비율은 중요하다,

참석자 19명 중 2~3명만 선택을 바꿔서 무장투쟁 반대로 갔다면, 1명이 기권한다면, 찬반 동수가 나왔으면 재투표하거나, 신중론의 조몽구 위원장이 의장 직권으로 결정하거나 보류했다면, 제주의 민족자주통일정부수립운동의 운명은 어떻게 전개됐을까? 역사해석에서 역사의 가정법은 비사실적인 영역이고 상상의 영역이지만 역사적 상상력을 통하여 19명 지도부의 심각한 토론의 역사가 현재화되면서 역사적 현장감을 느낄 수 있다면 유의미할 수 있다.

남로당 제주도당 간부와 12개 읍면 조직책임자 등 19명이 모였다. 비공개 비밀회의 장소를 옮기면서 수 차례 거듭한 절차를 고려하면, 깊숙한 토론과 결정사항 때문에 충분한 시간이 필요한 것으로 추정된다. 신촌에서 장소를 옮겨 가면서 두세 차례 회의가 열렸다. 신촌리 해안마을 집에서는 19명이 모이면 쉽게 발각될 위험성과 시간 부족 등으로 결정을 못 하고, 다시 다른 장소와 날을 잡았다.

신속히 모이고 신속히 흩어져야 했다. 만약에 발각되어 지도부 전원 체포되었다면, 제주 4·3항쟁은 일어나지 않았을 것이며, 내란 사전음모죄 정도로 언론에 대서특필되면서 상황이 종료됐을 것이다. 그러나 그들은 당시 인적이 드문 신촌리 중산간 마을 동수동까지 암호에 의해서 한 사람씩 시간과 거리를 두고 농부 복장과 허술한 패랭이 모자 등을 쓰고 1km 정도 올라갔을 것이다. 그리고 어느 으슥한 촌집에서 1948년 2월 말에서 3월 초쯤에 결국 무장항쟁으로 결정한 것으로 추정된다.

결정은 중차대한 문제였다. 결코 만장일치로 박수 칠 문제가 아니었다. 그들이 비밀회의에서 치열하게 고민하고 토론했던 검토사항, 점검사항, 최종 결정사항에 대하여 부족한 자료 분석이지만, 필자의 역사적 상상력으로 재구성해보면 다음의 장면이 나오지 않았을까 짐작한다.

일방적인 단독선거 일정 제시에 끌려만 갈 것인가? 주체적으로 선거 일정을 연기시키고 성공할 수는 없는가? 급박한 선거 시기에 언제 무장투쟁 시기를 선택할 것인가? 제주도만의 선거 저지 무장투쟁은 언제까지 가능할 것인가? 제주도만의 선거 저지 선도 투쟁으로 전국 확산

투쟁이 가능할 것인가? 제주도만의 선거 저지 획득 투쟁은 언제까지 유효할 것인가? 이런 문제로 서로 맹렬하게 다투었을 것이다.

무장투쟁의 최종목표는 선거 저지인가, 통일정부수립인가? 무장대의 목숨과 도민들의 희생은 얼마나 언제까지 각오해야 하는가? 제주인의 자랑스러운 대중조직 마을인민위원회는 잘 준비되어 있는가? 무장봉기에 필수적인 무기와 무장대의 조직과 훈련은 준비되어 있는가? 미군과 육지 군인, 경찰부대를 언제까지 어떻게 감당할 수 있는가? 미소 분할통치의 냉전시대 국제정세는 어떻게 반응할 것인가? 이런 문제로 여러 명은 목소리를 높이고 진지하게 고민했을 것이다.

선거 반대 비무장 비폭력 저항운동을 꾸준히 장기전으로 전개하자. 중앙당과 투쟁 수위를 맞추거나, 전국동시다발 무장투쟁을 건의하자. 결사항전 무장투쟁이지만, 지금은 아니다. 시기상조다. 아니다. 결사항전 무장투쟁하자. 시기를 놓치면 안 된다 등의 이야기가 도출되지 않았을까? 회의 초반 기간에는 다양한 토론과 선택지가 나올 수 있지만 회의 후반 기간에는 두 가지로 압축된 것으로 보인다. 결국 무장투쟁 시기상조론(신중론)이냐? 무장투쟁 정면돌파론(강경론)이냐로 말이다.

투쟁지도부 19명은 각자의 처지와 판단에 따라서 최종의사를 피력한다.

① 세대별 경향성을 보자. 20대와 30대 초반 열혈청년 세대는 단독선거 무효투쟁과 통일정부수립을 위한 역사의 부름에 응답하고, 군경 대탄압에 대한 분노를 모아서 무장투쟁으로 응답하자는 주장이 강했다. 반면에, 40대 전후반 장년층 세대는 독립운동과 투쟁 경험이 풍부한 만큼 전국총선거는 제주만의 문제가

아니라서 고민이 컸다. 미국의 강경 개입과 육지 군경의 파견과 냉혹한 국제정세 분석을 중시하는 경향이 강하다. 현실적인 피해와 희생을 걱정했을 것이다.

② 지역별 경향성을 보자. 조직세와 인민위원회 활동력이 강력한 조천면과 대정면 인근 면들은 강경 투쟁의 적극성을 보였다. 조직세가 약한 면 단위 조직책임자들은 제주도 동시다발 무장투쟁에 대해서 신중할 수밖에 없었다. 참가자 19명 중 대정과 조천 출신이 조금 많았던 것으로 보인다.

③ 개인별 성향을 보자. 활동가 성격, 계급의식, 조직관. 투쟁관에 따라서 찬반 경향성이 드러날 수 있다. 회의 주도자의 성격과 입장에 따라서 분위기를 잡아갈 수도 있다. 또한 시민운동 대중조직 같은 인민위원회의 전략적 지위와 역할을 중심에 두느냐, 아니면 규정력이 강한 전선체 운동조직 같은 정당조직 남로당을 중심에 두느냐에 따라서 조직관과 투쟁목표가 달라질 수 있다. 더디지만 많은 수로 조금씩 획득하는 대중투쟁이냐, 모범을 보이는 강력한 소수의 선도투쟁이냐에 따라서 5.10선거 저지와 4·3항쟁의 투쟁목표가 조절될 수 있는 상황이었다.

그런데 전체 지도부 투쟁노선이 온건한가, 강경한가의 이분법적 접근으로 12:7의 절묘한 배합을 설명하기는 어려울 것 같다. 중앙당 방침과 다른 남로당 제주도당의 독자적 무장투쟁 결정이 12:7로 확인된 후에 분열과 후유증에 시달렸다는 증언과 자료는 아직 없다. 결코 적극파와 신중파의 옳고 그름의 문제가 아니었다. 게다가 누가 누가 선하고 악하다, 즉 좋다 나쁘다 문제도 아니었다.

그렇다면 그 전의 토론 쟁점들은 어떻게 정리됐을까?

먼저 무장봉기 적극론의 입장이다.

첫째, 전국적으로 전개되는 단선단정의 반대 열기를 증폭시켜야 한다. 제주도의 선도투쟁이 기폭제가 되어 전국적인 호응 투쟁을 촉발시키자, 라는 것이었다.

둘째, 미군정청 육지경찰과 반공 서북청년단의 가혹행위와 약탈 때문에 제주도민의 반경, 반미 감정이 고조되는 시점이다. 따라서 도민들의 지지와 응원을 받으면 무장투쟁을 할 수 있다. 유격 산악게릴라전도 우리가 잘 아는 한라산 지형으로 유리한 조건이다. 준비역량과 관련하여, 400명 정도의 봉기 무장대 뒤에는 지원 병력을 보충할 수 있는 마을 자위대가 조직적으로 대기하고 있다. 무기 확충 문제도 다량의 일본군 무기를 비장하였으며 9연대 탈출병이 입산할 때 무기와 탄약을 가지고 올 것이다. 무엇보다 우리에게는 전국 최고의 인민위원회 조직이 받쳐주고 있다. 3·1집회와 3·10총파업의 엄청난 참가 열기와 조직력은 여전히 살아 있다고 말하는 주장이다.

셋째, 2,500명의 대량 연행과 구속, 지명수배와 도피 생활 때문에 분산되고 위축된 남로당 제주조직의 위기 상황을 무장투쟁으로 결집하고 돌파해야 조직 보위가 가능하다. 더 이상 물러설 수 없다. 육지로, 일본으로 피신하지 말고 산으로 당당히 들어가자는 주장이다.

넷째, 전국적인 단선단정 봉기와 항쟁이 벌어지면 제주도에 추가적인 진압 병력 차출과 지원파견은 많지 않을 것이다. 경찰력 추가파견 정도는 우리의 무장력으로 충분히 대응할 수 있다는 주장이다.

다섯째, 제주도 파견 주둔 국방경비대 9연대가 창설부대라 실제로 중대 규모로 약 100명에서 200명 정도라고 한다. 그들은 향토 군대를 만들자며 제주도에서 모집 광고를 하는 실정이다. 군인들은 현재 중립적인 입장이며, 통일정부를 원하는 민족의식으로 각성한 우리 쪽 군인들도 많다는 주장도 있다.

여섯째, 미국도 2차 대전 직후 전쟁 혐오와 반대 여론이 많아서 적극적으로 개입하지 못할 것이다. 미국과 소련의 상호견제와 경쟁 때문에 국제문제로 확산되는 것을 원치 않을 것이다.

다음은, 무장봉기 신중론, 시기상조론의 입장이다.

첫째, 3·10 총파업 이후 육지 응원경찰과 우익 청년단체 서청이 계속 들어오고 있다. 파견 규모와 악랄한 탄압이 예상을 뛰어넘고 있다. 그들의 움직임이 안하무인이며 정상이 아니다. 그들은 제주도를 빨갱이 섬이라고 부른다. 제주사람을 깔보고 마음대로 약탈하고 무차별적으로 잡아가는 이유를 잘 분석해야 한다. 미군정청과 조병옥 경무부장이 그들의 뒤를 봐주고 있다. 이를 과소평가해서는 안 된다. 지난 1년 동안 우리 당에 대한 탄압과 무차별 연행으로 조직이 위축되고 무너지는 위기 상황으로 더욱 고립될 수 있다.

둘째, 선거 반대 선거 저지 투쟁은 필요하다. 무장투쟁도 충분히 할 수 있다. 다만, 제주도만의 단독적인 무장투쟁은 객관적인 정세분석 후 시기를 신중히 선택해야 한다. 적극 투쟁은 좋지만, 영웅적 모험주의를 경계해야 한다.

셋째, 면 단위별로 우리 조직세와 전투력에 차이가 분명하다. 대정과 조천 주변은 강력한데 서귀포 쪽, 성산포, 표선 쪽은 약하다. 저들은 미군이 지원하는 무기와 군수품 등으로 군경의 군사력을 계속 보강하고 있다. 우리는 전투 병력과 무기가 얼마나 준비되어 있는지 냉정하게 점검해야 한다.

넷째, 미국은 2차 대전의 승전국이고 점령군이다. 군인통치로 제주를 지배하고 있다. 군대는 명령에 살고 명령에 죽는다. 지금 국방경비대와 미국의 개입은 중요한 변수이므로 신중하게 좀 더 지켜봐야 한다.

다섯째, 수많은 죽음과 희생을 각오하는 투쟁 기간의 문제다. 선거 저지 투쟁이 성공하든 실패하든, 득과 실은 무엇이며, 이후 전망과 계획이 서 있어야 한다. 얼마나 조직을 보위할 수 있으며, 얼마나 싸워야 하는가? 우리는 이에 대해 신중하게 생각해야 한다.

3·10 총파업 이후 검거 선풍과 대탄압 때문에 민족주의와 사회주의로 무장한 항일 독립 투쟁 경험이 풍부한 40대, 50대 장년층 중심의 제주 남로당 지도부 조직의 안정성이 깨지던 시기였다. 무차별 체포, 연행, 구속, 재판회부, 징역살이와 은신 생활 때문에 생긴 조직의 상당한 부분을 혈기왕성하며 급진적인 20대, 30대 청년세대가 보강하는 세대교체가 일어나고 있었다. 즉, 신진 청년층이 4·3 결정을 전후하여 조직의 중심으로 서서히 이동한다.

당시 비밀회의장에서 독립운동가 출신답게 투쟁 경험이 많은 40대

조몽구 위원장과 일본 유학생 학병 장교 출신 20대 조직부장 김달삼이 발언을 많이 한다. 기권표는 없었다. 누구 한 사람도 결정에 반발했다는 증언도 없었다. 무기명 비밀투표를 요구하거나, 했다는 증언도 아직 없다. 결정 시간에 쫓겨서 회의 절차상 하자가 발생한 것도 아닌 것 같다. 수 차례 회의 기간 동안 할 말을 다 하는 분위기였다. 누가 누구를 막 설득하거나, 어느 한쪽으로 몰아가는 분위기는 아니었다. 마지막 회의 분위기가 찬성 쪽으로 많이 기울었다는 일부 증언이 있다. 그러나 민주주의 다수결 원칙에 입각한 12:7의 객관적 수치가 나왔다.

마지막으로 조몽구 위원장이 회의장 분위기를 다독이는 정리 발언 후 투쟁 결의를 다지며 신촌회의가 끝났을 것이다. 1948년 5.10선거 반대 투쟁은 당시에 전국적으로 일어났지만, 제주도가 가장 치열했다. 실제로 도내 3개 중 2개 지역선거구에서 5·10 국회의원 총선거 무효가 된 지역은 전국에서 제주도가 유일했다. 제주도만의 2차 6·23 재선거도 다시 저지하여 무산시켰다.

무장대 활동가 출신으로 생포되어 토벌대의 협조자로서 목숨을 지킨 김생민과 회의 참가자 이삼룡 등의 증언과 함께 이 시기의 다양한 관점을 요약하면 다음과 같다.

"4·3이 왜 일어났느냐 하면, 그때 사람들은 해방이 되면 모든 것이 자유롭고, 우리가 관리할 수 있는 통일도 되고 독립도 될 것이라고 생각했다. 무장봉기는 분명히 남로당 제주도당이 결정했다. 그리고 제주 도민의 정서로, 민족정서로 반쪽 정부가 들어선다고 할 때, 그것을 인정할 사람이 어디 있겠는가? 통일되는 것을 바라지. 한쪽은 탄압하려고만 들고, 그런 것이 맞물려서 국내외 정세로 볼 때 항쟁이라고 볼 수 있다. 그러나 자연발생적인 항쟁은 아니다. 군중심리로 와락하면서 일으킨 것도 아니다. 정말 조직적이었으며, 5.10선거 저지라는 목표가 분명했다. 국외적인 원인은 미소 양국에 있는 것이고, 세계적 냉전의 틈바구니에서 좌우가 충돌하는 과정에서 도민들이 많이 희생되었다."

> **무장투쟁 12대 7로 결정**
> "탄압이 계속되자 1948년 2월 말, 조천면 신촌에서 남로당 제주도당 책임자와 면당 책임자 등 19명이 모여 대책회의를 했다. 이 자리에서 당시 도당 조직부장 김달삼이 무장투쟁을 제기했다. 시기상조라는 신중파와 강행하자는 강경파 사이에 열띤 토론이 벌어졌다. 끝내 12대 7로 무장투쟁이 결정되었다. 우리는 악질 경찰과 서청을 공격대상으로 삼았지, 경비대나 미군을 맞대응할 생각이 아니었다. 그런데 우리가 공격한 후 미군이 대응한 것이나 장기전이 되리라고는 생각하지 못했다. 우리가 정세 파악을 잘못했다."
>
> — 남로당 제주도당 정치위원 출신 이상룡(도쿄 거주, 작고)의 증언

"지도부 회의 내부에서 심각한 논쟁이 있던 것은 아닌 것 같다. 이미 이때는 대세가 강경파에 의해 장악된 상황이었다. 표결은 각자의 의견을 말하는 정도에서 이루어진 것으로 보인다"

(양정심, 「제주 4·3항쟁연구」, 2005.)

"대대적인 검거선풍과 탄압으로 도피 생활이 길어지다 보니 점점 입산하는 쪽으로 기울고, 분위기도 무장봉기를 하자는 쪽으로 기울어 갑니다. 잡혀서 맞아 죽거나, 숨어지내다 굶어 죽을 바에는 차라리 싸우다 죽자는 것이 대부분의 감정이었지요. 또 서북청년단에게 잡히면 죽을 판이니 갈 곳이 없었지요. 양심적인 청년들은 마음은 산 쪽이지

만, 이도저도 못 하고 봉기가 날 판이지요."

(강위옥. 『4·3은 말한다』 4. 제민일보 취재반. 1997.)

"나(조몽구)나 안세훈 씨나 어떻게든 자기중심을 가지고 (신중론을) 관철시켰으면, 오늘날 이런 4·3 같은 사태가 일어나지 않았을 것이다. 불행히도 도민들에게 엄청난 피해를 입히고, 몇만 명이 죽임을 당하는 현실을 봤을 때, 지금은 죽고 싶은 심정이다."

(본 증언은 1950년대 초반 진주형무소에서 조몽구와 함께 징역살이를 한 고윤섭(1927년생, 제주 봉개동)이 조몽구의 이야기를 들려준 것이다. 『4·3과 역사』. 제주4·3연구소. 2005.)

"단선 반대 즉, 통일이야말로 봉기 지도부에 있어서 봉기의 정당성과 대중적 선전의 좋은 명분이었다. 이것은 4·3 봉기 결정에 중요한 계기였다. 미군정의 탄압 강도가 점점 세지는 만큼 반미국, 반경찰, 반서청의 반발 정서를 이용하는 소극적 저항과 함께, 임박한 현안, '선거인 명부 등록 저지, 단독선거 저지, 통일'이라는 적극적 저항방법이 봉기 결정에 중요한 요인이었다."

(박명림. 「제주도 4·3민중항쟁 연구」. 1988.)

증언들에서 알 수 있듯 4·3의 무장봉기 결정은 정말 고심 끝에 나온 결정이었다. 그들이 결정을 내렸을 때까지만 해도 4·3 항쟁이 이렇게 길고 오랜 시간 동안 이어지리라고는 생각하지 못했을 것이다. 아니 길어진다는 생각이 있었어도 그들은 내가 싸워 내 민족의 소원을 이루어야 한다고, 그래야 내 고향, 내 가족이 더 좋은 삶을 살게 된다고 믿고 무기를 잡고 산으로 올라갔을 것이다. 이들에게 누가 젊은 혈기 때문에 결정을 내렸다고 할 수 있을까?

다시 광주를 돌아보자. 1980년 5월, 광주 전남도청 건물, 무기 반납을 거부하고 목숨을 바치겠다는 최후의 항쟁지도부는 청년학생 세대였다. 우리는 그 누구도 그들을 향하여 미숙한 열혈청년 세대, 무모한 모험주의자, 소영웅주의자였다고 논평하지 않는다. 5월 광주의 희생과 결사 항쟁이 있었기에 1987년 6월항쟁과 7, 8, 9월 노동자 대투쟁으로 군부독재를 타도하는 전국적인 민주화 열풍을 일으킬 수 있었다. 광주시민의 지지를 받는 시민군 본부의 상징건물이었던 도청을 결사항전 사수하던 광주 5·18정신은 전두환 군사독재 타도와 민주주의 사수를 위한 희생정신이었다.

이와 마찬가지로, 제주도 인민위원회의 지지를 받는 무장대 본부의 상징이었던 한라산을 무대로 결사항전하던 제주 4·3정신은 반봉건·반외세를 부르짖는 주권재민(主權在民) 민주주의 정신, 제주 특유의 공동체 자치정신, 민족자주의 통일정부수립을 염원하는 희생정신이었다.

긍정적 관점에서 보면, 5·18 광주 정신처럼 희생을 각오한 4·3 지도부 최종회의 12:7 결정은 4·3의 제주 정신을 드러낸 것이었다. 5년 후 다가오는 제주 4·3 제80주년을 대비하여, 지금부터 예상되는 경우의 수와 4·3 미해결 현안들에 대해 미리 준비할 수 없을까? 왜냐하면 제주 4·3은 살아 숨 쉬는 현재진행형이기 때문이다.

왜 제주 4·3은
5년, 7년 또는 10년 전쟁인가요?

"한 공동체가 무너지는데 가만히 있을 수 있는가 말이야. 이념적인 문제가 아니야. 거기에 왜 붉은색을 칠하려고 해? 공동체가 파괴되고, 누이가 능욕당하고, 재산이 약탈당하고, 아버지가 살해당하고, 친구가 고문당하고, 씨가 멸족당하는데, 이런 상황에서 항쟁이란 당연한 거야. 이길 수 없는 상황이라고 해서 항복하고 굴복해야 하나? 이길 수 없는 싸움도 싸우는 게 인간이란 거지."

(현기영. 「제주작가」 22호. 제주작가회의. 2008.)

정부가 채택한 '제주 4·3사건진상보고서'(2003. 10. 15.)에 의하면, 제주 4·3에 대한 정의를 내리면서 사건 기간(1947. 3. 1.~1954. 9. 21.)을 설정했다. 7년 7개월이다. 시작 기점을 3·1절 집회시위 경찰발포사건부터 한라산 금족령 해제일을 종료 기점으로 설정한 사건 기간이다. 정부 발표를 부정하지 않지만, 문제 제기의 여지를 남겨둔 기간 설정이다. 20년이 흘러온 지금, 5년설, 7년설, 10년설의 근거와 이유를 제시하고 좀 더 다양한 관점에서 개방적 논의의 마당이 열릴 때가 됐다.

한라산 출입금지 해제(1954. 9. 21.)는 정부군의 일방적인 상황종료, 종전 선언처럼 들린다. 그러나 한라산 무장대와 제주도민의 입장으로 본 상황은 끝나지 않았다. 4·3 피해 상황은 여전했고, 수난은 계속되고 전투 상황도 있었다. 무장대가 백기를 들어 항복선언을 한 것도 아니었다. 소규모 교전은 1957년 3월 27일까지 10년 동안 계속되고 있었다.

4·3 수난사, 4·3 항쟁사, 4·3 반란사, 4·3 폭동사, 4·3 무장투쟁사, 4·3 내전사 등 다양한 역사해석의 자유를 인정하지만, 사건 기간이란 제한적 범위 내에서 문제제기를 해본다. "역사의 주인은 민중이다"라는 전제하에, 첫째, 4·3 내전사 관점에서 치열한 내전 기간은 5년이다. 둘째, 민중수난사와 무장투쟁사 기간은 10년이다. 이 이유를 자세히 보자.

4·3 내전사 관점에서 보는 치열한 내전 상태 기간은 5년이다

2차대전 후 1940년대 후반 유럽의 그리스 내전과 아시아의 제주 4·3은 곧잘 비교된다. 미소 패권 경쟁 시대, 새로운 냉전체제의 형성기, 유럽과 아시아에서 최초의 희생양 본보기로 정부군의 강경 진압과 대량학살의 대표적 세계사로 평가된다. 한라산 무장대의 전투는 상당 기간 내전(지역전쟁, 국지전쟁, 저강도 전쟁) 상태였다. 필자가 설정한 내전 기간(1948. 4. 3.~1953. 4. 15.)은 약 5년이다. 무장대장 김의봉의 교전 중 전사일을 내전 종료 시점으로 보는 관점이다.

그리스 내전과 광주 5·18처럼 제주도민에 대한 집단 발포 사망사건 발생에 대한 경찰당국의 정당방위 주장 때문에 주민들의 분노와 원성이 하늘을 찔렀다. 이에 주민들의 지지와 응원을 등에 업은 제주도 남로당의 독자적인 무장투쟁 결정으로 한라산 무장대가 조직되어 봉기했다.

1948년 4월 3일 새벽 2시에 한라산과 오름 일대에 봉기의 횃불이 붉게 타올랐다.

제1대 무장대 사령관 김달삼(1948. 4월~8월)은 남북인민대표자회의의 참석차 월북한 이후 제주로 귀환 못 하고, 1950년 한국전쟁 직전에 남한 침투 북한 유격대장으로 교전 중 사망했다. 무장대장 김달삼은 48년 4월 28일경(또는 30일) 제9연대장 김익렬과 평화협상(또는 김익렬의 1948. 8. 6.~8. 8. 국제신문 3회 기고문에 의하면 귀순 협상 일자 1948. 4. 30.)을 하여, 72시간 내 전투 중단과 민간인의 희생을 줄이기 위해서 무장대 무장해제 조항과 무장대 신분보장도 들어있는 합의를 성사시켰다. 그러나 결과적으로 협상 합의문은 종잇조각에 불과했다. 주한미군과 미군정청의 계획된 강경진압작전을 앞두고 벌이는 사전 선무작전과 분열을 노리는 심리전에 불과했던 것이다.

토벌대의 공세가 점점 강해지고 한라산 깊숙이 토벌이 들어오기 시작했다. 이즈음 국방경비대 9연대 소속군인 일부가 한라산 무장대에 합류하기 위해 입산하고 말았다. 고승옥 등은 9연대 군인 41명 집단탈출 사건(1948. 5. 21.)에서 주도적 역할을 하여 무장대의 전투력을 보강했다.

이후 1948년 10월 17일, 송요찬 연대장의 중산간마을 강제이주 소개령을 시작으로 토벌대의 초토화작전으로 무차별 대량 학살이 전개되었다. 제2대 무장대장 이덕구가 선전포고(1948. 10. 24.)하고 7개월 남짓 싸우다가 교전 중 전사했다(1949. 6. 7.). 그의 가족과 친인척 18명이 몰살되고 심지어 친척의 심부름하는 사람마저 총살되었다.

1948년 4월말 평화협상 당사자. 김달삼 무장대장과 김익렬 9연대장

이덕구 전사 후에 무장대 조직은 9연대 출신 고승옥 무장대장과 지도총책 송원병 등과 함께 지도부를 재정비하고 군경토벌대를 피해 다니며 장기간 은신 작전에 들어갔다. 한국전쟁(1950. 6. 25.)이 벌어지는 기간 중에도 소극적인 은신생활 지시만 하던 지휘부가 약 100명 안팎의 무장대원들 앞에서 다음과 같은 이유로 자체 공개재판 후 처형당하게 되었다.

> "'우리가 부모 동기 다 버리고 산에 올라온 이유는 투쟁을 목적으로 올라 온 건데, 최고 간부들이 투쟁을 포기하고 대피생활만 하라는 것은 부당한 지시다. 그래서 최고 간부의 지시를 받을 수 없다' 하면서 무장대원들이 반발하면서 세 사람(송원병, 고승옥, 백창원)을 숙청시켜 버렸단 말이야. … 그 후에 다시 새로운 지도부가 구성되는데, 조천면 출신 김의봉 군사부책(무장대 사령관), 허영삼(안덕면) 지도총책, 김성규(중문면) 조직책으로 무장대 조직이 단일화되었어. 그때부터 선전포고를 다시 했어. 투쟁한다고 마을에 삐라를 던졌는데, 옛날처럼 종이에 서서 붙인 게 아니고, 큰 나무를 자르고 째서 거기에 글을 쓴 후에 그걸 집 안으로 던지지."
>
> (김○○. 「4·3 장정」, 제주4·3연구소. 1993.)

「제주경찰사」(제주도 경찰국. 2000), '제주 4·3진상조사보고서'(4·3위원회. 2003) 등을 참고하여 요약하면 내전 상태의 전투사례는 산발적으로 많이 발생했었다. 토벌대와 무장대가 각각 희생이 많았던 전투를 자세히 보자.

노루오름 전투

초토화 강경진압작전이 전개되던 1949년 3월 9일쯤에 토벌대 중대 병력이 노루(노로)오름 북서쪽 산기슭과 산물내 계곡에서 무장대와 교전 이 벌어졌다. 무장대에게 유리한 산악지형에서 토벌대의 희생이 커졌다.

> "건너편에서 피난생활을 하던 주민들이 숨어서 교전을 지켜보다가 승리를 확인하고 함성을 질렀다는 소리가 전해지고 있다. 이러한 전투 상황 속에서 그때까지 남아 있었다는 250여 명의 무장대를 색출하기 위해 민보단원까지 동원해 섬 전체를 빗질하듯 쓸어간다는 것이 제주 도지구 전투사령부(1949. 3.~5. 15.)의 작전이었다."

(강덕환. 「4·3과 평화」 37호. 제주4·3평화재단. 2019.)

의귀리 전투

의귀국민학교 전투라고도 한다. 의귀리 근처의 주민 은신처가 발각 되면서 일부는 총살되고 주민 100여 명이 학교 운동장에 강제수용되었 다(1949. 1. 9.). 토벌대 2연대 중대병력의 주둔지인 국민학교를 무장대 주 력부대가 1949년 1월 12일 새벽에 기습공격하여 2시간 이상의 치열한 총격전이 벌어졌다. 진압군이 미리 만반의 준비하고 전투대기한 상태였 는데, 무장대는 막대한 전력 손실을 입고 퇴각했다. 무장대 전사자 약 40명~51명과 포로까지 발생했다. 토벌대는 전사자 약 2~4명, 부상자 5 명 이상이 발생했다. 교전이 끝나고 보복 학살로 주민 80여 명이 희생당 하고 말았다.(《4·3은 말한다》, 제민일보 취재반., '미군 G-2정보보고서')

관음사 전투

관음사 일대는 이덕구 인민유격대장과 무장대 도당 사령부가 있었던 전략적 거점지역이다. 토벌대가 진압한 후 대대본부가 설치되었다. 1949년 1월 4일부터 실시된 대대적인 한라산 공습과 함께 관음사 일대는 토벌대와 유격대 간의 치열한 격전지가 되었다. 이 관음사 전투는 장기간에 걸쳐 치러졌는데 초기에는 유격대가 지형지물을 이용하여 많은 전과를 거두었다. 그러나 L-5 미군 정찰기의 집중 폭격과 토벌대의 맹렬한 총격으로 무장대는 심한 타격을 입고 후퇴하게 되었다. 관음사 지역은 4·3 직후부터 무장대의 길목으로 이용되었다. 1948년 5월 토벌대가 토벌작전을 전개한 이후 48년 말과 49년 초, 토벌대와 무장대 사이에 전투가 여러 번 벌어졌다. '미군 G-2보고서'에 의하면, 48년 12월 15일, 토벌대가 관음사 부근에서 무장대 8명 사살, 49년 3월경 5명 사살, 20명 생포한 것으로 기록됐다. 1949년 3월부터 2연대 대대본부가 주둔하게 되는데 지역주민들을 동원하여 참호를 파고 돌담을 쌓아 방어벽을 엄청나게 구축했다.(오승국. 「4·3과 평화」 7호. 제주4·3평화재단. 2012.)

제주시 학살 마을 노형에서 태어나 8세 소년 시절부터 10대까지 제주 시내 고등학교에 다니면서 10년 넘게 4·3현장을 목격한 기억과 충격 때문에 피해의식과 트라우마에 시달리던 제주작가 현기영의 증언 속에서도 당시의 참상과 4·3 내전 상태의 상황을 짐작할 수 있다.

"해방 직후 당시 아이들에게 잇달아 벌어지는 무차별의 학살, 굶기를 밥 먹듯 하던 극심한 가난, 전염병 콜레라의 창궐 등으로 지울 수 없는 정신적 상처를 어둡게 간직했습니다. 세상을 알아가는 성장기 초입에 트라우마 상처가 오랫동안 나로 하여금 말을 더듬게 했지요. 참수된 머리들이 관덕정 마당 동쪽 칠성로 입구에 가마니때기 위에서 헝클어져 나뒹구는 모습들, 산군 대장 이덕구의 시신이 관덕정 건물 앞의 십자가에 올려져 전시된 장면, 중산간 마을들을 태우는 큰 불길이 밤하늘 구름에 붉게 번져가던 모습이 아직도 기억이 선선합니다."

(현기영. 「4·3과 평화」 28호. 제주4·3평화재단. 2017.)

그리고 무장대장 김의봉('육군일일 정보보고서'에는 사령관 김성규) 지휘하에 전투 상황이 다시 활기를 띠었다. 6·25 한국전쟁 직후 1950년 말부터 무장대 조직이 다시 단일화되었다. 「제주경찰사」 등을 중심으로 요약하면 다음과 같다.

중문면 하원경찰서를 습격하고, 조천면, 남원면 등 산악지역에서 기습공격과 교전이 벌어졌다. 와흘리 출신 김의봉 부대가 조천면 와흘 주둔 경찰토벌대를 습격 (1950. 11. 9.)하여, 경찰 9명 사망과 부상자 등이 다수 발생했다. 가빈소총 10징, 실탄 200발, 경찰복 45점, 소, 말 두 마리 가져감…무장대 60여 명이 마을을 습격하여 주민 25명을 산으로 데려갔다.(1951. 1. 15.)… 와흘리에 무장대 12명 출현하여 마을 사람 2명 입산시켰다.(1951. 3. 18.)… 와흘리 속칭 "웃노늘"에 무장대 24명이 습격하며, 마을주민 9명을 산으로 데려감(1951. 9. 17.)…마을 공격할 때 무장대의 주민 입산 조치는 무장대 조직보강 목적으로 추정된다. 정부군은 유격전 특수부대 〈무지개부대〉를 신설하여 제주도 토벌작전에 투입했다. 특수훈련을 수료한 부대원들의 실전 투입 훈련장, 시험장으로 한라산을 활용하면서 산악게릴라 수색 및 소탕 작전에 들어갔다.

제주신보(1953. 4. 17.) 기사에 의하면, 조천면 산간 지역에서 김의봉 무장대장은 20여 명의 무장대를 지휘하며 경찰 유격중대와 교전 중 2명의 무장대원과 함께 전사(1953. 4. 15.)했다. 김의봉의 시신은 제주경찰국 뒷마당에 이송 후 신문기자들에게 특별공개되었다.(1953. 4. 18. 미군 촬영) 복부 관통 2발 총탄 흔적, 복장은 군복, 신발은 일제 군화, 면도한 상태. 소지품은 회중시계, 만년필, 나침반 등이었다. 당시 경찰토벌대가 무장대의 시신들은 목을 절단해서 마대에 한꺼번에 담아서 실적으로 보고하면 포상했다고 한다.

2대 무장대장 이덕구의 전사(1949. 6. 7.)로 사실상의 내전 상태가 종식됐다고 정부에서 크게 대국민 홍보를 했는데, 4년 후에 또 다른 무장대장을 다시 교수형으로 대대적인 공개할 필요성이 없어졌거나, 체면이 안 서는 일이 될 수도 있는 부담감 때문에 공개하지 않았는지 확인할 수 없었다. 김의봉 무장대장 전사 후 전선이 한라산 깊숙한 곳으로 축소되었고 제주 시내와 해안마을은 평온을 찾았지만, 잔존 무장대 조직은 살아 있었다.

무장대장 김의봉은 김달삼 1대 무장대 사령관 시절부터 이덕구(1지대장. 조천지역), 김대진(2지대장. 구좌지역), 김의봉(3지대장. 남원지역) 등과 함께 활약을 시작했다. 김의봉은 사실상 야전군 지휘부 중 최장기간 약 5년 동안 내전 상태의 무장투쟁을 지휘했다.(1948. 4.~1953. 4. 15.) 실질적인 무장대의 지도부 기간은 각각 김달삼 약 5개월, 이덕구 약 14개월, 김의봉 약 5년으로 무장대를 지휘하며 결사항전을 벌였다.

산간마을 20대 시골 청년으로 조천면 와흘리 청년회장을 거친 인민위원장 출신인 김의봉은 일제강점기 초등학교 수준의 삼양 간이학교(4년제)를 다닌 것으로 알려졌다. 대학생과 장교 출신 김달삼, 이덕구 무장대장과 다르게 시골청년회장 출신이 무장대 지도부에 들어간 것이다. 한라산 산악지형에 익숙한 김의봉은 50m의 새끼줄을 머리에 매달아도 끝이 닿지 않을 정도로 몸이 날쌔어 한라산 구상나무밭을 날아다닌다는 소문이 날 정도였다고 한다.

> "국민학교 다닐 때 어찌나 날랬는지 등굣길에 꿩이 날아가는 것을 보면 끝까지 쫓아가서 잡고 나서야 학교에 갔다는, 소위 민중 영웅 이야기, 4·3 당시에 주민들은 억눌린 생활과 불안의식 속에서도 어려운 삶이었지만, 4·3에 대해서 나름의 자부심도 있었다고 봅니다."
>
> (김창후. 「4·3과 평화」 38호. 제주4·3평화재단. 2020.)

김의봉 사망(1953. 4. 15.)을 전후하여 약 5~60명 정도의 무장대 병력이 유지되고 있었으며, 그 후로 급격하게 줄어들어 20명 정도로 유지되었다. 무장대는 집합과 분산 작전을 하며 생존 투쟁에 들어간 것으로 추정된다. 4·3 초기에는 남로당 제주도당 조직총책 사령부 등 3인 지휘부가 가동됐으나, 중후반으로 가면서 야전군 무장대장 중심으로 김의봉과 김성규가 지휘부를 형성한 것으로 보인다. 여러 증언과 경찰 측 자료는 김의봉과 김성규를 모두 무장대장으로 적시하고 있다.

생존 차원에서 은신에 들어간 무장대가 발각되면 벌어지는 정도의 교전은 1957년 3월까지 발생했다.('마지막 교전' 1957. 3. 27. 「제주경찰사」. 2000.) 군경토벌대의 경쟁적인 한라산 공비(잔비) 소탕작전으로 인한 김의봉 전사 (1953. 4. 15.)로 사실상의 내전 상태는 종료됐다고 볼 수 있다. 따라서 4·3 내전사 관점의 치열한 무장투쟁 기간은 약 5년이다.(1948. 4. 3~1953. 4. 15.)

4·3무장투쟁사와 도민 수난사 관점에서 본 4·3 기간은 10년이다

"미군보고서에 의하면, 1949년 4월 당시 제주도 주둔 토벌대의 규모는 한국군 2,622명, 경찰 1,700명, 마을 주민 민보단 50,000명으로 집계되고 있다. 그 무렵 유격대는 100명 미만으로 추산되었다. 미군정과 대한민국 정부, 미군사고문단은 막대한 병력을 투입하고도 조기 해결을 못 하고 이 상황을 1954년까지 끌었다."

『한눈에 보는 4·3』. 제주4·3평화재단. 2021.)

한라산 무장대(유격대)의 규모는 정확한 집계가 사실상 불가능하다. 주로 생포된 지역의 무장대 증언과 상황을 종합하면 조금씩 다르다. 1950년대 초반까지 약 100명의 무장대 조직을 계속 유지한 것으로 추산한다. 장기간 결사항전의 전술을 구사하며 소규모 단위로 분산투쟁하는 게릴라전술을 펼쳤다. 연락원을 통하여 단일지휘부로 통합 후 은신하면서 지원마을 등에 식량과 생활필수품 보급 투쟁을 나갔다. 몇 명씩 소규모 병력 보충을 지역별로 계속한 것을 감안하면, 당시 김의봉 무장대장이 1953년 4월 15일 전사한 후에도 당분간은 전체적으로 몇십 명 정도의 무장투쟁 동력이 살아 있던 것으로 추정된다.

무장대장 김의봉 전사 후 김성규(1957. 3. 27. 교전 중 전사 추정) 등이 지휘체계를 정비했다. 무장대는 경찰의 자수 권고와 잔비 소탕작전에도 생명을 구걸하거나 항복하지 않았다. 1957년 3월까지 몇 차례의 소규모 교전으로 대부분 전사하고 한라산 무장대의 마지막 여성대원 한순애가 교전 중 생포되었다(1957. 3. 21.). 이어서 3월 말 토벌대의 마지막 잔비 소탕작전에서 김성규, 김창희가 전사했다. 살아남은 최후의 무장대원 오원권은 산간마을 고향 송당리 장기동에서 생포되었다(1957. 4. 2.).

주민에게 언제 들이닥칠지 모르는 죽음과 공포의 기간은 10년 이상 지속됐다. 한라산 무장대는 굶주림과 추위 때문에 생존 차원에서 마을을 습격하여 식량 등을 약탈했다. 토벌대는 토벌대대로 잔존 무장 폭도 수색 및 소탕 작전 중에 산간마을에서 만나는 주민들을 샅샅이 조사하고 온갖 만행을 저지르는 10년을 지속했다.

> "우리 마을 재건은 1956년에야 시작됐어. 우리가 사계 해안으로 내려가서 딱 7년을 사니까 재건하라고 해서 동광리에 올라왔지. 당시까지도 폭도들이 남아 있다고 해서 무등이왓에는 재건이 안 되고 현재 동광리 하동에 재건됐어."
>
> (신ㅇ숙, 안덕면 동광, 「4·3 장정」 3. 제주4·3연구소. 1990.)

10년 전 통일정부 쟁취가 목표였던 4·3이 길어질수록, 일부 제주인은 4·3의 원인이 어디로 갔는지도 모르고 지냈다. 어떤 주민들에게는 산사람, 산군이란 말은 사라지고 폭도, 공비라는 명칭이 익숙해지는 세상을 살아갔다. 그런데 4·3이 시작되고 6·25 한국전쟁과 수천 명의 예비검속과 행방불명 친인척 가족을 생각하면서 살육의 현장에서 용케 피해 나온 제주인들은 말한다. "4·3은 10년 전쟁이었다"라고.

제주도민 입장에서 보면, 빨갱이 누명 불안증, 레드콤플렉스와 신분 조회 연좌제에 의한 신분상 불이익 등을 경험하는 10년 이상의 도민 수난사다. 1961년 6월 6일 제주신보 기사에서, 당시 제주도 경찰국장도 제주 4·3을 거론하면서 1948년 4월 3일을 기점으로 9년 진압작전 기간을 강조했다. 따라서 1947년 3월 1일부터 4·3 도민 수난사와 4·3 무장투쟁사의 관점에서 보면, 전체 4·3 기간인 10년 동안 토벌작전과 교전을 지속했다는 의미다.

전체 기간을 47년 3·1절을 시작 기준점으로 설정한 것은 타당하다. 그러나 종료 기준점은 관점에 따라서 조금 다르다.

첫째, 무장대장 김의봉의 마지막 교전과 사망을 사실상 내전 상태의 종료점으로 볼 수 있다.(4·3 내전 기간 1948. 4. 3.~1953. 4. 15. 약 5년)

둘째, 정부 진상조사 보고서(2003)대로 4·3의 종료기간을 한라산 금족령 해제일로 볼 수 있다.(4·3 전체기간 1947. 3. 1.~1954. 9. 21. 약 7년)

셋째, 도민 수난사와 무장투쟁사 관점에서 1957년 3월 21일, 교전 중 생포된 한순애와 1957년 3월 27일 마지막 교전 후 6일 만에 잡힌 마지막 무장대원 오원권의 생포 시점(1957. 4. 2.)을 종료점으로 볼 수 있다.(4·3 전체기간 1947. 3. 1.~1957. 4. 2. 약 10년)

정부 4·3위원회가 채택한 〈제주 4·3진상조사보고서〉는 20년 전 당시에는 전체적으로 훌륭한 보고서가 틀림없다. 그러나 이는 최종보고서가 아니라 중간보고서일 뿐이다. 3년 동안의 진상조사 후 2003년 보고서가 채택된 이후 현재 4·3특별법에도, 초중고 교과서에도 '제주 4·3 사건'이란 명칭과 약 7년이란 4·3 전체 기간을 인용하고 있다. 그러나 다양한 관점을 허용해야 한다. 20년 동안 묵혀진 정부 보고서는 4·3 역사의 일부이지, 온전한 4·3의 명칭과 역사가 아니다. 동시에 현재진행형 역사해석이기 때문에 20년이 흐른 지금 변화를 모색할 시점이다. 따라서 20년 전 보고서에 대한 역사적 재평가와 토론마당은 누구에게나 개방되어 다양한 재해석을 허용해야 한다.

왜 제주 4·3은
아직 이름을 결정하지 못하나요?

이름 짓기의 의미

제주도민이 진보와 보수를 떠나서 다수가 합의할 수 있는 이름이 없을까요?

자본주의와 사회주의를 떠나 무고한 4·3 영혼들이 동의하는 이름이 없을까요?

네 편 내 편을 떠나 어린 학생들에게 떳떳하게 말해줄 이름이 정말 없을까요?

제주 4·3에 대한 정의(定義)는, 첫째, 「제주 4·3특별법」(2000년 1월 공포) 제2조에 다음과 같이 명기하고 있다.

"1947년 3월 1일을 기점으로 하여 1948년 4월 3일 발생한 소요사태 및 1954년 9월 21일까지 제주도에서 발생한 무력충돌과 진압과정에서 주민들이 희생당한 사건이다."

"'봉기항쟁폭동사태사건' 등으로 다양하게 불려온 제주 4·3은
아직까지도 올바른 역사적 이름을 얻지 못하고 있다.
분단의 시대를 넘어 남과 북이 하나가 되는 통일의 그 날,
진정한 4·3의 이름을 새길 수 있으리라."

제주 4·3 평화공원 실내에 있는 '백비'와 설명판에 적힌 글

둘째, 제주 4·3특별법에 의거한, 제주 4·3사건진상규명 및 희생자 명예회복위원회의 제주 4·3 사건 진상조사보고서(2003년 10월 정부 채택)에서도 명기하고 있다.

"1947년 3월 1일 경찰의 발포사건을 기점으로 하여, 경찰, 서청의 탄압에 대한 저항과 단선, 단정 반대를 기치로 1948년 4월 3일 남로당 제주도당 무장대가 무장 봉기한 이래 1954년 9월 21일 한라산 금족 지역이 전면 개방될 때까지 제주도에서 발생한 무장대와 토벌대 간의 무력충돌과 토벌대의 진압과정에서 수많은 주민이 희생당한 사건이다."

4·3의 정의와 뜻풀이에 대한 설명은 객관적 사실에 근거하여 법률과 정부 조사보고서에 단순명쾌하게 기술되어 있다. 다만, 법률 조항의 글자 수가 76개라면, 진상조사보고서에는 146개 글자 수로 조금 더 구체적으로 정의를 내리고 있다. 이후 초중고 각종 교과서에는, 이에 근거하여 조금씩 표현이 다를 뿐 대동소이하다. 제주 4·3에 대한 정의와 뜻풀이, 4·3의 발생 배경과 원인, 4·3정신 등이 반영되는 융합적, 총체적 관점에서는, 4,3 사건에 대한 바른 명칭 정명(正名)이든, 이름 정하기 정명(定名)이든 가능할 것이다.

제주 4·3에 대한 이름짓기 관련 3가지 논의는, 다음과 같다.

- 4·3무장폭동 - 반란이다. 내란이다. 공산폭도 산폭도다. 무장공비다.
- 4·3민중항쟁- 무장봉기다. 내전이다. 저항군이다. 인민유격대다.
- 4·3사건- 4·3사태다. 토벌대와 무장대다. 진압군과 저항군, 산사람이다.

제주 4·3은 발생 66년 만에 대통령령으로 2014년 국가추념기념일로 지정된 후 정부 주관행사로 4·3 추념식을 거행하고 있다. 4·3은 60주년(2008)과 70주년(2018)을 전후하여, 4·3정명(正名)이든, 4·3정명(定名)이든 연례행사처럼 국제학술대회의 주요 연구발표 중 하나로 떠들썩하게 관심을 끌다가 사라짐을 반복하고 있다. 2028년 80주년이 5년 남았다. 진정성 있는 반복의 누적이 희망을 다지는 반복에 멈춰 있다.

훗날 역사적 평가를 통한 올바른 4·3의 명칭을 정명(正名)하든지, 좌우통합적 제주 4·3정명(定名) 추진위원회를 만들어 정명(定名)하든지, 75년 동안 임시이름 하나 못 붙이는 제주의 현실이 안타깝다. 먼 훗날 통일의 그날까지 미룰 수는 없다. 지금은 정명(正名)이 정명(定名)의 발목을 잡는 형국이 돼서는 곤란하다. 4·3의 임시이름을 붙이는 정명(定名)운동은 지금 가능하다.

화해상생을 위한 정명

헌법 전문에, 대한민국 임시정부(1919. 4. 11.)의 법통은 3·1운동에 있다고 명시한다. 3·1운동의 결과 망명정부, 혁명정부가 건립된 것이다. 3·1운동, 3·1독립운동, 3·1혁명 등 명칭 사용에 논쟁의 여지가 적다. 예시된 사건 중 유일하게 이름을 갖지 못한 사건이 제주 4·3 사건이다. 제주 4·3은 예시한 운동들과 같은 반열에 올려 비교해도 손색이 없다.

동학 사건의 이름은 동학농민운동이다. 3·1 사건의 이름은 3·1독립운동이다. 5·18 사건의 이름은 5·18민주화운동이다. 광주도, 동학도 처음에는 무장봉기, 무장폭동이었다. 항쟁이냐? 폭동이냐? 중간 사이에는 '운동'이라는 개념이 있다. '제주 4·3사건은 민족자주 통일정부수립운동'이다. 정명(定名)은, '제주 4·3 통일정부수립운동'(약칭. '4·3통일정부운동' 또는 '제주통일정부운동')이다.

'4·3 통일정부운동'에 대한 근거와 합의가 가능한 이유는 다음과 같다.

첫째, 1919년 3·1운동의 목적과 정신은 민족자주 민족자결의 독립국가 건설이었다. "조선독립 만세! 대한독립 만세!"였다. 1947년 3·1절 제주집회는 식민지 해방 시대에 억눌렸던 민족에너지가 친일 청산과 독립국가 건설목표가 집중적으로 분출되는 대사건이었다. 여기에는 좌익도 우익도 구별 없었다. 제주에서는 대동단결하였다.

압도적 다수의 제주도민은 냉전시대에 종속된 북위 38선 남북분단 현실에 대하여 단독정부보다 통일정부의 수립이란 민족적 대의명분을 지향하고 찬성했다. 그리하여 1년 뒤에도 5·10단독선거. 국회의원 총선거도 불참하여 무산시켰다. 6·23 재선거도 무효가 됐다. 전국에서 유일하게 무산시킨 이유는 제주인의 통일정부수립에 대한 의지와 열망이 강했기 때문이다. 1948년 4월 3일의 봉기로 무장투쟁에 돌입하는 방법보다 더 먼저 더 넓게 비폭력 평화시위와 민관총파업으로 3·1정신을 계승 발전시켰다.

4·3 기간 내내 제주인의 밑바탕 집단의식에는 자주독립국가 통일정부수립이라는 일치된 목표와 기억이 있었기에 10년을 버틸 수가 있었다. 따라서 압도적 다수의 제주인에게 제주 4·3은 '통일정부수립운동'이었다. 필자가 제시한 4·3 발생의 총체적 원인 7가지와 몇 가지 소주제 속

에는 어떤 형태이든 정명의 필요성이 깔려 있다.

4·3은 현재진행형이다. 동시에 정명도 현재진행형으로 생각해야 한다.

둘째, 4·3 이름짓기는 좌우 이념에 대한 가치판단이 달라도 제주공동체의 상생과 화해 정신으로 서로 중간지점을 선택할 수 있다. 쌍방 간에 타인의 관점을 인정하고 존중하는 자세가 전제되어야 한다. 1990년대부터 한반도의 민족분단과 좌우 이념을 초월하는 제주인 특유의 공동체를 위하여 화해와 상생의 합동위령제를 함께했던 것처럼, 제2의 화해상생운동을 구체적인 정명(定名)운동으로 접목해야 한다. 탐라 제주인의 전통적 공동체 정신으로 최초로 한반도의 화해상생 사례를 확실히 보여주는 운동이 정명운동이다.

"폭동이냐, 항쟁이냐"는 사람의 성씨에 해당할 수 있다. 성은 갈 수 없다면, 이름은 법원에서 개명할 수 있다. 죄없이 수없이 사라져간 4·3 영령과 생존자와 그 가족의 명예를 회복하는 것은 개인적 무죄판결과 금전적 국가배상만으로 부족하다.

국가폭력에 의한 4·3 명예회복과 배상운동 다음 순서는 정명운동이다. 강요된 화해 상생이 아닌 진정한 화해 상생은 그의 이름을 붙이는 것이다. 제주인 특유의 공동체 정신으로 합의가 가능한 명칭은 폭동과 항쟁 사이에 있는 '운동'이라는 임시이름이다. 이 이름으로 조례와 특별법 개정도 가능하다.

4·3의 전국화, 세계화의 경로도 어떤 형태의 '운동' 정명이 전제될 때, 광주민주화운동처럼 탄력을 받고 쉬워진다고 확신한다. 명칭은 탄력적

으로 많이 달라질 수도 있다. 제주가 변해야 전국을 변화시킬 수 있다.

셋째, 미래세대로 자라나는 아이들을 위한 교육적 관점 때문이다.

"아버지, 제주 4·3사건이 뭐예요?"
"어머니, 제주 4·3사건 이름이 아직 없다면서요?"
"선생님, 4·3 이름은 5·18민주화운동처럼 못 불러요?"
"선생님, 4·3사건 이름을 묻는 시험문제가 나오면 어떻게 써요?"

"이름은 아직 몰라도 된다. 훗날 어른이 되면 알 수 있어."
"좀 기다려보자. 훗날 역사적 평가가 나올 때 알겠지."
"4·3사건 이름을 묻는 시험문제는 출제 못하니 걱정하지 말아요."

30년 동안 교육운동을 한 교사란 입장에서 학생들에게 미안하고 죄를 짓는 기분을 여전히 지을 수가 없었다. 4·3에 대한 역사적 평가가 나올 때까지 입 다물고 기다려선 곤란하다. 국가와 지역의 교육은 학생 질문사항에 답을 주거나, 안내하고 문제해결력을 키워줄 의무가 있다.

역사란 "미래에 대한 답을 과거를 통해 현재에서 찾는다."라고 한 다. 광주도 광주폭동과 광주항쟁이란 두 갈래 역사적 평가로 나뉜 적이 있었다. 하지만 이제는 민주화운동이다. 모든 광주시민과 국민들은 중 간지점 사이에서 법률적 명칭, 교과서 명칭인 '5·18민주화운동'으로 접점 을 찾는 지혜로운 선택을 했다. 광주는 정명에 합의한 후 대중화, 전국 화, 세계화에 성공하는 중이다.

따라서 위 3가지 정명 이유가 현실적으로 타당한지 적극적인 검토가 필요하다. '제주 4·3 통일정부수립운동'을 초안 제시로 하루빨리 협의에 착수해야 한다. 제주도민 전체의 시선으로 합의 후 민간시민단체 연합조직 주도로 가칭, '제주 4·3 통일정부수립운동 천사(1004)홍보단'을 조직, 실천해야 한다. 왜냐면 살아남은 자와 4·3을 기억하는 자의 75년 역사적 숙제이기 때문이다. 4·3정신의 제주도민 내면화, 대중화, 전국화, 세계화를 위한 제2의 4·3도민운동이 들불처럼 번져 나가야 할 때가 지금이다. 5년 후 2028년 제80주년 4·3 기념행사 때도 요란한 말잔치로 끝나선 곤란하다.

4·3 이름 짓기는 죽은 자와 산 자를 위한 동백꽃 열매 같은 것이다. 제주 4·3의 상징꽃이 동백이라는 데에는 제주사람 모두가 동의할 것이다. 동백꽃의 상징과 꽃말의 뜻이 4·3정신 밑바닥에 흐르는 우연의 일치 같다.

상징은 죽음, 슬픔, 희생이다. 처절한 도민 수난사와 일치한다.

꽃말은 사랑이다. 상생과 화해를 지향하는 제주공동체 정신이다.

동백의 상징과 꽃말을 함축하면 기다림이다. 4·3의 진실이 대중에게, 전국에서, 세계로 나아가 바로 알려지기를 기다리고 있다.

정명에 대한 여러 의견

이제 필자는 제주 4·3 정명에 대한 여러 제안을 나열해보고자 한다, 꽤 많은 여러 글을 보면서 독자 여러분의 생각을 한번 정리해보았으면 하는 마음이다. 내 의견이 정리될 수 있으면 행동에 나설 수도 있다.

역사를 잊은 국민은 발전할 수 없다고 했다. 아직 정명도 못 한 역사를 자신은 어떻게 바라보는지, 4·3이라는 하나의 사건이 내 삶에는 어떤 영향을 미쳤는지 생각해보면서 1장을 마치기로 한다.

"정명(正名), 올바른 이름을 논의하는 과정 자체와 기간이 더 필요하고 지나야 한다. 정명을 무엇이라고 할 것인가에 대한 논쟁이 일어날 때 4·3에 대한 진상규명을 더 깊고 넓게 만들어가기 때문이다."

(이은실 교수. 「4·3과 역사」. 제주4·3연구소. 2018.)

"4·3은 자치지향의 저항운동이고 통일지향의 저항운동이다. 제주4·3의 정명은 역사적 정당성을 확보하는 의미가 있다. 정명 해결 과정은 향후 냉전 해소와 남북의 평화통일과 남한사회 내부의 남남갈등, 즉 좌우 대립 해소 과정 속에서 이루어질 것이다."

(박찬식 제주학자. 국제학술대회. 제주4·3연구소. 2018.)

"제주도의 4·3은 저항을 넘어서는 반분단(反分斷) 운동이다. 향후 통일의 밑거름이 제주 4·3이다."

(강만길 역사학자. 제주4·3 제70주년 학술대회. 제주4·3연구소. 2018.)

"제주도 지역은 남한 단독선거를 거부하고 무산시킴으로써 미군정의 단독정부 구성계획을 정면거부했다. 미군정은 평화회담(1948. 4월말)으로 위장하여 시간을 벌면서 강경진압작전을 통해 성공시키려 했다. 이에 무장대와 민중은 총력을 다하여 단선 저지투쟁에 나섰다. 선거 불참과 거부의 성공 원인은 제주도 민중의 절대적인 지지와 동참에 있었다… 제주 4·3은 분단 세력과 통일 세력의 대립과 투쟁이었다. 민중의 자치사상과 민족자주정신과 제주지역 특유의 역사적 저항정신이 제주도민의 압도적 지지를 이끌어냈다."

(고창훈 교수. 「4·3민중항쟁의 전개와 성격」. 2010.)

"10년 동안 자료수집과 증언을 들을수록, '하나의 땅덩이 한반도에 하나의 나라를 세워야 한다'라는 제2의 독립운동처럼 완전히 독립된 나라를 꿈꾸고 저항하는 만큼 철저히 섬 전체가 학살터가 됐다."

(한림화 작가. 한국작가회의 강연. 2018.)

"광주5·18은 '광주항쟁'이고, 정부 공식적으로 '광주5·18민주화운동'입니다. 제주 4·3은 '4·3통일운동' 또는 '4·3 통일항쟁'이라고 부르고 싶습니다."

(이산하 작가. 제주4·3평화재단 인터뷰. 2022.)

"제주 4·3의 물줄기를 찾아보면, '동백꽃 지다'에서 '동백꽃 피다'로 흘러가는 함축적 단계를 가고 있습니다. 더 오랜 기간이 지나가야 정명(이름 바르게 붙이기)이 가능하다 봅니다. 왜 꼭 한마디 말로 정리해야 하나요? 한마디 말로써 답을 풀었을 때의 이로운 점과 해로운 점들도 따져봐야 하지요. 연구자, 운동가, 공공기관 등에서 무수히 토론하고 연구해야겠지요."

(강요배 화가. 「4·3과 평화」. 제주4·3 평화재단. 2018.)

"4·3이라는 이름은 강력하고 충격적이지만 우리의 시야를 좁힌다. 정명(正名)을 방해하는 측면도 있다. 4·3이란 이름에 사로잡히면, '폭동론'과 '항쟁론'이라는 대립적인 시각에서 벗어날 수가 없다. 세상에는 좌우 이념만 있는 것이 아니다. 그 이념은 위로부터 아래로 주민들에게 강요하는 측면이 강했다. 좌우 이념 대립을 넘어서는 사상의 유연성으로 접근할 때 세계사적 4·3으로 다가설 것이다."

(고호성 교수. 「4·3과 평화」. 제주4·3 평화재단. 2010.)

"모두가 합의하는 명칭을 부여하기가 쉽지 않은 것이 제주의 현실이다. 4·3 전후 과정에 대한 연구와 성찰, 논의가 더 필요하다. 서로의 입장 차를 좁혀 간 후에 가능하다. 당분간은 제주 4·3으로 만족할 수밖에 없는 것 같다."

(강우일(베드로)주교. 「4·3과 평화」. 제주4·3 평화재단. 2018.)

"정명운동은 아직 때가 아니다. 시기상조이지만, 4·3이라는 이름을 빼고 정명해야 한다. '민족자주 제주항쟁'이라고 생각한다."

(이용중 교육운동가, 시민운동가. 인터뷰. 2022.)

"제주 4·3 폭동은 반한, 반미, 반유엔, 친공투쟁이다. 4·3 희생자가 제주도민 유격대에 의해서도 발생했다."

(김광동 학자. 한국논단. 2014.)

"4·3정신은 기억, 평화, 인권존중 정신이며. 항쟁정신은 통일된 민족

공동체를 지향하며 단독선거, 단독정부 추진세력에 저항하는 정신이다. 나라를 세울 때 하나의 나라, 하나의 통일정부가 수립되어야 마땅하다는 것이 항쟁의 신념이었다. 반공주의와 냉전사상으로 이분법으로 생각하기보다 70년 전의 제주도 시대 상황 속에서 대중들의 정서를 종합적으로 판단하고 진실에 접근하는 자세가 필요하다."

(현기영 작가. 제3회 4·3평화상 수상 인터뷰. 2019.)

"'4·3'이란 관습적 기호, 숫자 명칭을 버려야 한다. 제주항쟁은 완전한 민족해방만이 아니라 제주독립의 의미도 다층적으로 3중적 의미가 내포되어 있다. '제주독립항쟁'으로 재정명(再定名)되어야 한다.

첫째, 제주도에서 벌어진 제2의 독립운동이다.

둘째, 변방 제주섬이 육지 침탈세력에서 독립하자는 중심부에 대한 항쟁이다.

셋째, 제주 독자적으로 벌인 대미항쟁이다.

친미반공국가 건설을 강요당하는 단독선거 단독정부를 거부한다. 더 나아가서 신제국주의적 통치에 맞서는 탈제국, 탈식민지 저항운동이다. 따라서 4·3은 좌익게릴라 폭동이 아니라 제주인 특유의 자발적 항쟁이며, 제주인 자존과 자치정신이 반영된 제주섬 자기해방투쟁이다. 절대불변의 4·3 정명(正名)이 아니라 우리 시대의 촛불시민혁명 이후의 새로운 역사의식에 맞추어 정명(定名)도 필요하다. 현시기에 4·3의 이름을 꼭 바르게만 지을 것이 아니라, 일단 결정하는 것이다. '제주 독립항쟁', '제주 독립항쟁론'을 제기한다."

(김영범 교수. 「4·3과 평화」. 제주4·3평화재단. 2019.)

"4·3의 정명이라는 것은 백비를 세우는 일이다. 백비를 세우는 일은 우리의 통일을 상징한다. 백비를 세울 때부터 평화의 섬 제주가 민족 통일의 시발점이 된다."

(김석범. 「4·3과 평화」 19호. 제주4·3평화재단. 2015.)

"난 일본으로 가면 그만이다. 독하게 말하고 싶다. 4·3평화기념관의 백비(白碑)는 일으켜 세워야 한다. 백비를 만들긴 만들었는데 죽은 자처럼 아무 글씨도 없이 비문도 없이 … 비석은 실내에 안치하는 것이 아니다. 바람을 맞고 햇빛을 쬐어야 한다. 4·3이 죽었나? 살았다면 살아난 증거로 비석을 세워야 한다. 4·3의 완전한 해방을 위하여 정명비(正名碑)를 세워야 한다. 이름을 붙여서 저 제주벌판에 세워야 한다."

(김석범. 「4·3과 평화」 31호. 제주4·3평화재단. 2018.)

하얗게 텅 빈 백비에 이름이 새겨지는 그날을 기다리고 있나요?
어두운 지하에서 기다란 비석이 햇살 양지를 기다리고 있나요?
기다림에 지친 백비가 벌떡 일어나 호통치길 기다리고 있나요?
4·3 상징꽃 빨간 동백의 기다림은 어차피 숙명일까요?

2부

증언과 현장시로 찾아가는
상징적 4·3의 기억들

제주 4·3 역사기행은
곧 사람을 찾아가는 기행이다.

따로 기행지를 찾을 필요가 없이 제주도 전체는 곧 제주 4·3 역사 현장
이다. 제주의 태곳적 화산활동으로 탄생한 땅 위 368개 오름과 땅 아래
160여 개 용암동굴 등의 한라산 지질 지형은 4·3의 10년 기간을 버티게
한 물리적 조건이다. 또한 오름과 곶자왈과 천연동굴이 많이 분포된 드
문 형태의 섬이라는 것도 충분한 은신처가 마련되었다는 조건이며 물이
귀했던 제주의 지하 용천수와 몇 안 되는 계곡물, 자연 습지도 4·3의 생
태적 생명줄이 되었다.

한라산 자락을 타고 사방으로 쭉쭉 뻗어 내려가는 곶자왈 숲 지대는 청
정한 맑은 산소를 공급하는 제주의 허파 역할을 충실히 하며, 해수욕장
과 주상절리와 해안전 등 다양하고 아름다운 풍광어 보인다. 그러나 이
런 자연풍광 여기저기에 제주의 처절하게 슬픈 사연이 담겨 있다는 것
을 우리는 알고 있다.

제주 전체가 치열했던 역사는 아름다운 풍광 속에 녹아 있다. 제주는 아
름다운 자연 생태계의 보물섬이라고 말을 해도 지나치지 않다. 이러한
제주의 아픈 역사인 4·3의 흔적을 역사기행을 통해 제주를 전체적으로
조망해야 한다. 우리는 제주의 겉모습을 가꾸고 그 환경을 지켜나가야
하며 나아가 아픈 역사를 잊지 말고 왜곡하지 말아야 한다. 그것이 제주
를 바라보는 한국인의 임무라고 말하고 싶다.

필자는 2부를 구성하며 제주도 전역에 자리하고 있는 4·3의 증언과 추
모 현장시로 따라가려 한다. 이 이야기 한 자락이 제주의 풍광과 역사를
독자들에게 펼쳐 보이며 그 귀함을 생각해 보게 하는 글이면 좋겠다.

제주항 바다 밑,
제주 비행장 땅 밑에 떠난 사람들

대가족 식구 8명이 죽고, 한라산 피신 생활 5개월 만에 하산하여 돌고 돌아서 마지막 주정공장에 수용된 할아버지의 인터뷰 증언이다.

　"진짜 '폭도'는 누굽니까?

　4·3 당시 산에 간 사람들을 폭도라고 했습니다. 그런데 폭도의 '폭'자는 '사나울 폭(暴)'을 쓰고, '도'자는 '무리 도(徒)'자를 씁니다. 폭도는 '사나운 무리'라는 뜻입니다. 그 시절 사나운 무리들이 누구였습니까? 군인, 경찰, 서북청년단 그놈들 아닙니까? 그놈들이 진짜 사나운 무리들이고 진짜 '폭도'였습니다. 우리는 산에 간 피난민일 뿐입니다. 우리가 왜 산에 가야 했습니까? 그 사나운 무리들이 강제로 집을 다 불태워버리니까 갈 데가 없었던 겁니다. 그때 우리가 물었던 건 딱 하나였습니다.

　'우린 어디 가면 삽니까?'

　하산하여 헌병대를 거쳐서 주정공장에서 사나운 취조를 받았습니다. 열여덟이 되는 나이였지만, 순간 잔꾀를 부렸습니다. 살아남기 위

현 제주국제공항(구 정뜨르 비행장)

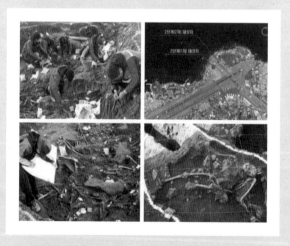

제주공항 유해발굴단 조사작업 현장의 사진 (2007~)

해선 더 어려져야 했으니까요. 어린 나이인 열여섯으로 말하자, 더 이
상의 취조는 없었습니다."

(현상지. 1930년 출생. 제주 노형. 「4·3과 평화」 45호. 제주4·3평화재단. 2021.)

제주 4·3 대학살 당시 최대의 강제수용소였던 주정공장 옛터와 최
대의 학살터였던 정뜨르 비행장(현 제주국제공항)에서 벌어진 이야기이다.
제주 바다에서 수장된 학살 희생자의 일부 시신들은 해류를 따라 흘러
가서 일본 대마도 사람들이 널부러진 시신을 수습하기도 했다. 당시 제
주항 부두파견 헌병대에서 보초로 일한 장시용의 증언에 의하면, 밤 9
시쯤에 50명씩 태운 자동차 10대가 부두에 도착하여 알몸 상태의 사람
들이 내렸고, 이들 500여 명을 태운 배가 바다로 나간 후 두 시간 정도
지나서 빈 배로 돌아왔다. 아울러 해병대 군무관이던 박춘택과 제주항
화물 선박을 출항시키던 김인평도 "주정공장에 수감되었던 상당수의 예
비검속자를 해군 LST함정에 태우고 가서 수장시켰다"고 증언했다.

"그날 밤에 부두파견 헌병대에 배치가 되었습니다. 우연히 사무실
창고 좁은 유리창으로 봤습니다. 9시경, 배는 왜정 때 고기 잡던 배로
100톤이 조금 넘어 보였습니다. 그 배가 있는 쪽으로 그때 차가 들어
오는데 꼭 열 대였습니다. 바로 내 앞에서 하는 일이니까 숫자를 셀 수
있었습니다. 바로 연병장 부두 앞에서 벌어진 일이지요. 여자고 남자
고 옷을 입은 사람이 없었습니다. 전부 옷을 벗은 알몸 상태였습니다.
작은 줄로 사람을 뒤로 포승 채우듯 하고 큰 줄로 사람들을 엮어서 차
에 태워 배로 떠났습니다. 차 한 대에 50명씩 태웠으니깐 꼭 500명이었

습니다. 유리창을 통해서 바로 눈앞에서 셀 수 있는 사람이 틀림없는 500명, 더도 덜도 아닙니다. 배가 나갔는데, 멀리도 안 나간 것 같습니다. 그 배가 들어오는 시간이 밤 2시쯤 넘어 그 배가 들어오는데 사라봉 위로 달이 떠올랐습니다."

(장시용. 『제주4·3 구술자료 총서』. 제주4·3연구소. 2010.)

"나는 당시 화북에 살았는데, 친정집에서 동생 기유(김기유. 당시 26세. 신한공사 직원)가 바다에 던져진 것 같으니 사라봉에서 삼양까지 찾아보라는 청천벽력 같은 소식을 전해 왔습니다. 며칠 전 경찰한테 잡혀갔는데 수장된 것 같다는 것입니다. 동생은 트럭에 실려 동부두 쪽으로 끌려가면서 신발을 벗어 도로변에 사는 친구 집에 던졌답니다. 그 소식을 받은 우리 집은 발칵 뒤집힙니다. 친정아버지는 당시 축산조합장으로 근무했고 산지 목욕탕도 경영하던 지역유지였지요. 농업학교를 나온 기유는 자식 중에서 총명하다고 기대가 컸었지요. 아버지는 여기저기 수소문 끝에 그 배의 선원을 조용히 만나서 수장 사실을 확인합니다. … 열흘 후쯤에 몸이 퉁퉁 부어오른 시신들이 하나둘 보이기 시작합니다. 이상한 것은 모두 알몸이었습니다. 우리 동생은, 배에서 옷 입은 상태에서 한 명 한 명 총을 쏘아 바다에 버렸다고 들었는데, 나중에 안 사실은, 동생 죽은 후에 다른 배에서는 모두 옷을 벗겼답니다. 그런 무정한 세상이 어디 있습니까?"

(김기순 87세. 『4·3은 말한다』 5. 제민일보 취재반. 1998.)

"한라산 중산간에서 숨어 생활하다 붙잡히거나 자수한 주민들은 대부분 경찰지서에 넘겨져 조사받는 과정에서 남로당원, 무장대에 금품제공, 시위 참가 전력 등의 혐의로 즉결 처형되거나 제주항 앞 주정공장 창고에 수감됩니다. 수감인 1,650여 명 중에서 범죄자로 분류된 300여 명이 처형되고, 나머지 주민은 서울 마포, 인천, 대구, 대전 등 형무소로 이송됩니다. '공장 창고에 가둬놓고, 얼마인지 몰라도 그때도 사람 엄청 많이 죽었어요.'(오한생. 당시 21세. 대구형무소 복역) '… 수용소에서 나와 배를 탔는데, 여름이고 하니까 먹는 물도 물이지만, 배고프고, 뭐라고 할까, 아무튼 정신이 없었어요. 다 영양부족으로 그저 내버려둬도 어차피 죽을 건데, 다 죽을 거 다 실어 갔어요.'(김용택. 당시 23세. 대구형무소 복역)… '산지항에서 배에 타면, 막 패서 죽여놓으면 배의 바닥 이런 곳에 핏자국이 말도 못 해요. 육지로 이송된 사람이 네 명인가 죽었는데, 우리 배에서도 다 죽어가는 사람이 손을 풀어 달라고 막 아래서 소리쳐서 멀리까지 들려요. 죽은 사람도 안 풀어줬어요.' … "

(김인평 당시 화물선 수송 선장 인터뷰. 〈제주 mbc 창사 50주년 특별기획〉. 2011.)

"1948년 11월 5일부터 비밀리에 신행된 수장에는 다음과 같은 공통점이 있다.

첫째, 무더기로 수장된 희생자들은 정식재판에 회부된 바가 없이 불법적으로 조사 현장에서 판단하여 임의로 처형했다. 둘째, 희생자들이 왜 죽었는지 그 사유를 밝히는 사건기록이 없다. 셋째, 바다에 던져졌기 때문에 시신이 행방불명된다는 점이다. 이는 떳떳하지 못한 집단학살로 나중에 후환이 두려워 시신의 흔적까지 없앤 것으로 추측할 뿐이다."

(『4·3은 말한다』 5. 제민일보 취재반. 1998)

남편은 정뜨르 비행장에서 총살 후 암매장되고, 제주항 근처 주정 공장 수용소에서 고문당하면서도 아들을 낳았던 할머니의 증언이다.

"거기서는 한 시간도 견디기 힘들었어요. 남자들을 불러내서 옷을 다 벗기고 걸어가라고 한 후 몽둥이로 막 후려칩니다. 매 맞는 소리가 끊이질 않았으며, 미리 겁을 먹을 수밖에 없었습니다. 그런데 나한테는 그 정도까지는 하지 않았어요. 주정공장 창고에서 조사받고 석방된 사람도 있고, 육지 형무소로 보내지는 사람도 있었습니다. 수용소 생활 중 죽는 사람들도 있었는데 그 시신들을 인근 굴속에 버려진다는 얘기도 들었습니다. 아마 그 굴은 지금도 그대로 있을 겁니다."

(문순선. 「4·3과 평화」. 제주4·3평화재단. 2016.)

제주경찰청 보안과장 경력이 있는 서귀면 면장 강성모는 6·25전쟁 직후 해병대 주둔군인에게 비협조적이었다는 이유만으로 예비검속자 명단에 올라 산지항에서 배를 탄다. 당시 서귀포경찰서장 김호겸의 증언이다.

"강 면장은 말하자면 괘씸죄로 희생된 겁니다. 해병대는 자신들의 부식 마련을 위해 면장에게, '1시간 내로 소 몇 마리와 고사리 몇백 관을 준비하라'는 식으로 요구하며 민폐를 끼쳤습니다. 강 면장이 이에 호락호락 순응하지 않자 앙심을 품은 것입니다."

(『4·3은 말한다』 5. 제민일보 취재반. 1998.)

"아버지가 제주읍으로 압송된 후 면회를 다녀온 어머니에 말에 의하면, 모진 고문을 당해 온몸에 멍이 들었다고 합니다. 곧 풀려난다고 하던 분이 소식이 없어서 백방으로 알아봤지요. 1950년 7월 16일 새벽 1시쯤 아버지를 포함한 20여 명이 산지항에서 배를 타고 나갔는데 낮에 빈 배로 돌아왔다고 합니다. 몸에 돌을 매달아 바다에 빠뜨렸다는 겁니다. 그런데 아버지를 끌고 간 자들은 아직 살아 있으니 돈 주면 석방하겠다고 하여 돈도 뜯어 갔습니다. 1960년 4.19 직후 형이 당시 제주 주둔 사령관을 검찰에 고발했지요. 그러나 5.16이 발생하자 무위가 되었습니다."

(아들 강완철. 『4·3은 말한다』 5. 제민일보 취재반. 1998.)

평생 4·3으로 인한 후유장애를 안고 살다가 돌아가신 김상효(선흘리) 할아버지의 증언이다.

"나는 토벌대가 신촌을 포위 습격할 때 잡혀서 동척회사에 감금되었다. 갖가지 고문수사가 자행된 후 이 장소에서 형식적인 재판이 이루어지는데, 군인장교로 구성된 판사, 검사, 변호사가 있었다. 한 번에 100명씩 명단을 호명하여 재판하고 우리에게 변론권도 주는데, 말을 조리 있게 잘하는 사람도 있어서 재판의 부당함을 설명해 나가면, 판사는 펼쳤던 책(법전)을 탁 덮어버리곤 했다. 자기가 알고 있는 사실을 악착같이 숨겼던 사람은 아마도 형기를 덜 받았을 것이다. 형량에 대해서는 일부러 어떤 언도도 내려지지 않았다. 형량에 따라 이송되는 형무소도 달리했다. 형무소에 도착해서 알았지만, 5년형을 언도받고,

대구형무소로 제주항(산지항)에서 배로 실려 간 거다. 대구형무소로 간 사람이 당시 302명이었다고 기억한다. 승선했을 때 혹시 불미스러운 사고가 날 수도 있으니까 정확한 형량을 말 안 해주고, 많이 받아야 최고 형량이 6개월이라는 얘기를 들었다."

(김상효. 「4·3과 평화」. 제주4·3평화재단. 2017.)

"오빠는 목포형무소에 1년간 살다가 집에 왔는데, 어느 날 오후, 경찰에 잡혀간 후 연락이 없었다. 수소문 끝에 관덕정 1구서(제주경찰서)에 있는 걸 확인하고 옷 등을 가져다주었다. 그리고는 7월 칠석날 가보니까 오빠는 보이지 않고, 나중에 비행장에서 죽었다고 들었다. 이날 트럭 12대가 사람들을 가득 태우고 가서, 구덩이 3개를 파고 총살한 후 그대로 묻어버렸다고 했다."

(양여하. 84세. 용담동. 「4·3과 평화」 21호. 제주4·3평화재단. 2015.)

"멀리서 총소리 팡팡 나고 뒤로 포승을 묶은 사람들이 보였다. 열 명씩 세워서 총살당하고 있더라. 당시 어영, 도두 일대는 군인들이 통행을 금지시켰다. 비행장은 완전히 사형장이었으며, 너무 잔인했다. 아침 8시부터 시작해서 도두봉에 해가 질 때까지 계속 총살했다. 서마파람이 불면 시신 썩는 냄새가 심해 여기는 아예 뒷문을 잠그고 막을 쳐야 밥을 먹을 수 있었다."

(김의협. 어영마을. 「4·3과 평화」 21호. 제주4·3평화재단. 2015.)

다음은 미군의 상부 보고서 내용이다. 군경토벌대의 보조민간단체

제주 주정공장 옛터 표지석과 출입금지 간판

주정공장 수용소 유적지(제주항 근처)

인 민보단이 저지른 집단학살에 대한 기록이다.

"민간인 소요 사태 이후 추가 보고에 따르면 2월 20일 도두리에서 반도 76명이 민보단에 의해 죽창에 찔려 죽었다. 피살자 중에는 여성 5명과 중학생 정도 아이들이 많이 포함돼 있었다. 경찰과 헌병이 처형을 감독했다."

(국군보고. 제주4·3사건 진상규명및명예회복 위원회. 2003.)

"우연히 미 군사고문단원 4명이 반도 38명의 처형 장면을 목격했다. 그들이 도착했을 때 이미 38명은 처형이 집행되어 있었다. 보고에 따르면 반도들은 총살집행대 앞에서 민보단원들에 의해 처형되었다."

(주한 미육군사령부 정보일지. 1949. 4. 2.)

"우리 어머니가 큰형님 때문에 예비검속으로 끌려가 비행장에서 돌아가셨지. 어머니 이름은 홍남산이고 1950년 8월 19일 서비행장에서 죽었지. 이 내용을 아는 이유는 해병대 배동엽 중위가 우리 아버지한테 '미안하다. 어디서 죽었는지 알려줄 테니까 시신이라도 찾으라'고 해서 알고 있는 거지. 우리 큰형이 해방 직후 농업학교 학생위원장을 했어. 해방될 때 나는 국민학교 5학년이었지. 해방 직후 학생이나 젊은 사람들은 태극기 들고 돌아다녔지. 그때 형님은 학생위원장이니까 데모대장을 한 거라. 관덕정에서 있었던 미국 양과자 반대 시위사건, 신탁통치 반대, 3·1절 소요사건 같은 거 있잖아요? 그때 학생대표로 주도적인 역할을 한 거지. 이제야 하는 말이지만 그때 우리 집에 매일 밤 경찰들이 담 튀어 들어와서는 자고 있는 내 이마에 권총 들이대고 '형 어딨느냐'라고 압박하며 가택수색 하는 게 일상이었지. 어머니가 예비검속된 이유는 아들이 당시 농업학교 학생회장이라는 점이 작용한 것 같아."

(김○○. 「4·3과 평화」 21호. 제주4·3평화재단. 2015.)

"제주시에 사는 친척 밖거리에 육지군인이 살았어요. 그 사람이 어느 날 집에 오더니 아내에게 말하길, '밥 먹을 생각이 없으니 술 가져오라'고 해서 말없이 술만 마시다가, '오늘 너무 아까운 젊은이들을 죽였다. 모두 총살해 구덩이에 멸젓 담듯이 다 쓸어 넣었다. 한 명도 살려달라는 놈이 없더라. 여기를 당장 떠나고 싶다'라고 하더니 얼마 없어서 육지로 나갔어요.

(김이선, 여, 당시 17세. 『4·3이 뭐우꽈?』. 제주4·3기념사업위원회. 2017.)

2008년부터 유해발굴단은 어영마을, 도두 등 당시 비행장 인근 주민들의 다양한 증언을 토대로 학살, 암매장 지점을 찾아내어 유해 발굴을 한 결과, 2009년까지 유해 389구와 탄피, 탄두, 딘추, 혁대, 신발, 옷감, 금속줄, 도장, 안경, 지갑, 담배 파이프 등 1,311여 점의 유품 등이 발굴, 수습되었다. 대규모 학살 이후 비행장에 민간인의 출입 통제로 시신을 수습할 수 없었다. 그러나 4·3 희생자 유해 발굴이 합법적으로 진행되면서 58년 만에 사건의 진실이 드러난다. 유해 매립 구덩이에는 유해가 2, 3층으로 눌리거나 서로 뒤섞여 유해의 개체 수를 파악하기 힘들 정도로 교란이 심했으나 발굴전문가들에 의해 무난히 수습된다. 2개의 도장과 대정중학교 단추를 통해 백조일손 희생자와 서귀포경찰서 관내 예비검속자 중 일부가 정뜨르에 끌려와 학살된 사실이 드러났다.

(오승국. 「4·3과 평화」 21호. 제주4·3평화재단. 2015.)

지금은 하늘과 땅이 연결된, 무척이나 바쁜 제주공항이지만 70년 전 이 땅은 죽음의 공간이었다. 제대로 된 묘도 갖추지 못한 채 황망히 가족, 친지, 지인들을 이 땅, 이 바다에 묻어야 했던 제주사람들, 육지 사람들은 그 슬픔을 알지 모르겠다. 시간이 아주 오래 지나긴 했지만 생생한 증언을 들을 수 있던 것처럼 공항과 제주항을 매일 볼 사람들은 국가폭력이 자행되었던 그날들의 아픔을 기억할 것이다.

제주공항 학살터의 철조망

한강범

40년 전 공항경비대 전투경찰 졸병이었다
고참이 가마니 하나 주며 심부름시킨다
공항 철조망 안에 아이 시신이 들어왔단다
덤불 우거진 철조망 아래 아이를 찾았다
네 살 아이가 잠자듯 하늘 보며 누워있었다
가마니 하나 이불로 덮어주고 얼른 돌아섰다
침착한 척 돌아오는 길에 뒷골이 당겼다

2인 1조 심야 초소근무 날
고참 술심부름으로 해안마을에 몰래 다녀와야 한다
비오는 날 밤에 귀신 울음소리 들린다는 둔덕을 지난다
허술한 철조망 넘어 바닷가마을 불빛 찾아 한참 뛰었다
까마득히 몰랐다. 귀신 나오는 사연 몰랐다

그날의 공항 학살터 암매장 터를 밟아야 철조망이다
어둠 속에서 시선을 피했지만 힐끗힐끗 아른거린다
드센 비바람에 하얀 비닐인지 옷자락인지 어렴풋하다
고참이 말한 귀신 옷자락처럼 머릿발이 쭈뼛 선다
비바람에 힐끗힐끗 날아올 듯 멀리서 하얗게 손짓한다
하얀 물체가 철조망에 하얀 소복 저고리로 나풀거린다
넘어가던 공항 철조망에 군복이 걸려 찢어졌다
밤바다 비바람이 비릿한 해풍을 타며 눈앞을 가렸다
고참이 말한 처녀 울음소리 들리는 어영마을이다

칠흑같은 밤에 모르는 구멍가게 훅 나타났다
닫힌 문을 두드렸다. 밝은 불빛이 간절했다
캄캄하다. 아무도 없다. 얼른 돌아서 나왔다
술 보급은 허탕이다. 고참의 무서운 얼굴이 떠올랐다
여기서 벗어나야 한다. 빨리 돌아가야 한다
다시 철조망으로 뛰었다. 순간 방향을 잃었다
돌아갈 초소가 사라진 듯 둔덕에 잡초투성이 길이다
뒤를 돌아보면 안된다. 순간 머리발이 쭈볏 섰다

하얀 비닐인지 하얀 옷자락인지 히끗히끗 나풀거렸다
거센 비바람을 탄 하얀 물체 덕분에 방향을 잡았다
철조망을 넘다 다시 옷이 찢어진 채 뛰었다
헛것을 본 듯 아닌 듯 초소로 무사히 돌아왔다
고참은 코를 골며 자고 있었다
헐떡이던 숨을 고르며 조용히 누웠다
눈이 말똥말똥 한다
새벽 여명이 비춘다

이 년 전 급성 백혈병으로 죽은 누이 얼굴이 떠올랐다
석 달 전 심근경색으로 죽은 어머니 얼굴이 떠올랐다
삼 일 전 철조망 안에 죽은 아이 얼굴이 떠올랐다
헛것을 보았소 참것을 보았소
이승과 저승 사이 벌판 미여지뱅듸 철조망에서

바닷가 선인장 월령마을
무명천 할머니의 삶터

무명천 할머니 진아영은 제주 4·3 후유장애인의 상징과도 같은 인물이다. 그녀는 고향 판포리에서 농사를 지으며 살아가던 평범한 34세의 아낙이었다. 다음은 월령리 사촌 오빠(진위현)의 증언이다.

"4·3 당시에도 귀가 좀 멀어났주. 토벌대가 들이닥치자 울담 밑에 숨어 있었는데 경찰이 쏜 총에 턱을 맞은거라. 그때 턱이 없어져 버렸지. 내가 가시 봤는데 상처를 둘러묶은 채 어떤 할머니가 도와줘 옆에 눕혀 있었어. 그런데 턱이 없어져서 차라리 죽는 게 나았지. 어려운 시절이라 치료도 못 해서 그냥 내버려 두었는데도, 살이 썩어가면서도 살아나더라… 누이는 턱이 없어서 입 안이 심하게 헐었지. 음식을 제대로 먹을 수 없고, 말도 제대로 못 하고, 잔칫집에서 음식을 줘도 꼭 싸가지고 집에 와서 무명천을 풀고 혼자 먹었지."

"(1949년 1월 13일 밤) 폭도들은 철창과 칼만 갖고 있었다. 그날 주민들과

무명천 할머니 집터(위)와 이곳을 찾은 방문객들(아래).

폭도가 뒤섞인 가운데 경찰이 마구 총격을 해서 희생자가 늘어난 것이다."

(진완석. 74세. 『제주4·3구술자료총서』. 제주4·3연구소. 2010.)

"… 그날 총을 가진 건 경찰들뿐이야. 그러니 그 혼란통에 진씨 할머니도 누구의 총에 맞았겠나. 경찰이야."

(이윤옥. 1936년생. 『제주 4·3 유적』. 제주4·3연구소. 2020.)

"서영평 집이 높은 곳에 있어 보초막으로 사용하기도 했지. 마을 논의 장소로도 썼지. 아마 그런 사실을 누군가 산에 알린 거 같다. 결국 무장대는 그 보복으로 서씨 집에서 그날 밤 보초 서는 문제를 논의하러 모인 사람들을 습격해서 사람을 죽이고 불을 지른 거야. 서씨 집주변에서 아홉 명인가 죽었어. 서씨 자신은 가족들을 도피시키다 총에 맞아 죽었어."

(○○○. 판포리 주민. 『제주 4·3 유적』. 제주4·3연구소. 2020.)

1949년 1월 14일, 무장대가 판포리를 습격한 다음 날이다. 토벌대는 판포리 친정집에 살던 김옥산(여. 33세)을 연행하여 상동 주민들을 집합시킨 후에 사람들 앞에서 그녀의 옷을 벗긴 뒤 구타하고 희롱하다 총살한다.

(판포리. 『제주 4·3 유적』. 제주4·3연구소. 2020.)

진아영, 그녀가 이렇게 어렵게 살던 즈음, 부모님마저 돌아가시자

증언과 현장시로 찾아가는 상징적 4·3의 기억들　151

혼자가 되었다. 아무도 돌봐줄 사람이 없어서 언니가 친척이 있는 해안 마을로 데려왔다. 30년 넘게 평화로운 산간 판포마을에서 살다가, 아름다운 바닷가 월령마을에서 50년 평생 후유장애인으로 외롭게 살아가야 했다. 사는 내내 영양실조와 위장병으로 약봉지를 머리맡에 두고 살았다. 그녀는 바닷가에서 해산물 톳과 자생 선인장 열매 채취와 품팔이 등으로 생계를 이어갔다. 정신적 충격과 PTSD와 트라우마 등에 시달리던 무명천 할머니 진아영은 2004년에 향년 90세로 쓸쓸히 떠났다. 시민단체에서 삶터 보존회를 만들어 할머니 집을 관리하고 있다. 3평 남짓한 임대시골집에서 너무나 조촐한 살림 도구와 옷가지, 이부자리 등 유품들이 살아 있을 당시 그대로다. 보존회는 백년초 선인장과 수선화가 피어나는 좁은 시골마당까지 원형 보존하려고 애쓰고 있다.

당신의 흉한 얼굴 모습을 남에게 보이기 싫어서 무명천으로 턱과 얼굴을 감싸기도 해 무명천 할머니라고 불렸지만, 그 무명천은 당신을 보호해주던 어머니의 치마폭이며, 당신이 살아가는 삶의 유일한 무기였는지도 모르겠다.

무명천 할머니 삶터

한강범

시체처럼
엎드려 누워 공포에 신음하는 여인
35년 살아가던 산촌 평화로운 판포마을의 총성
얼굴 턱 관통하여 무명천 둘러멘 55년 트라우마
살육의 현장 벗어난 해촌 월령마을 할머니 삶터

노랑꽃 보랏빛 선인장 열매 팔아
눈 시리게 파란 월령바다 톳나물 팔아
55년 20075일 홀로 어떻게 생존했을까
무명천 광목천 구하기 어렵던 세월속에
몇 번이나 갈아가며 빨아가며
55년 20075일 홀로 견디며 살았을까
머리맡에 달고 살던 수백수천의 약봉지는
얼마나 쌓여가며 말못하는 투병생활
55년 20075일 홀로 싸우며 살았을까
은빛처럼 닳아빠진 하얀 자물통 열쇠가
할머니 지켜주는 소중한 은장도 되어
55년 20075일 홀로 간직하며 살았을까
백년초 선인장마을 수백수천의 가시가
온몸 찌르고 박혀버린 생채기 되어
55년 20075일 홀로 버티며 살았을까
아무도 알아주지 않던 4·3트라우마의 세월
월령 바닷물 시퍼렇게 아려오는 가슴 부여잡고
선인장 보랏빛 열매처럼 사라지지 않은 피멍울 품고

90년 세월 죽어서야 빛나는 무명천 할머니의 영혼
죽어서 증언하는 무명천 할머니의 소박한 삶터
백년초 선인장마을 올망졸망 노랑 꽃 보라빛 열매
도란도란 노랑색 보라색으로 찾아드는 착한 사람들

끈질긴 목숨 살아살아 4·3 현장 삶터 되더니
끈질긴 목숨 죽어죽어 원형보존 삶터 박물관
세상에서 가장 작은 박물관 무명천 진아영 박물관
아름다운 월령마을 파란 바다 까만 현무암 위에
무명천 할머니가 하얀 바다새 되어 날개짓 하네
이제 그리운 한라산 고향마을 하얀 웃음으로 찾아가소서
이제 무명천 풀어 고운 넋으로 설문대할망 벗이 되소서
살다 보면 살아나진다
죽다 보면 살아나진다

섯알오름 학살터와
백할아버지의 한 자손이 묻힌 사연

"해병대 모슬포부대에서 차출된 하사관들이 도착하자 중대장, 소대
장은 미리 와 있었다. 소대장이 총알을 분배했으며, 중대장은 한 사람
이 한 명씩 총살하라고 명령했다. 대원들은 일렬종대로 대기하다가 트
럭에서 내리는 민간인을 끌고 와서 지휘관이 보는 앞에서 총살하고 아
래로 떨어뜨렸다."

(총살 집행한 군인, 『제주 4·3 유적』, 제주4·3연구소, 2020.)

"이동원은 바로 아래 남동생이라. 17세에 대정중학교 들어가서 20살
에 죽었지. 중학생 때 3·1절 집회 등에 다니다가 제주경찰서에 잡혀가
서 징역 살다 석방됐지. 그러다 6·25가 나서 또 잡혀서 지금 읍민관 당
시 절간고구마 창고에 열흘 정도 갇혀 있다 죽었어. 만나려고 창고에
가보면 환기통 구멍 하나에 매달려서 내가 보이면 '누나, 배고프다' 하
면 미숫가루도 구멍 틈으로 담아주고 했지. 그애가 죽는 날, 창고 사
람들을 트럭 2대에 싣고 비행장 쪽으로 가더라고 누가 말해주었지. 끌

섯알오름 학살터

대정읍 섯알오름과 송악산 일대 해병대 사격장 근처 해변에 있던 경고판.
멀리 나즈막하게 가파도가 보인다. 2015

려가는 사람들이 죽음을 예감하고 신던 고무신을 차 밖으로 하나씩 던지기 시작했지. 한꺼번에 던지면 못 찾을까 봐서 여기 하나 던지고 저기 하나씩 던지다 죽는 장소 근처에 접근하는 것 같아서 막 벗어 던진 거라. … 우리가 거길 찾아내서 몰래 시신을 파헤쳐서 찾는데, 순경이 잡으러 온다면 도망갔다가, 순경 가면 또 파고 들키고 쫓아내고 하다가 몇 년이 지나서 그 영장을 날랐지. 여름이었는데 그냥 시신이 문드러져 웅덩이 물과 섞여 뻘이라 … 난 지금도 검은 옷 입은 사람만 보면 정신이 아득해져. 그땐 순경들과 서북청년들이 검은 옷을 입었지. 검은 개라고도, 사냥개라고도 했어."

(이○○. 당시 20세. 「4·3 장정」1. 제주4·3연구소 1990.)

"칠월칠석 섯알오름 순례길, 오늘은 음력 7월 7일. 칠석날 새벽 4시 공기는 후덥지근했다. 그리고 이 더운 공기만큼 마음이 더운 벗들이 제주시 신산공원에 있는 4·3해원방사탑으로 하나둘 모여들었다. 매년 칠석날 걷는 '섯알오름 길'을 가는 순례자들이다. 1950년 음력 7월 7일 새벽, 그날 넋이 되어 가시던 길에 임들이 내려놓던 그 고무신 길을 따라가는 순례였다, 검은 고무신의, 1950년 음력 7월 7일 견우직녀가 만나는 칠석날 모슬포 길. 이별을 강요당한 채 이념의 광풍에 결국 죽음의 길을 가야 했던 사람들이 있었다. 백조일손지지와 만뱅디공동장지 영혼들의 길, 섯알오름 길이다. 1950년 7월 15일, 많은 제주도 청년들이 해병대에 자원입대하여 전쟁에 참여했다. 해병대 3개 중대가 한국전쟁 참전을 위하여 제주항을 떠나 군산으로 이동했다. 다음 날 7월 16일에는 모슬포경찰서 관내 예비검속 관련 구금자 347명 중 60명이 해병대에게 인계되어 집단학살로 희생되었다. 그리고 8월 20일 칠석날에도 집단학살은 이어졌다. 제주섬 청년들은 이념 굴레-빨갱이 누명을 벗고자 동족을 죽이는 전쟁에 가기 위해 섬을 떠났고, 타지에서 온 해병들은 섬 청년들의 이웃들을 예비검속하여 빨갱이로 이름 붙여 학살했다."

(최상돈, 「4·3과 평화」 32호. 제주4·3평화재단. 2018.)

제주올레 10코스(화순-모슬포 올레)의 끝자락에 송악산과 알뜨르비행장이 있다. 최남단 마라도와 가파도를 한눈에 담으며 송악산에서 내려오면 동알오름과 집단학살터 섯알오름으로 이어진다. 한국전쟁 발발 이후 4·3 전후하여 연행자 명단에 있었거나, 사상이 의심스러운 도민, 평소에 경찰과 서북청년단의 눈에 거슬린 사람들까지 전쟁 시기에는 위험한 집단으로 간주했다. 그래서 이들을 미리 불법체포하고 강제수용소에 감금하는 '예비검속'을 경찰이 주도했다. 그 후 계엄군은 이 땅에서 집단총살과 암매장을 주도했다.

1948년 8월 20일(음력 7월 7일)에 희생자 190여 명 가운데 한림지역 60여 명의 시신 중 일부는 유족들이 1953년 밤중에 몰래 수습했다. 신분 확인이 되는 몇 구를 제외하고는 한림읍 갯거리오름 만벵디에 공동장지를 조성했다. 모슬포 지역 희생자 132명의 유족들은 시신 수습을 하게 해 달라고 당국에 계속 요청했으나 묵살당했다. 그러던 중 군부대 확장 공사 시 유해들이 드러나면서 1956년 5월에 수습할 수 있었다. 사계리 공동묘지에 자리를 마련하여 이 시신들을 안장한다. 그런데 6년 가까이 지나서 희생자 신분을 구분할 수가 없어 대강 뼈만으로 무덤을 만들 수밖에 없었다. 유족들은 '조상은 132명인데 자손은 하나라고, 자손 한 사람 한 사람이 백할아버지 전부 다 내 할아버지 모시듯 모시자'라는 의미로 '백조일손지지(百祖一孫之地)'라 명명하고 비석을 세웠다. 전면에는 「백조일손지지」, 후면에는 132명의 희생자 이름을 새긴 비석이다. 그러나 5·16군사쿠데타 직후인 1961년 6월 15일, 대정면 경찰지서는 마을 이장과 유가족들에게 "당장 묘지를 이장하라. 나쁜 사람 죽었는데 호사스럽게 무슨 비석이냐"라고 압력을 가했다. 결국 사연도 몰랐던 어린 급사가 지시에 따라 공원묘지에 가서 망치와 해머로 비석을 부숴버렸다. 현재는 훼손된 비석 돌조각들을 잘 보관하여 백조일손지묘에 공개하고 있다.

한국전쟁 직후, 예비검속 사건으로 모슬포 섯알오름, 집단학살과 암매장 현장에서 큰형과 사촌 형을 잃어버린 학생이 있었다. 6년 만인 1956년, 고등학생 양신하는 학살터 암매장터 유해 수습 현장에서 형수와 함께 실제로 발굴에 나섰다. 그 학생의 일기가 수십 년 만에 공개되었다.

"단기 4289년(1956년) 5월 18일 금 맑음
오늘은 1시간의 생물수업 하고서 선생님으로부터 비행장 동남쪽 서란봉에 많은 사람이 죽음을 당해 뼈가 있는 곳에 형님의 뼈를 찾으러 가라고 했다. 현장에 갔는데 형수님이 먼저 와 있었고 많은 사람 속에서 나를 찾아와 아주버니, 형은 특별히 키가 컸으니 큰 뼈가 나오면 찾으라고 하였다. 오후까지 굴속에 있는 물을 양수기로 퍼내고 있었다. 한참 늦은 때 아무 뼈라도 차지하라고 형수님이 이야기해서 누구의 뼈인지 형수님과 같이 받고 묘역에 가서 묻으니 저녁이 되어 캄캄한 밤이 되었다."

섯알오름 학살터 오름 한 바퀴 중 추모정에서. 필자와 울산학생들. 2022.

백조일손지묘

송악산 앞바다는 / 어제처럼 푸릅니다.
산방산 끝에 닿을 / 절규하던 그 울음이
오늘은 / 메아리 되어/ 뼛속까지 스밉니다.

오순도순 모여앉아 / 식은 밥 나눠 먹던
가난한 이웃글을 / 돌아보며 끌려가던
그날도 / 하늘은 온통 오늘처럼 타더이다

6·25 포성에 놀라 / 잠들지 못한 밤에
견우와 직녀 만나 / 맺힌 정을 풀던 밤에
어쩌면 바로 칠석날 / 긴 이별이 되더이다.

우리들 가슴에 박힌 / 총알을 누가 빼랴
해마다 칠월이면 / 아물 듯 도지는 상처
역사도 막힌 것 뚫어야 / 제자리로 흐릅니다.
죄지은 자 하나 없고 / 죄 없는 자만 묻혀
백 서른둘, 뼈가 엉켜 / 한 자손이 되옵니다.
이 설움 시대를 탓하며 / 옷소매를 적십니다.

억울한 죽음에는 / 꽃이 핀다 하더이다.
빨간 전설로 피어 / 새가 운다 하더이다.
석류꽃 가슴에 피어 / 붉게 타오르게 하소서.

진실을 빗돌에 새겨 / 참역사를 세웁니다.
향 피워 두 손 모아 / 술잔 가득 떠오르니
다 지고 이 땅을 안아 / 고이 편히 쉬소서.

늘봄 고성기 글. 라석 현민식 씀
(희생자 추모 비석에 새긴 현장시)

대낭골의 추억과 섯알오름 학살터

한강범

송악산 해안초소 전투경찰 고참 시절
알뜨르비행장 건너 까만모래해변 한적한 초소
모슬포에서 한참 걸어 깊숙한 대낭골 해안초소
방위병이 매일마다 리어카로 식수통 실어날랐다
아홉 명 대원에 고참 특권 일찍이 누렸다
야간경비 끝나 주어진 오전취침시간은 자유다
…

전쟁하던 일본해군 항공대 대촌비행장 건설 터
모슬포사람들 알뜨르 삶터 일터 싼값에 강제수용
잃어버린 마을 대낭골 여섯 마을 밭 마을목장 절터
비행장 건설에 상상 초월하는 주민동원 노동력 착취
일본군 물러간 알뜨르는 대한민국 국방부 소유 땅
국방부 선심 쓰듯 조건부 토지 임대하는 알뜨르 땅
…

넓은 수용소로 옮겨준다는 말에 개인짐 싸안은 양민
해병대 조준사격 사살명령에 작전대로 임무 완수
그날의 총성처럼 오늘 들려오는 해병대 사격장 총성
탕탕탕 탕탕탕 탕탕탕

큰넓궤 피신처에서
볼레오름과 서귀포 수용소까지

"그때가 12월이라 눈에 팡팡 빠져서 도저히 걸을 수도 없었지. 따뜻한 동굴에 살다가 나오니까 덜덜 떨리고 동상이 걸릴 판이야. 힘들었던 우리 아버지는 '차라리 여기서 죽어 버리겠다'고 주저앉아 버리고, 우린 죽어도 도망가다 죽어야지 여기서는 죽을 수는 없다고 울고불고 했어. 듣기로는 볼레오름이 산사람들 본부라고 했는데, 사람들이 제일 많이 피신한 곳이라서 토벌군들이 쫓아와 (피난민에게) 사격을 가해도 산에서는 맞대응을 제대로 못 한 모양이아. 큰넓궤에 있었던 사람 중에서 백여 명이 볼레오름 쪽으로 갔다가 한 60명은 죽었을 거라. 안덕면 일대 사람들이 전부 갔으니까 그 수도 셀 수 없었지. 볼레오름에서 잡힌 사람들은 정방폭포에 끌려가서 죽었는데 그 시체도 찾지 못했어. 그날(1948. 11. 15. 동광리 무등이왓 집단학살), 11명이 잡혔는데 한 사람은 총질을 피해 가며 겨우 도망가고, 나머지 10명은 막 두들겨 맞아서 팔이 꺾어져 고무줄처럼 그랑그랑, 다리가 그랑그랑 해서 도저히 도망칠 수 없는 정도였지 …… 친척이고 뭐고 없어. 우선 자기가 살아야지.

큰넓궤 입구

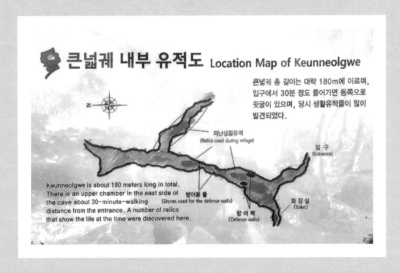

큰넓궤 유적도

숨어다니다 동네 사람을 만나면 혹시 날 잡으러 온 게 아닌가 하고 놀라고, 서로를 의심하고 무서워하는 처지였어. 그러다 일제 때 폭탄에도 끄떡도 하지 않은 큰 굴이 있다는 소문 듣고 찾아갔지. 밥은 굴 안에서 하지 않고 근처에 작은 굴에서 며칠에 한 번씩 지어다 바구니에 담아와서 먹었지. 물은 삼밭 구석에서 소먹이던 물을 항아리에 길어다 먹었지. 밖에 다닐 때는 발자국이 나지 않게 돌만 디디고 다니거나 마른 고사리를 꺾어다가 발 디딘 곳에 꽂아두면서 다녔지. 똥도 밖에 나가서 누지 못했어. 한쪽 굴에 따로 정해서 변을 보았어. 하동사람들은 아랫굴에 살고, 상동은 주로 윗굴에 살았는데 윗굴은 항아리에 누었다가 한꺼번에 버리곤 했어.”

(신○숙. 동광리. 『4·3 장정』. 제주4·3연구소 1990.)

동광리 일대 주민 120여 명이 동굴에서 50일 이상 집단 피신생활을 하던 중 발각되었다. 토벌대가 굴 안으로 총을 쏘며 들어오자 주민들이 이불솜, 고춧가루 등을 함께 쌓아 불을 붙여서 매운 연기가 굴 밖으로 나가도록 도구를 이용해 열심히 부채질했어. 결국 토벌대는 매운 연기 때문에 긴 굴속에 못 들어오고 총만 실컷 난사하고 입구를 돌로 막아버리고 철수했다. 잠잠해지자 망을 보던 청년들이 돌들을 들어내고 큰넓궤에서 무사히 빠져나왔다. 흩어지는 주민들 중 상당수는 안전한 곳을 찾아 15km쯤 떨어진 한라산 중턱까지 올라가 볼레오름(해발 1,374m), 종남궤 등에서 겨울 한라산 강추위 속에서 피신생활을 하던 중 수십 명이 총살당했다. 잡힌 사람들은 서귀포 단추공장 등 강제수용소에 감금되어 고문수사를 받다 서귀포 정방폭포 등에서 1949년 1월 22

일경 40여 명이 집단총살로 목숨을 잃었다.

"사람들을 따라 들어간 굴. 천장에서 떨어지는 물을 받아먹으며 간신히 버티고 있었는데, 토벌대에 발각됐다는 거야. 이젠 각자 살길을 찾아야 했어. 외삼촌네 아이들이 넷이나 됐거든. 막내는 아직 물애기였고. 어쩔 수 없이 외할머니가 어린 손주들을 맡기로 하고, 나랑 어머니는 동네 삼촌들을 따라 산으로 들어갔어. 씽! 씽! 총알이 날아가는 소리가 가까워질 때마다 우린 점점 더 깊은 산속으로 들어가야 했어. '꼬마다!' 토벌대 소리가 들리면 뒤도 안 돌아보고 뛰어야 해. 내가 어릴 때부터 뜀박질도 잘하고 나무도 잘 탔는데, 그걸 산에서 도망 다니는 데 쓸 줄은 몰랐지. 뛰다 보면 뒤에서 날아온 총알이 내 눈앞에서 떨어지는 게 다 보여. 낮에는 노가리 나무(주목), 우산처럼 덮이는 큰 나뭇잎 아래 한 사람씩 앉아서 총알을 피하고, 밤이면 조를 껍데기째 삶아서 그 물을 나눠 먹으며 한겨울을 버텼어. 정말 힘들었던 건 잠자는 거야. 웅크리고 앉아서 서로 기댄 채 잠을 자야 했거든. 다리가 저려도 쭉 뻗지를 못했어.(결국 귀순을 결정하고 하산했다)

하얀 옷을 찢어서 나뭇가지에 매달아 흰 기를 만들어 내려오고 있는데 어떻게 알았는지 순경들이 총을 멘 채 우리를 기다리고 있는 거야. "야! 총살감들 온다!" 소리에 '아, 죽었구나!' 차마 발이 안 떨어져. 겨우 화순지서에 도착하니 밥과 미역국을 끓여주는데 '아, 살았구나!'

이젠 안심이야. 그런데 갑자기 우릴 차에 태워. '설마, 죽이러 가는 건가?' 다시 초주검이야. 그렇게 하룻밤에도 몇 번씩 생사를 오가며 도착한 곳은 서귀포 단추공장. 사람들이 얼마나 많은지 200~300명은 족히 넘었을 거야. 사람이 그렇게 많으니 제대로 먹을 수나 있었겠어? 통밀을 가마솥에 삶아서 반합 뚜껑에 배급을 주는데 두 숟가락도 안 돼. 반찬은 굵은 소금이 전부고. 속이 허하니까 어른, 아이 할 것 없이 픽! 픽! 쓰러져. 한 번씩 수용소 밖으로 내보내 주면 너무 배가 고프니까 눈에 보이는 풀은 모조리 뜯어 먹고, 죽은 생선도 주워다 먹는 거지. 참, 죽은 복어(알) 주워 먹었다가 죽는 사람도 봤어. '아, 저런 거 먹으면 죽는 거구나!' 그때 알았어."

(김명선, 당시 13세, 동광리. 「4·3과 평화」 44호. 제주4·3평화재단. 2021.)

제주는 동굴이나 숲이 많아 산사람들이 오랫동안 숨어 살 수 있었다. 하지만 오래 숨으면 숨을수록 영양상태와 수면 상태, 심리적 불안 등이 모두 안 좋아지는 건 불 보듯 뻔했다. 나물이나 열매가 그래도 좀 있는 여름은 그나마 나았을 것이다. 겨울이 되면 숨어 사는 이들은 그들을 가려주는 울창한 숲이 사라지고 먹을 것이 줄어들게 되어 결국 하산하는데 그들을 기다리고 있는 건 무엇이었을까?

우리는 이런 역사를 왜 경험해야 했을까? 무고한 민간인들은 왜 죽어야 했을까? 아름다운 이 제주에 왜 이런 항쟁의 역사가 있어야 했을까? 오늘도 동굴 속을 걸어보며 여기서 죽어간 이들에게 나의 시 한 수 올린다.

선생님도 잡아가부난

학콘 댕겨짐이랑 말앙

집도 문짝 케와부난

경해도 살아보젠

불 치 베르싼

감저 두 개 봉가 먹언

굴 소곱에 간 곱안 이서낫주게

(강덕환의 시 '나의 살던 고향' 중에서)

현장시 비문

큰넓궤의 장두

한강범

헛헛한 타향에서 사람들 모아 고향 탐방했다
안덕 곶자왈 자락에 길고 험한 용암동굴이었다
목장갑 손전등 하나로 밧줄 타고 3미터 내려갔다
비좁은 궤는 넓혔다 좁혔다 깜깜 세상이다
침입자 포착한 박쥐가 천장에 바짝 붙는다
낮은 포복 쪼그려 앉아 걷기 무수히 반복한다
무릎과 정수리가 울퉁불퉁 현무암에 부딪친다
드디어 120명 살던 큰넓궤 중심에 도착했다
손전등 끈 탐방객 10분 침묵의 동굴시간이었다
컴컴한 동굴공간에 옆사람 숨소리가 들렸다
길라잡이 선배의 목소리가 어둠 타고 우렁찼다

10분 동굴시간 지나 노래를 함께 불렀다
참교육의 함성으로 임을 위한 행진곡이었다
순간 서서히 놀라운 체험이 일어났다
동굴 안 형체가 까무스름 보이기 시작했다
인체의 시신경이 암흑동굴에 적응하기 시작했다
선배의 검은 형체가 오롯이 망막에 포착되었다
예민해진 청각과 시각에 노랫소리는 감동이었다
타고난 목소리의 선배가 장두처럼 우뚝 서 있었다
불현듯 120명 집단과 공간을 장악했던 장두가 떠올랐다
큰넓궤 장두 그는 누구였을까
난공불락 요새를 지휘하던 장두 그는 누구였을까
비극적 최후로 끝나는 제주의 장두 그는 누구였을까
무명(無名)의 장두 그는 누구였을까

정방폭포 소남머리에서
해안 절벽으로 떠난 사람들

어느 여대생의 외할머니 이야기이다.

"처음엔 할머니가 바닷가에 자주 나가기에 바다를 좋아하는가 보다 생각했습니다. 나중에 알고 보니, 할머니의 온 가족이 4·3 당시 바다 절벽에 맞닿아 있는 정방폭포 옆에서 학살당해 바다에 던져졌습니다. 할머니는 가족의 시신이 물고기에 먹혔을 것이라는 생각에 지금까지 바닷물고기는 절대 드시지 않는다고 합니다."

(○○○. 「4·3과 평화」 35호. 제주4·3평화재단. 2019.)

"나는 지금도 바닷물이 잘락잘락 들이쳐오면, 우리 어멍 아방이 '우리 연옥아' 하고 두 팔 벌리고 나에게 올 것만 같아서 몇 번씩 바다로 들어갈 뻔했어요. 나는 어멍 죽은 거, 물에 떠다니는 거, 그런 거만 생각나서 살았어요. 우리 어머니 아버지 아직도 피 묻은 옷 입은 채 저승을 떠돌아다닐까 봐, 저승 갈 때 새 옷 입고 가시라고 옷 만들어서

소남머리 학살터

정방폭포 소남머리 학살터 안내판

시신 없는 산 앞에서 태우는 내 마음을 우리 어머니네는 알아줄지 모르겠어요. 사실 난 열 살 때 처음으로 검정 고무신을 신고 친척 따라 육지 생활 하면서 '제주것' 취급과 멸시를 받으면서 돌고 돌아 18세 때 제주행을 결심했어요. 나는 살면서 단 한 번도 부모님을 잊어본 적이 없어요. 제주에 돌아와서도 많이 힘들었어요. 동광리 폭도 딸, 빨갱이 딸 소리에 평생 죄인으로 살아왔어요. 우리 아이들에게 떳떳하게 외가가 어딘지, 외할머니, 외할아버지가 누군지, 나의 오빠와 남동생이 어떤 사람인지 누군지 한 번도 말해 본 적이 없어요. 4·3에 어떻게 되었다고 말을 꺼내 보지 못했어요. 내 자신이 나쁜 마을에 태어났기 때문에, 조부모와 부모가 4·3에 다 죽어버려서 내 아이들이 그렇게 미움을 받고 고생을 한 것 같아서, 지금도 아이들에게 너무 미안해요."

(김연옥, 1942년생. 「4·3과 평화」 35호. 제주4·3평화재단. 2019.)

"당시 동홍리 집에 있는데 경찰인지 서북청년단인지 와서 형님(오찬경. 23세)을 잡아갔습니다. 음력으로 11월 4일입니다. 그때 형님이 경찰서 급사로 근무하고 있어서 별일 없을 거라 생각했죠. 근데 총살당했다는 겁니다. 어머니와 제가 다음 날 새벽, 어스름할 때 소남머리 현장엘 갔습니다. 그때는 시신 수습도 함부로 못 했습니다. 저는 나이가 어리니까 괜찮을 거라 해서 어머니와 몰래 찾아갔죠. 여기저기 널브러진 시신을 뒤지다 손이 묶인 채 돌아가신 형님을 발견했죠. 겁이 나니까 일단 시신만 확인하고 집으로 돌아왔습니다. 그날 밤 아버지와 저, 동네사람 둘 포함해서 네 명이 또 몰래 가서 형님 시신을 들것에 실어 지금의 서귀의료원 쪽에 임시 매장했습니다. 그때 소남머리 쪽은 논밭이었습니다. 이곳에서 총 쏘는 소리가 동홍리 마을까지 다 들려요. 형님과 함께 동네 아주머니 한 분도 끌려갔는데 역시 총살당했습니다."

(오찬수, 1933년생. 서귀면. 「4·3과 평화」 15호. 장윤식. 2014.)

"희생자 이성만(18세. 남원면 태흥2리)은 1948년 10월 말쯤 폭낭거리에서 놀고 있었는데 남원지서 순경 2명이 와서 '이성만이 누구냐.'라고 묻자 나라고 하며 나섰지요. 그때 순경이 물어볼 게 있으니 지서까지 가자고 하며 데려갔는데 돌아오지 않았습니다. 며칠 후에 아버지(이정생)가 수소문 끝에 정방폭포에서 총살되었다는 소식을 듣고 현장에 찾아갔으나 처참한 몰골과 냄새가 심하여 그대로 돌아온 후 사촌 형제들을 보내어 시신을 수습하고 몰래 묻었습니다. 독자였던 이성만의 죽음으로 이 집안은 후대가 끊겼습니다."

(이천옥, 83세. 「4·3과 평화」 15호. 제주4·3평화재단. 2014.)

"무자년 12월에 동광리 사람 등이 큰넓궤에서 나와서 피신생활하다 결국 서귀포 정방폭포 근처 소낭머리에서 다 죽었어. 시신 수습도 못하게 해서 다음 해 12월에 겨우 시체를 찾으러 갔는데, 다 썩어서 구별이 안 됐어. 총 쏘아서 죽이고 그냥 흙만 대충 덮어 내버렸던 거지. 시체들이 폭포 바닷가로 떠내려가는 바람에 시신을 찾지 못한 유족들이 많았어. 나중에 나무판으로 칠성판을 만들고 시신 없이 수의 옷을 지어서 올려놓고 원혼을 달래는 심방 굿을 하면서 영장을 치렀지."

(김○수. 「4·3 장정」 3. 제주4·3연구소. 1990.)

"16살에 4·3을 겪고 밀항했습니다. 서귀포에 살았는데 토벌대가 여관에 주둔하고, 군인들이 주둔한 것을 기억합니다. 특히 (2연대) 군인들이 산에서 잡아 온 사람들을 여러 명을 참수해 머리를 집 앞 전봇대에 걸어놓은 것은 지금도 잊을 수 없어요. 하필 그 전봇대 자리가 우리 집 바로 앞이었어요. 아침에 일어나 보니 사람들이 가득 모여 있는 거예요. '무슨 일인고?' 해서 사람들 틈으로 들어가 보니, '세상에나 사람 목을 잘라 드랑드랑 달아맨 그 모습이, 아이고…' 그때 내 나이가 열여섯밖에 안 됐거든요. 얼마나 무서웠는지 몰라요. 남자 머리도 무서웠지만 여자 머리는 머리카락이 길어서 그랬는지, 꼭 귀신같았어요. 70년이나 지난 일인데도 그 장면은 어제 일처럼 생생해요. 더 끔찍했던 기억은 2연대 군인들이 담배에 불을 붙여서 매달아 놓은 시신 코에 찔러 넣는 거예요. 담배를 피우라며 마구잡이로 찔러 넣고 자기들끼리 좋다고 웃는 모습은 정말 소름 끼치게 무서웠어요. 그때 전봇대에 매달린 시신 중에 우리 집안 어른인 송태삼 씨도 있었어요. 많은 친척들이 4·3 때 정방폭포에서 총살되거나 행방불명됐어요."

(송복희, 87세. 일본 오사카. 〈4·3 증언 본풀이마당〉. 제주4·3연구소. 2018.)

4·3을 지나는 어느 날, 유족들은 정방폭포에서 시신 없는 칠성판을 운구하여 동광 육거리 마을 근처에 봉분을 쌓아 올려 헛묘 9기를 만들었다. 그중에서 2기는 부부의 합묘다. 이런 4·3 희생자의 헛묘를 만드는 사례는 다른 마을에도 많았다. 시신도 못 찾게 하는 무지막지한 시대를 견뎌야 했다. 그 한은 어느 곳을 맴돌 것인가? 정방폭포의 세찬 물소리가 이 글을 쓰는 지금만큼은 곡소리로 들린다.

정방폭포 절벽 소나무

한강범

어머니 품처럼 아늑하고 평화로운 서귀포 바다
한라산 자락에서 흘러흘러 바다로 떨어지는 정방폭포
서귀포 칠십리 먹자거리 해변에 몰려오는 관광의 길목
소낭머리 소공원 절벽 바닷가에 아름다운 용천수 풍경
진시황 불로초 구하려고 찾았던 서복의 웅장한 기념관

한라산과 제주바다가 만나는 절벽에 살아남은 소나무 한 그루
폭포수 울음으로 찬란한 비극을 알아버린 소나무 한 그루
밤새 낙하하는 생명수처럼 학살터의 파수꾼 소나무 한 그루

아슬아슬 바다절벽에 매달려 울었다
찾아내라고 찾아내라고 밤새 울었다
바다로 떠난 행방불명자

의귀국민학교 전투에서
송령이골에 덩어리로 묻힌 사람들

"토벌대가 마을을 불태우자 온 가족이 인근 야산에 숨어 지냈지요. 그러다 군인에게 발각됩니다(1949. 1. 9.). 아버지는 현장에서 총살하고 어머니와 우리 5남매를 학교에 가둡니다. 학교에는 많은 사람들이 있었는데 4학년 동급생인 김일석도 있었습니다. 그는 '어제 들어왔다'라고 하더군요. 군인들이 수감자들을 죽이기 시작했습니다. 20세부터 50세까지 되는 사람들을 모아 '너 나와'하며 그냥 마구 끌어냅니다. 1월 11일에는 어머니(강매전. 당시 35세)가 지목됐습니다. 어머닌 피신 중에 딸을 낳고 보름쯤 됐을 때입니다. 10여 명이 같이 나갔는데 곧 총성이 울렸습니다.

우린 졸지에 고아가 돼버립니다. 장남인 나에게 12세, 9세, 3세, 그리고 생후 보름 된 갓난 동생이 남겨집니다. 젖을 못 먹어 울어대는 아기를 달래고 있는데 현 면장님이 나타나 사정 이야기를 했지요. 면장님은 군인들에게 부탁하여 우리를 남원리에서 마침 올라온 급수차에 태워줍니다. 그런데 우리가 내려온 다음 날 새벽 폭도들이 학교 주둔

송령이골 무장대 합장묘

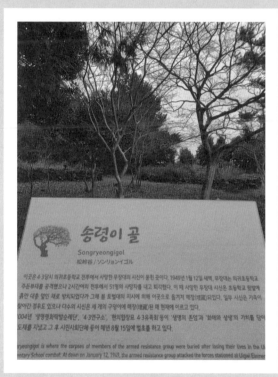

송령이골 안내판

군인들을 습격하는 사건이 벌어집니다. 교전이 끝나자 운동장 임시천막 등에 있던 노인과 아이들까지 모두(80여 명) 총살했습니다. 초등학교 동급생인 김일석도 그때 죽었습니다."

(김명원, 65세. 『4·3은 말한다』 5. 제민일보 취재반. 1998.)

"1948년 12월 14일, 제주도 경비대는 모슬포, 서귀포, 남원리, 한라산 부근의 게릴라를 섬멸하기 위해 합동작전에 민간인(민보단 등) 3천 명을 지원받았다. 작전 결과 게릴라 105명 사살, 일제 99식 소총 10정과 식량을 노획했다. 민간인들은 아마도 자기 마을에 저지르는 게릴라 행동에 복수하기 위해 게릴라들을 빗질하듯이 쓸어버리는 당국의 작전에 지원하는 숫자가 늘고 있었다."

(《G-2 정보보고서》. 주한미군사령부. 1948. 12. 16.)

"1월 12일, 새벽 6시경 약 200명의 유격대가 2연대 2중대 의귀국민학교 주둔지를 습격했다가 패퇴했다. 2시간에 걸친 접전 끝에 유격대는 51명의 사망자를 내고 퇴각했다. 노획품은 M-1소총 4정, 99식총 10정, 카빈총 3정이다. 한국군은 2명 사망, 10명 부상자가 발생했다."

(《G-2 정보 일일보고서》. 주한미군사령부. 1949. 1. 14.)

"마을 성 쌓을 땐데 시신을 가져가려니까 군인이 총을 빵빵 쏘면서 시신을 건드린 사람은 죽여버린다고 하면서 수습을 방해했어. 그리곤 한남리 사람들을 시켜서 구덩이를 파고 시신을 대충 매장해버린 거야. 의귀, 수망리 사람들을 시키면 혹시 나중에 알아보고 찾아갈까 봐서 유족이 없는 한남리 사람을 시킨 거였어. 그들은 감저 구덩이를 파듯 땅을 파서 쇠스랑으로 시신들을 긁어 산태(들채)에 담아다가 구덩이에 '멜젓 담듯이' 담아서 묻어버렸어.

한 구덩이에 2,30구씩 하루에 다 못 해서 시체 묻는 데만 3일 걸렸지."

(고운희. 의귀리 유족. 「4·3과 역사」. 제주4·3연구소. 1996.)

한편, 의귀국민학교 전투에서 전사한 무장대 수십 명의 시신은 대충 흙으로 덮어서 한곳에 방치되어 버려져 있었다. 주둔하는 군인들이 보기가 흉했는지 임시 수습을 허락하여 마을 사람들이 결국 인적이 드문 한적한 송령이골에 세 덩어리로 가매장한다. 그곳은 유가족이 없는 무연고 공동묘지처럼 무서운 귀신이 나온다고 하여 사람 발길이 드물어졌다. 수십 년 동안 방치되다가 2000년대에 들어와 시민단체와 통일을 생각하는 사람들이 뜻을 모아 매년 8·15 광복절에 벌초하기 시작했다.

이 증언들을 정리하며 다시 한 번 우리가 무엇 때문에 전쟁을 경험했고 분단이 되었으며 서로 미워하고 4·3까지 이어지게 되었을지 생각해 보았다. 희생자들의 명복을 또다시 빌어보며 다시 그들의 이야기를 들으려 한다.

송령이골 벌초

한강범

강원도 어느 산골 무명용사 충혼탑이 아늑하다
아무도 찾는 이 없는 영령 앞에 홀로 편안하다
멍하니 보랏빛 들꽃에 스물스물 시선이 꽂힌다
하얀 탑돌이로 보라색 흰색 들꽃 비밀의 화원이다
여기 어디메 쓰러져 간 당신들은 누구였던가
이름 없이 쓰러져 간 용사여 무명용사여
평화가 찾아온 꽃밭에 적군 아군 따로 있었던가

송령이골 고즈넉한 여기 덩어리 무성한 풀무덤이다
인적 드물어 찾아오는 사람도 바람도 시간도 멈춘다
무연고 분묘 이름도 모른다 뭉탱이 뭉탱이 합장묘다
육지에서 찾아온 어느 스님이 차마 꾸짖는다
생명 아끼자는 푯말을 박아놓고 돌아설 때다
유명인 무명인 무덤마저 벌초마저 다른 것이냐
사연을 아는 사람들아 벌초 하나 못해주느냐

옆 동네 현의합장묘 평화로운 소공원 아늑한 묘지다
유족들 한날한시에 찾아와 오순도순 모듬벌초한다
의귀리 4·3마을길 사람들 모다 들어 활짝 열렸다
의귀국민학교 싸움터 온동네 산간마을 운동회로 신 났다
생명의 땅 망자들이 적이 없는 평화 세상을 알아본다
생명 평화의 순례자 육지 스님이 차마 꾸짖는다
한반도 조국이 하나듯이 그네들 고향도 하나 아닌가
어느 부모 형제가 소중하지 않은 가족이 없겠는가
세월 지난 망자 벌초에 적군묘지 아군묘지 하나 아닌가
사연을 아는 사람들아 벌초 하나 제대로 못해주느냐

다랑쉬굴의 충격적인 첫 발견과
김녕 포구의 눈물

"사건 발생(1948. 12. 18) 다음 날 연기가 아직도 굴속에 가득 남아 있었다. 들어가서 흩어진 시신들을 나란히 눕혔다. 한 사람은 굴 안쪽에 있어서 발견 못 하고 시신 10구를 차례차례 수습하고 절을 올리면서 다시 오겠다고 다짐하며 남몰래 굴을 나왔다. 희생자들은 고통을 참지 못하고 돌 틈이나 땅속에 머리를 박은 채 죽어 있었고 눈, 코, 귀로 나온 선혈로 붉게 젖은 시신 상태였다."

(채정옥, 1993년 증언 당시 81세, 남. 「4·3 장정」 6호. 『제주 4·3유적』, 제주4·3연구소 2003.)

"세 살 난 조카가 후유증으로 죽고, 샛오빠도 걷지도 못하다가 죽었다. 시누이는 하도로 귀순했으나 죽고, 13세 동생도 종달리에 오자마자 죽었다. 우리 외할아버지는 덕천굴에서 죽어서 어느 돌 틈에 묻었는지 아무도 모른다. 다랑쉬굴에서 죽은 오빠는 화장해서 바다에 던져 버렸다. 전쟁은 나에게만 있고 시국도 나에게만 있는 것 같았다. 아무 죄도 없는데 이렇게 병신을 만들어 화장실도 못 가서 기어가게 만

다랑쉬 2굴입구

다랑쉬굴 안내판

들었다. 오늘 하루 편하게 살다가 내일 죽어도 소원이 없겠다."

(박춘생, 1932년생. 「4·3과 역사」. 제주4·3연구소. 2007.)

"아버지의 억울한 죽음 후에 자신에게 쏟아진 욕설과 시선들 기억 때문에 아직도 하늘을 똑바로 쳐다보지 못한다. 어머니 역시 세화리서 벌어진 학살로 얼마 후 돌아가셨다. 유족들은 화장하여 바닷가에 뿌리는 수장을 원하지 않았다. 끝내 땅에 묻지 못한 것이 지금도 억울하고 원통하다. 무덤 11개를 만드는 것이 어렵다면 하나만이라도 만들자고 했지만 그마저 뜻대로 하지 못했다."

(고광치, 1941년생. 「4·3과 역사」 21호. 제주4·3연구소. 2012.)

1948년 겨울 군경토벌대의 산간마을 강제 이주령과 마을 방화로 20여 가구 다랑쉬마을은 폐촌이 된다. 다랑쉬오름을 병풍 삼아 남쪽 오름 기슭에서 오순도순 살던 마을 사람들은 해안마을 쪽으로 쫓겨나고 지금은 완전히 잃어버린 마을이 됐지만, 아름답기로 소문난 다랑쉬오름과 아끈다랑쉬오름의 가을 억새길로 탐방객이 사계절 끊이지 않는다.

4·3 당시 다랑쉬오름은 한라산 무장대의 전략적 요충지로 활용됐다. 오름 정상에서 보초를 서면 작전에 나서는 토벌대의 움직임과 이동 동선이 한눈에 들어와 상황 발생 시 신호를 보내 교신할 수 있었다. 토벌대가 좁은 굴 입구에 총을 쏘고 수류탄을 까서 던져넣어도 나오지 않자, 불을 지펴 굴속으로 연기를 계속 보내도 나오지 않았다. 질식사할 정도로 불연기를 피운 뒤 큰 돌로 입구를 완전히 봉쇄하고 철수해버렸다.

제주4·3연구소에서 다랑쉬굴을 발견하여 유골 및 유품 확인 후 제민일보 4·3 취재팀과 집단학살 현장을 공동조사한 결과, 1992년에 기자 회견을 통해 말로만 전해지던 제주 4·3의 비참한 동굴 현장이 최초로 공개되면서 관심사가 되었다. 돌 구석 바닥과 얕은 흙바닥에 코를 파묻고 죽은 모습과 서로 껴안고 질식 고통을 참다가 숨이 죽어간 11명의 참사 현장이었다. 벗겨진 고무신, 무쇠솥, 나무주걱, 톱, 대검, 제사용 잔받침, 놋그릇, 물허벅(물통), 요강, 횃불통, 허리띠, 비녀 등이 그대로였다. 이러한 4·3 희생자 유해 발굴 현장의 사진과 동영상은 4·3 진실규명 도민운동의 본격적인 신호탄이 되었다.

그런데 유족들의 희망과 달리, 시신 수습 방법에 대하여 경찰과 행정당국의 설득과 압력이 가해졌다. 일부 유족을 회유하고 동의를 받아 전체 유족의 장례 절차와 방법을 결정해 버린다. 발굴 유해들은 추모비 하나 없이 화장된 채 김녕포구를 떠나서 흔적도 없이 바다에 뿌려졌다.

2022년 21회 증언 본풀이 마당에서 증언을 한 고관선 씨는 지금 시대 같았으면 화장하지 않았겠지만, 그때는 힘이 없었던 시절이었음을 토로한다. 총을 앞세운 시절이었고 재판의 공정함을 기대할 수 없는 시절이었다. 유족인 이공수 씨는 이제라도 다랑쉬굴 부근에 희생자를 위로하는 비석이라도 세워주길 바라고 있다.

바다로 떠난 다랑쉬 배

한강범

유골로 누운 남자 일곱 여자 셋 아이 하나
모두모두 빨갱이 폭도 무시무시한 산사람
아이 하나도 틀림없이 빨갱이 폭도 새끼
40년 세월 흘러 발견하여 발칵 뒤집힌 날
잊혀진 빨갱이 누명 트라우마가 살아난 날
하얀 상자 허겁지겁 가슴에 품어 바다로 떠난 날
한 줌 재로 바다에 뿌린 지 30년 세월이 지난 날
75년 세월 다랑쉬굴 여전히 바윗돌로 눌러버린 날
치아 목뼈 유물 서서히 썩어가며 자연훼손 되던 날
다랑쉬굴에 외로이 소박한 돌탑 투박하게 쌓던 날
이름 없는 돌탑에 새 검정 고무신 다소곳이 놓인 날
타버린 고무신 대신 새 신 신어 저승길 가라던 날
누군가 정성껏 돌탑 쌓아올린 이가 누군가
누군가 검성 고무신 올려놓은 이가 누군가

유족 제한한 통통배가 김녕포구 떠나는 시간에
유족 주변에 정보과 형사가 서성거린다
유족 주변에 담당공무원이 서성거린다
감시하지 마라 도와주지 마라 간섭하지 마라
화장하든 무덤하든 비석하든 유족이 결정하고 싶었다
김녕바다든 고향바다든 동네오름이든 유족이 결정하고 싶었다
바다 저승길 떠나는 김녕포구에 여인이 소리 없이 울고 있었다
유골 감싸 안은 여인이 통통배에서 하염없이 울부짖고 있었다
통곡하는 여인의 눈물이 하얀 분말로 바다로 떠나갔다
죄인처럼 떠나간 다랑쉬 배.

성산포 터진목 광치기해변
파도 소리 아우성

"모두들 혼이 나갔는지 살려 달라고 빌거나 우는 사람이 없었다. 어떤 사람은 목이 탔는지 짠 바닷물을 마시기도 했다. 시신이 바닷물에 쓸려 가기도 했다. 목만 남아 뒹굴기도 했다."

(『4·3은 말한다』 5. 제민일보 취재반. 1998.)

"(성산포 절간고구마 창고 수용소) 40평 정도였는데, 그때 내가 들어갈 때가 105명이었지. 각처에서 잡아 온 사람들을 고문하고 조사하면서, 살려줄 거는 머리 위에 O표, 살려두지 않을 거는 X표를 쳤어. 총살은 터진목에 데려가 팡팡 쏘아버렸지. 사람 하나 죽이는 거 문제라? 뭐, 이유가 없어. 여자들도 같이 죽었어. 여자들, 서북청년에 몸 희생당한 사람 많았지."

(○○○, 1928년생, 『제주 4·3유적』 제주특별자치도, 제주4·3연구소. 2020.)

"박태수 할머니에게 20세가량의 손녀가 있었지. 주변에 소문난 미인

성산포 터진목

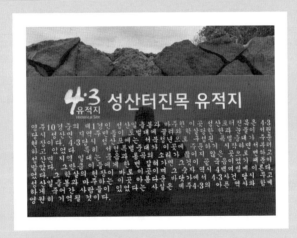

터진목 유적지 안내

이었어. 서청이 그애를 탐했지만 할머니가 완강히 막았어. 화가 난 서청이 그 할머니를 한길가로 끌어내 총살해버렸지. 아무튼 서청은 터진목 등지에서 엄청나게 많은 사람들을 죽였는데 오죽했으면, 터진목에서 보초 서던 순경조차 계속되는 학살극에 충격을 받았는지 입이 삐뚤어졌다니까. 그 순경은 심방을 불러서 굿까지 했어요."

(강인옥, 『4·3은 말한다』 5, 제민일보 취재반, 1998.)

"성산포 어떤 사람은 고문으로 걷지 못하니까, 들것에 싣고 가서 죽였단 말이야. 서청이 감자공장에 한 백여 명 잡아다가 취조하여 조금이라도 의심되거나, 사진이나 그런 거 안 산 사람들을 따로 죽일 걸로 구분했지."

(이기선, 『제주 4·3 유적』, 제주4·3연구소, 2020.)

"오빠를 산폭도들이 잡아갔는데, 우리는 산에 오른 폭도가족이라고 해서 집 네 칸을 다 불붙여버렸다. 밤에 아홉 식구가 뛰쳐나와 살았다. 물 없는 고기처럼 살다 보니 시들시들 죽어갔다. 이 질긴 목숨 나만 안 죽고 살았다. 그때 손 들고나와서 죽어버렸으면 이런 모진 고통은 없었을 텐데, 이제 와서 우리 아홉 식구 다 죽고, 나만 숨어 살아서 후회가 된다. 낮에 무서워서 밖에 나오지 못하고 밤이 되야 나와서 나무뿌리, 감자, 무를 뜯어 먹어 살았다. 밤에 잘못 길을 들어가다 잡혀서 '폭도새끼 잡았다'라며 세화지서로 끌려가서 조사받았다. 엉덩이 아래 나무를 대고 꿇어앉혀서 허벅지를 밟고 때렸다. 모진 고문 후 성산포 경찰서로 이송되어 열흘 정도 취조를 받았다. 발목 두 개를 천장에 달아매고 때렸다. '죽여만 줍써' 울부짖었다. 약이 있으면 약 먹고 죽고 싶었다. 주전자에 물을 담아 코로 지르고, 16세에 그런 고통을 당했다. 나중에 풀어주자. 종달리 집에 돌아오니 폭도로 갔다 왔다는 이유로 해안마을 갯가 사람들은 못 들어오게 막아서고, 어딜 가도 눈총을 받아 구슬펐다. 아무도 없었다."

(박춘생, 1932년생. 「4·3과 역사」 제주4·3연구소. 2007.)

"우리 형님은 일본서 살다가 발동기를 하나 가지고 와서 마침 해방 때 들어왔어요. 어느 날 서북청년들이 이승만 대통령 사진을 들고 집에 돌아다니면서 사라고 하니까. 우리 형님은 필요 없다. 그것뿐이었는데. 제일 억울한 것이, 총으로 쓰러져 죽으면 끝인데, 그때 의용대, 특공대 해 가지고 몇 사람씩 성산포에 주둔했단 말이여. 그런데 죽은 놈 위에 매질한다고, 쓰러진 형님을 대창, 철창으로 시험한다고 막 찔러놨단 말이여. 그러니까 부모로서, 동생으로서 그것을 눈으로 볼 수 없다, 이 말이여. 막 찔러놓으니까 상처 안 난 데가 한 군데도 없어."

(홍성기, 2003년 증언 당시 76세. 「제주 4·3 유적」 제주4·3연구소. 2020.)

총살 직전 유서를 쓴 것이 유족 박우창에 의해 알려진다. 성산면사무소 서기로 근무하던 박우양이 1948년 10월 30일 군인들에게 총살당하기 직전에 죽음을 미리 알고 적은 유서에는, "나는 진정으로 태극기를 휘날려보지 못하고 죽고야 말았습니다. 어머님, 제가 간 후에라도 내가 죽은 그날이 돌아오거든 태극기를 하늘 높이 달아주십시오. 야속합니다. 하느님이여. 내가 오늘 죽게 될 줄 알았더라면 왜 밤 꿈에 보이지 못하였습니까. 복수(아내)야, 너는 내가 죽은 후에 아이들을 한가지로 변함없이 잘 길러서 대한민국에 충성하도록 하여 달라"라고 적어놓았다. 서북청년단 또는 서청특별중대의 악랄함과 잔혹한 만행은 주둔지 성산 국민학교를 중심으로 면사무소 옆 수용소인 주정공장 창고와 근처 터진목 해변에서 수없이 일어난다. 근처 동남초등학교 등사판이 없어지자, 서청은 '무장대의 삐라 제작을 위해 빼돌렸다'라고 혐의를 받는 교장과 교사들은 물론 주민들까지 고문수사 끝에 처형한다. 생존자 홍경토 교사의 슬픈 고백이다.

"서청들은 이런저런 구실을 댔지만, 고성리 청년들과 교사들을 모두 잡아갑니다. 엿장수나 하던 서청들이 무장을 하게 되면서 희생자가 속출했습니다. 난 교사로서 주정공장 창고에 형과 같이 있었지요. 총살장으로 끌려가는 형의 발목을 한번 잡아본 것이 마지막 인사였습니다. 창고 안에서 무차별 구타를 하다가 분에 안 찼는지 남녀를 불러내서 성교를 강요하기도 합니다. 심지어 여자의 성기를 불로 지지기도 합니다. 밤에는 상처가 썩는 냄새로 잠을 못 잘 지경입니다. 난 그들이 제정신을 가진 인간이라고 보지 않습니다. 그때 내가 살아난 것은 전적으로 성산학교 ○선생 덕분입니다. 그녀는 나의 약혼녀였는데 한 달 만에 풀려나와 보니 ○선생은 서청 간부와 결혼해 있었습니다. 나를 살려주는 조건으로 자신을 겁탈하려는 서청원과 결혼한 것입니다. 그 후 불행하게 살고 있다는 소문만 듣고 있지요. 지금도 그때의 일 때문에 가슴이 미어집니다."

(홍경토. 『4·3은 말한다』 5. 제민일보 취재반. 1998.)

아름다운 풍광의 성산 일출봉 근처 터진목 광치기해변 일대에서 당시 성산면을 중심으로 구좌면, 표선면 등의 총희생자가 수백 명으로 추산된다. 지금은 성산읍 4·3유족회의 위령비와 추모비석 등으로 추모 공원이 조성되어 있다. 이 아름다운 해변에서 70년 전 발생한 끔찍한 일들을 이렇게 증언으로, 사진으로라도 기억하는 게 얼마나 중요한 일인지 생각해 본다. 역사는 반복된다고 하지만 인간의 존엄을 해치는 4·3 진압의 역사는 반복되지 않아야 한다.

> "미움도 원한도 모두 모두 사라집니다.
> 저 바다 해녀의 숨비질 소리마저 당신의 혼령으로 다가옵니다.
> 상생의 소리로 합창합니다. 찬란한 햇살처럼, 가을 하늘 구름처럼,
> 이 제단 앞 반짝이는 모래알처럼 부디 영면하옵소서"
>
> (성산읍 4·3 위령비 비문 중에서. 2010.)

"섬에는 우수가 있다. 이게 어디서 나오는지 알 수 없다. …

1948년 9월 25일(음력) 아침에 군인들이 성산포 사람들을 총살하기 위하여 트럭에서 해변으로 내리게 했을 때 그들의 눈앞에 보였던 게 이 바위다. …

이 모든 것은 1948년 4월 3일부터 제주에서 군대와 경찰이 양민학살을 자행한 진부한 사건으로 시작되었다.

오늘날 이 잔인한 전쟁의 기억은 지워지고 있다. 아이들은 바다에서 헤엄친다.

자신들 부모의 피를 마신 모래에서 논다. 매일 아침 휴가를 맞는 여

행객들은 가족과 함께 바위 너머로 일출을 보러 이 바위를 오른다.” …

(2008노벨문학상 수상작가 프랑스의 르 클레지오. 유럽 출판물 GEO. 2009년 3월호

'제주기행문' 중에서. 터진목추모비석 글)

터진목 광치기의 아우성

한강범

......

총소리 파도소리 아우성 터져간 터진목 광치기해변
장롓날 노젯날 칠성판 꽝꽝치며 일어나는 함성 소리
억울하다 원통하다 꽝꽝치는 관속에서 아우성 소리
우르렁 꽝꽝 칠성판 터지고 상엿소리 목청 터졌는가
관두껑 열어라열어라 꽝꽝치는 광치기하는 굉음이던가
얼어붙던 관이 움직이는 터진목 광치는 천둥번개던가

저 멀리 백록담에서 찾아온 한라산 산신령이 노한다
소섬 자락에 머물던 바람의 여신 영등할망이 노한다
천둥번개에 깨어난 제주 신화 설문대할망이 노한다
누구냐 총질하는 자
누구냐 칼질하는 자
누구냐 겁탈질하는 자

누런 군복 민간인 서북청년이더냐
누런 군복 군번 없는 서북군인이더냐
검은 제복 육지경찰 응원경찰이더냐
섬놈 섬것 우습게 보는 육지놈 육지것들이더냐

배후에 숨어 누렁이 검둥이 조종하는 너는
배후에 숨어 한반도 조종자 빅 브라더 너는
한라산 빨갛게 칠해 빨갱이 사냥하는 너는
누구냐 덩치 크고 키 크고 코 큰 너는

선흘 불칸낭의 생명력과 곶자왈 동백동산의 동굴

4·3의 비극적 참사 현장에서 수많은 선흘리 주민이 희생당한다. 마을이 방화되면서 마을의 수백 년 나무도 함께 까맣게 불타 버린다.

> "내가 어릴 때도 지금만큼 자랐어. 나무가 활활 타서 다 죽었다고 생각했지. 그런데 몇 년 후부터 한쪽에서 새순이 났어."
> "나무에게 잘못해서 마을에 동티났다고 마을굿까지 했어. 그렇게 신령스러운 나무였는데 다시 살아나 사람들이 다 신기하게 생각하지."
>
> (조명옥, 『제주 4·3 유적』, 제주4·3연구소. 2020)

불카분낭은 후박나무 상록수로 선흘마을이 초토화작전으로 방화될 때 꺼멓게 타버려 죽은 줄 알았다. 그러나 지금도 삼거리 쉼팡 역할을 하고 있고 나무 한쪽에서 새싹이 돋아나기 시작했다. 나무 밑동의 절반은 까맣게 불탄 자국이 아직도 흔적이 남아 있다. 나머지로 새로운 생명을 움트기 시작한다. 그러던 어느 날 어디선가 씨앗이 날아와 정착

선흘 불칸낭

한다. 현재 불칸낭은 수종이 다른 나무와 풀들이 한 나무에서 같이 자라며 한 뿌리인 듯, 착각하는 듯 풍성한 옛 모습을 찾아 신비로움을 보여준다. 한편, 4·3항쟁의 은신처가 있던 선흘 곶자왈은 난대성 상록활엽수림 지역으로 환경부 지정 멸종위기 야생 동식물 서식지이며, 세계적인 람사르 습지로 지정됐다. 이 곶자왈 깊은 숲속에 4·3 유적 용암동굴 은신처 도틀굴과 목심물굴 등에 숨어 있던 사람들은 그대로 학살되었다. 다음은 이 학살터에 있던 사람들의 증언이다.

"형님(고성규. 당시 17세)과 나는 분산해 숨어야 어느 한쪽이라도 산다고 생각해서 나는 목시물, 형님은 도틀굴에 숨었지.……(1948년 11월 25일, 도틀굴이 발각되어 굴 안팎에서 사살되고 일부는 함덕주둔소로 끌려갔다) 며칠 뒤 시신을 수습하러 와보니 인근 숲속에 50cm 정도의 나무명패가 꽂힌 채로 흙과 돌로 덮여져 있었다.……(목시물굴은 도틀굴보다 작았지만 당시 수많은 선흘 주민들이 은신 중이었다. 토벌대는 수류탄을 던지며 빨리 굴 밖으로 나오라고 종용하고 주민들은 버티는 상황이었다) 군인과 굴 안에 청년들이 말을 주고받으며 몇 시간 대치 상태였지. 결국 아이들이라도 살려야 된다는 굴 내부 의견이 모이고 밖으로 나가기 시작했지. 내가 거의 마지막에 나왔는데, 벌써 굴 밖에는 총살당한 시신들이 뒹굴고 있었어. 백일도 안 된 아기도 죽었고, 오십 넘은 노인도 쓰러져 있었어."

(고춘석, 71세. 『제주 4·3 유적』. 제주4·3연구소. 2003.)

"목시물굴이 토벌대에게 발각(11월 26일)되어 공격당한 뒤 벤벵듸굴에 옮겨 갔었지. 그런데 그곳도 곧 (11월 27일) 기습당하여 나는 겨우 빠져나와 이곳에 왔어. 도틀굴과 목시물굴 주변에 시신이 널려 있었어. 그 시신의 반 이상은 얼굴을 알아볼 수 없을 정도로 검게 그을려 있었지. 총살 후 기름을 붓고 불태운 거야. 넋 놓고 있다가 안 되겠다 싶어서, 까마귀나 개들이 시신을 훼손하지 못하게 흙이라도 덮어야겠다고 생각했어. 그때 살아난 네 명이 시신들을 가지런히 눕히고 흙을 씌웠어. 그런데 뒷날부터 유족들이 하나둘 찾아와 시신을 헤집으며 찾는 바람에 다시 엉망이 돼버렸지. 그래서 고적석이란 사람과 함께 나무를 반쪽으로 깨서 명패를 만들어 흙을 다시 씌웠지. 그 명단을 종이에 적어서, 내가 하나 갖고 다른 하나는 작은 단지에 담아 새동네 자왈 속에 묻어뒀는데 나중에는 못 찾았어."

(김형조, 82세, 『제주 4·3유적』, 제주4·3연구소, 2020.)

"큰형님은 벤벵듸굴에서 잡힌 거지. 나하고 우리 동생은 다른 굴에 가 있었지. 형님 있던 굴이 왜 발각이 됐냐면, 어린애들이 막 울어가니… 옛날 우리 선인동에 꿩 사냥하던 총 가진 어른이 있었어요. 군인들이 왜 그 굴에 집중했냐면, 굴을 발견한 군인들이 나오라고 하니까, 하르방은 꿩총을 한 방 쏘아버렸단 말이야. 그러니 여기 무장폭도가 있다고 해서 굴 입구부터 불을 태워 연기를 막 피워가니 못 견뎌서 저쪽으로 도망가다 잡혀서 많이 죽었지요. 거기가 형님이 있던 굴이지. 군인들이 횃불과 손전등을 들고 굴속에서 이 구석 저 구석 찾아다니며 하나하나 탁탁 찍어내고 팡팡 총 맞은 사람이 쓰러지니, '아이고 살려줍서' 하면서 굴 밖으로 나왔지. 군인들이 그냥 구둣발로 차니까 한쪽으로 몰려서 엎드리니까 동물 취급하기 시작하지. 꿍무니도 쾅쾅 치는

데 무슨 말을 할 수 없었지."

(손인봉. 『제주 4·3 구술자료 총서』. 제주4·3연구소. 2015.)

혹자는 필자에게 왜 이런 증언들을 이 책에 기록하느냐고 할 것이다. 이런 증언들은 도서관에도 있고 조금이라도 관심을 더한다면 직접 들을 수 있는 이야기들을 말이다. 하지만 필자는 이 이야기들을 통해 제주의 자연을 구경하러 오실 때 한 번쯤은 4·3 희생자들에게 묵념이라도 해줄 사람이 나타나면 좋겠다는 마음으로 이 증언들을 모아 본 것이다. 제주가 우리 한국의 생태적 보고인 것이 틀림없는 것처럼 자연 속에 이런 아픈 역사가 있다는 것도 사실이기 때문이다.

불칸 낭

현말옥 유족

식물의 생명력을 절실히 느낀다.
나의 살아온 세월 그 고통에서 살아온 불칸낭, 마음이 뭉클해진다.
한창 젊음을 불태울 때 행불이 된 아버지, 불칸낭은 알고 있을까.
식물의 생명력 고통을 이겨내고 비바람에도
묵묵히 이웃 나무끼리 껴안아 주는 식물 너무 감격한다.
나무를 존경하는 마음이 뭉클해진다.
오래오래 살아 역사를 껴안아 주렴.

불칸 낭

박성애 유족

불칸낭을 생각하며, 나는 후박나무 불탈 때 얼마나 아팠을까.
내 몸 타는 심정 못 견디게 살아온 후박나무 오래오래 살아줘요.
나는 언젠가 없어져도 너는 오래 살거야.
불칸 후박나무야 사랑해.

불칸 낭

문윤자 유족

불칸낭, 아맹고라도 몰란 강보난 모진 비바람도
(불에 탄 나무, 아무리 말해도 몰라서 가보니 모진 비바람도)
아픈 몸으로 견디며 수많은 세월 살아왔구나.

(4·3 트라우마센터 주최 불칸낭 역사기행 유족들의 시. 「4·3평화재단」 44호. 2021.)

선흘곶에서 우는 새

김관후

까마귀가 까악까악 울기 시작하네
그 울음 숲을 버리고 어디로 향할까
마을주민들 하나둘 대섭이굴로 모여들고
멀리서 들려오는 총소리 치마폭으로 감싸안네
검은개 노랑개 그림자 어른거리고
꼭꼭 숨어라 내일 아침 볼 수 있을까
총소리 코밑까지 밀려와 심장을 흔들 때
도틀굴 목심이굴 벤뱅듸굴로 몸을 숨겼네
꿩 꿩 꿩, 꿩 우는 소리 묻혀버렸네
쌕쌕거려 구르는 방울새 소리
끼끼끼끼 청딱다구리 소리도 숨어버렸네
휫휫휫 휘익 삐삐삐삐 휘옷휘옷 휘이 찌잇
되지빠귀 소쩍새 산솔새 종종종 모두 사라졌네
마파람으로 다복솔 잔가지까지 바르르 떨고
까악까악 까마귀가 저승에서 다시 손짓하는데
탕탕탕 탕탕탕 피눈물소리 가까이 들리는데
아하, 선흘곶이 후후 흔들리며 어디로 숨을까
저승으로 날아가 영영 생이별할까
가슴 한가운데 멍 자국이 아픈 세월 말해주네

2019년 6월에

조천면 선흘리 4·3희생자 216명의 위령비가 산 22번지 반못에 세워진다(2019. 11. 15.).
매년 11월 15일에 위령제를 올린다. 위령비 옆에 김관후의 '선흘곶에서 우는 새' 시비가 있다.

교래 곶자왈 사려니숲
이덕구 산전과 피난처

속칭 '북받친 밭'과 시안모루 일대는 교래 곶자왈 깊숙한 산란이(사려니) 숲속에 있다. 1948년 11월 20일경, 산간마을 봉개, 용강, 회천 주변 마을까지 초토화작전으로 마을이 불타면서 해안마을로 피난 가는 주민도 있지만, 수백 명의 사람은 불안하여 이도저도 못했다 그 불안한 마음을 가진 마을 사람들끼리 한라산 야산과 오름 깊숙한 피난처로 이용하던 곳이다. 그리고 한라산 무장대장 이덕구 부대가 잠시 주둔한 곳이라서 '이덕구 산전(山田)'으로 불리는 곳이다. 여기저기 깊은 산속에 밭 지형이 남아 있고, 보초병 초소돌담, 넓은 숙영지, 돌담과 솥단지와 그릇 등 주거생활 흔적이 남아 있다. 곶자왈 울창한 숲, 물이 있는 계곡, 넓은 공간의 지형과 산세가 주민 은신처와 무장대 주둔지로 적합했으나, 노출 위험 때문에 오래 머물지는 않았다.

"이덕구는 1947년 3·1절 사건으로 검거 후 조사받고 석방됐으나, 경찰서의 고문수사로 고막이 파열되어 청각장애가 있어서 목소리가 아

이덕구 산전

어느편 이유없이
억울하게 죽은 것이 아니라
죽어서
이유가 없어져버린 것이
억울한 것이다

이덕구 산전에 누군가 세워놓은 푯말

주 커졌다고 한다."

(『4·3은 말한다』 5. 제민일보 취재반. 1998.)

　　인민유격대 31지대장을 지낸 후 이덕구가 한라산 무장대장 이름으로 선전포고문을 발표하며 유명해질수록, 그의 가족과 친인척 18명이 몰살되고 심지어 친척의 심부름하는 사람마저 총살된다.

　　"(이덕구)시신은 관자놀이에 총알 1발 맞은 것 외에는 깨끗했습니다. 시신은 하루 동안만 전시됐습니다. 장마철에 아침부터 매달아 놓으니 저녁때쯤 되니 냄새가 많이 났기 때문입니다. 경찰은 남수각에서 시신을 화장한 후 아버지에게 그 사실을 알려 주면서 '뼈라도 수습하라'고 말했습니다. 그러나 이튿날 비가 많이 와서 다 쓸어가 버리는 바람에 수습도 하지 못했습니다."

(강실. 이덕구의 외조카. 〈제주 4·3사건진상조사보고서〉. 2003.)

　　교전 중 사망(1949. 6. 7.)한 그의 시신은 당시 낡은 군복 입은 모습과 숟가락을 앞주머니에 꽂은 초라한 모습으로 경찰 측에 의해서 비참하게 꾸며진다. 시내 중심가 관덕정 마당 옆 제주경찰서 정문 입구에 십자가에 매달린 사형수처럼 전시된다. 경찰은 폭도대장의 비참한 최후를 관람하라고 학생들과 시민들을 강제동원했다.

　　이덕구는 무장대 시절부터 산악게릴라전에 대비하여 체력단련을 많이 하고, 평시에는 발목에 모래주머니를 달고 다니다가, 비상시에는 모래를 풀고 뛰어서 엄청 빨리 사라져버린다고 한다. 그가 있던 자리에는 모래만 수북이 남아 있더라는 소문이 자자했다는 일화가 전해진다. 얼굴에 약간 박박 얽은 곰보 자국이 있었기 때문에 조천중학원 역사, 체육교사 시절의 학생들이 동네에서 불렀다는 민요 같은 노래가 전해진다.

'덕구 덕구 이덕구/박박 얽은 이덕구/장차 해방되면/대장 될거 마씸'

40여 년 전, 제주 4·3애 대해 말조심하던 시대인 1989년 12월 31일, 제주4·3연구소 창립 첫해 유적지 답사 중 '이덕구 산전' 현장을 찾았다. 당시 한라산 사려니 숲속 북받친 밭에서 그들을 생각할 시간을 가진 것이다. 4·3연구소 초대 사무국장이며, 당시 전교조 해직교사 출신 문무병은 다음과 같은 축문을 남겼다.

"(4·3의) 진실은 인간으로 살아가려는 그때 그 사람들의 건강한 애국혼과 민중적 정서를 지켜내려는 눈물겨운 사랑이다. 사랑은 모든 것을 아우르는 힘이다. 이제 섬사람들의 비극 뒤켠에 도사리고 있는 음모와 구조악을 극복해야 한다. 슬픈 역사를 들춰내는 원한의 방정식이 아니라, 더 큰 사랑으로 열어나가는 새로운 역사의 장을 건설하고자 함이다. 저희 연구소 및 제주도민이 하나 되어 이루어가길 축원하나이다."

(문무병. 「4·3 장정」 제주4·3연구소. 1990.)

4·3 산사람

한강범

곶자왈 사려니숲 이덕구 부대 무명의 산군(山軍)이다
입산 6개월 어느 날 깊은 밤 하산하여 집에 찾아온다
어머니, 머리 너무 길엉 깎아보젠 와수다
기여, 가위 앞에 요기 앉아보라
어머니, 목 말람수다 물 한 사발만 줍써
기여, 천천히 혼저 먹으라
어머니, 날 밝기 전에 이젠 감수다
기여, 놈이 보면 큰일 난다 혼저 가라
어머니, 살아만 이십써 좋은 세상 올거우다
기여, 걱정마랑 혼저 가라
어머니. 우리 물애기 잘 봐줍써
기여, 새벽 닭 울엄쩌 혼저 가라
어머니, 애기어멍은 아직도 소식없지예
기여, 너 대신 잡아가부난 죽어실거여
어머니, 이젠 정말 감수다
기여, 날 밝암쩌 혼저 가라 혼저 가라
어머니, 울지 맙써 울지마라 울지마라
기여, 산에 살아만 이시라. 혼저 가라

해촌마을 최대의 집단학살촌
북촌의 비극과 마을사람들

북촌 대학살은 하루 만에 300여 명이 집단총살을 당한 사건이다. 그러므로 마을 전체가 제삿날이 같다.(1949. 1. 17.) 그다음 날도 함덕 대대본부에서 불려 간 수십 명이 함덕해수욕장 일대에서 희생당한다. 북촌마을 위령탑에는 총 440여 명의 희생자 명단이 비문에 적혀 있다.

"그러나 오누이가 묻혀 있는 그 옴팡밭은 당신의 숙명이었다. 깊은 소(沼) 물귀신에게 채여 가 듯 당신은 머리끄덩이를 잡혀 다시 그 밭으로 끌려갔다. 그렇다. 그 죽음은 한 달 전의 죽음이 아니라 이미 30년 전 그 옴팡밭에서 구구식 총구에서 나간 총알이 30년의 우여곡절한 유예를 보내고 오늘에야 당신의 가슴 한복판을 꿰뚫었을 뿐이었다."

(현기영의 소설 「순이삼촌」 중에서. 1978.)

"우리 마을 북촌리에서 대학살이 벌어지던 그날 오전부터 갑자기 총소리가 나더니, 군인들이 마을 동쪽부터 불을 지르기 시작했지요. 그

북촌 해변마을

북촌 애기돌무덤 터

러면서 연설이 있으니까 학교 운동장으로 집합하라고 했습니다. 군인들은 우선 경찰가족, 군인가족이 있으면 나오라고 해서 따로 분리시켰지요. 낌새가 이상하다 여긴 사람들은 사돈의 팔촌이라도 있으면 그쪽으로 가서 줄을 섰습니다. 군인들은 우선 민보단 간부들을 불러내 바로 총살했습니다. 사람들이 겁이 나서 우르르 흩어지기 시작하자, 사람들 머리 위로 총을 난사했습니다. 그 과정에서 너덧 사람은 죽었을 겁니다. 그중에 한 아기엄마가 있었는데, 업혔던 아기가 죽은 엄마 위에 엎어져 젖을 빨고 있더군요. 그날 그곳의 북촌사람들은 그 장면을 잊지 못할 겁니다. … 나중에 동생들을 찾기 위해서 막 다녔는데 겨우 찾아보니까, 저 소낭밭에서 시신들을 찾았어요. 막내(5세)는 총은 안 맞았는데 너무 추워서 얼어 죽었어요. 둘째 누이동생(10세)은 가시덤불 위에 넘어져 있었고, 남동생(8세)은 이마에 총을 맞았어요. 손에 고무신을 쥐고 그렇게 죽어 있었어요."

(김석보, 『제주 4·3 구술자료 총서』, 제주4·3연구소. 2010 및

「4·3유족회」 6호, 제주4·3희생자유족회.2006)

"차 안에는 7, 8명의 장교들이 모였습니다. '돌담 위에서 박격포를 쏴서 몰살시키자' 등 여러 처형 방법 이야기가 나왔지요. 그중에서 '군에 들어온 후에도 적을 살상하지 못한 군인들도 있으니 몇 명씩 끌고 나가 총살하자'라는 제안이 결국 채택됐습니다."

(김병석, 당시 운전병. 「제주4·3사건 진상조사 보고서」.

제주 4·3사건 진상규명 및 희생자명예회복위원회. 2003.)

"함덕에서 산 8형제 중 4형제가 경찰이다 보니 산에 내려온 무장대에게 어머니가 피살됐지요.(1948.5.13.) 아버지가, '너희가 복수하면 악연을 끊을 수 없으니, 악연은 여기서 당대에서 끊어라.'하고 말씀해서 흥분을 가라앉혔고, 오히려 억울한 죽음을 많이 막았어요. 난 운전면허증이 있는 덕분에 경찰에 특채되어 차량계에 배속되었지요. 북촌 사건 그날, 대대장을 모시고 월정 11중대를 둘러본 후 대대본부로 귀대하던 중에 먼저 출발해 가던 트럭차량이 북촌초등학교 근처에서 기습을 당했어요. 그리고 대대본부에 들어오고 난 후에 대대 출동 명령이 떨어지고 난 대대장을 태우고 북촌학교에 도착했습니다. ...... 총성은 계속 울리고 있었고 다시 차 안에 돌아오고 나서 대대장에게 애원하며 말했습니다. '우리 집안은 9남매 중 4형제가 경찰로 반공가족입니다. 그런데 저기 끌려 나가는 노인, 부녀자, 어린아이들이 무슨 사상이 있겠습니까. 저들을 살려주십시오' 하고 다시 사정하자, 대대장이 하는 말이, '나도 살려주고 싶지만, 마을을 다 불태웠는데 어떻게 저 많은 사람들을 수용하고 저들의 의식주 문제를 해결할 수 있느냐'고 물었습니다. 이에 나는, '걱정 마십시오, 함덕리에 가면 전부 저 사람늘의 친척이 있는데, 함덕은 큰 마을이라 다 해결이 됩니다.'라고 대답했지요. 대대장이, '그러면 네가 책임져라' 하면서 사격을 중지시켰던 겁니다. 그러나 이미 수백 명이 총살된 상태였습니다."

(김병석. 「함덕향토지」, 함덕리사무소. 2017)

"48년 10월경, 집 근처 굴에서 숨어 살다 6명이 잡혔습니다. 미군하고 경찰들이 같이 왔는데, 미국 놈들이 한국말로 "빨갱이, 빨갱이" 하면서 총을 쏘는 시늉을 했습니다. 이놈들은 먼저 우리를 수갑 채우고, 나무에 거꾸로 매달아 놓고, 고춧물을 코로 붓고, 발로 막 밟다가 경찰서로 연행했습니다. 서너 달 동안 구쟁기작살 고문, 머구리 고문, 전기고문, 비행기고문, 물고문 등 지독하게 취조당했습니다. 우리는 다시 광무형무소로 가서 재판받고, 내가 1년 형, 동생은 2년 형, 형님은 5년형을 받았습니다. 그때 같이 간 3형제 중에 나 혼자만 살아오고 두 사람은 한국전쟁이 터지자 행방불명됐습니다. 1년 형을 살고 집에 와보니, 이미 북촌에서 1949년 1월 17일, 사람들을 죽일 때 우리 부친도 돌아가셨습니다. 아버지가 돌아가신 것을 감방에서 알았습니다. 우리 삼 형제한테 동네사람이 편지를 해줬습니다. 그때 간수가 우리를 참 불쌍하게 봤는지, 편지를 보면서 울고 있으니까, '왜 울고 있냐?'고 물어서, 편지를 보여줬습니다. 간수가 하는 말이, '삼 형제 다 감방에 들어가 있으니 부모가 애먹어서 죽지 안 죽냐!"고 말했습니다. 아버지가 총살되어 죽은 줄도 모를 때였습니다. 간수가 형님에게 "밥이라도 얻어다가 동생한테 주라"고 합디다. 참 고마운 사람입디다. 형무소 갔다 와서 보니, 남들은 사돈에 팔촌이라도 나서서 감장을 하는데, 우리 아버지는 아무도 봐주질 않아 뼈자리만 남아서 겨우 옷가지로 알아볼 수 있었습니다. 눈도 없고 손도 없고 발도 없고 오로지 가슴뼈만 앙상한 것 묻었어요. 어머니도 아버지가 돌아가시고 몇 달 만에 시름시름 앓다가 돌아가시고, 여동생들도 다 죽어 나 혼자 밖에 없습니다. 난 글도 하나도 몰라 후유장애 신고를 하려고 해도 할 수도 없고, 고문과 차디찬 감옥에서 생활한 탓으로 왼쪽 눈은 와상풍으로 내려앉았고, 오른쪽 팔뚝은 치료를 받지 못해 평생 기형이 돼버렸습니다."

(강서수, 1927년생. 북촌. 〈4·3증언 본풀이마당〉. 제주4·3연구소. 2004.)

제주 4·3은 한국전쟁 다음으로 가장 많은 인명피해를 입었다. 제주
도 단일지역 마을 중에서는 북촌리가 가장 많은 인명피해를 입었다, 북
촌마을은 4·3 유적지 너븐숭이 주변에 규모와 내용 측면에서 비교할 수
없지만, '제주 4·3평화공원' 다음으로 여기는 '너분숭이4·3기념관'을 운영
하고 있다. 또한 북촌4·3마을길은 걷기와 생태기행의 최적지로 꼽히는
곳 중 하나다. 제주 4·3은 어느 한 지역의 이야기가 아닌 우리 현대사의
아픈 흔적이다, 제주를 방문해서 북촌의 마을길을 걷게 된다면 이런 이
야기를 한 번쯤은 떠올려주길 바란다.

애기 돌무덤 앞에서

양영길

한라영산이 푸르게
푸르게 지켜보는 조천읍 북촌마을
4·3사태 때 군인 한두 명 다쳤다고
마을사람 모두 불러모아 무차별 난사했던
총부리 서슬이 아직 남아 있는
풀 한 포기 자라지 못할 너분숭이 돌무덤 앞에
목이 메인다

아직 눈도 떠보지 못한 아기들일까
제대로 묻어주지 못한
어머니들의 한도 함께 묻힌
애기 돌무덤들이 있었다
사람이 죽으면
흙 속에 묻히는 줄로만 알았던 나의 눈에는
너무 낯선 돌무덤 앞에
목이 메인다
목이 메인다
……

북촌은 살아있다

일본에 돈 벌러 떠난 북촌사람들이 돈을 모았다.
초가집 북촌마을에 콩크리트 건물 신성회관을 지었다.
똘똘뭉친 고향사람들이 보내준 악기로 교악대를 만들었다.
신식학교 창흥사숙 교악대는 북촌의 자랑거리였다.
창흥사숙 독립정신은 민족 북촌 청년정신으로 계승되었다.
신성회관 건물은 북촌리 어촌계 공동체 건물로 살아있다.

북촌마을 불바다로 초토화되어 무남촌(無男村)으로 생존한다.
희생마을 북촌은 재건마을이 되고 여자들 해녀들 앞장선다.
북촌바당 다려도는 해산물로 풍성한 마을바다목장이다.
4·3 시련이 공동체 단련시켜 성숙한 마을로 거듭난다.
해촌마을 시골풍경, 용천수, 현무암, 해안선이 아름답다.
해녀 삶터 낚시터 다려도가 북촌의 보물섬으로 살아있다.

150여 명 학살터 옴팡밭은 소설 순이삼촌 비석글 모듬밭이다.
150여 명 학살터 당밭은 아름다운 북촌 폭낭이 지켜주고 있다.
정지폭낭 비석거리 총맞은 비석이 4·3역사의 증표로 살아있다.
북촌포구 백년 넘은 등명대 총탄 자국이 선명히 살아있다.
일주도로 격렬한 총격전은 꿩동산 거대한 표석으로 살아있다.
고춧가루 물고문 현장 은신처 마당궤도 여전히 살아있다.
너븐숭이 총살 현장도 해원 위령탑으로 장중하게 살아있다.
북촌의 자존심 4·3기념관으로 부활하는 북촌은 당당히 살아있다.
서우봉 지켜보는 4·3마을길로 평화로운 북촌은 당당히 살아있다.

함덕해수욕장 총소리와
함덕국민학교 수용소의 나날

"군인들은 사람들이 함덕국민학교로 끌려오면 우선 남녀 구별 없이 모두 옷을 홀랑 벗깁니다. 강제로 서로 몸을 붙이게 하는 등 성희롱을 하다가 나중에 데려가 죽였습니다. 또 맘에 드는 여자가 있으면 곧 야수로 변했습니다."

(양순호. 함덕리. 『4·3은 말한다』 4. 제민일보 취재반. 1997.)

"대흘 집집마다 군인들이 불붙이고, 남편은 어스름에 그냥 산으로 나가고, 애기 업은 나는 어느 구멍에 숨어들고 해서 밤에 군인들이 갈 동안 기다렸지요. 친정어머니 따로, 12살 난 동생 따로 다 자기 만씩 도망갔어요. 뒷날 아침에 불탄 집에 와보니 다 살아 있어서, 남편이랑 시아주버니랑 불탄 집 바닥을 뒤지고 있었지요. 내가 불탄 집에 깔려 죽은 줄 알고 뒤지고 있었지요. 다시 군인이 쳐들어올지도 모르니 해안마을로 내려가자고 남편에게 말했어요. 남편은 내려가면 다 죽여버린다고 산에 남고, 친정어머니, 동생은 조천으로 가고, 나는 시어머니,

함덕 폭낭

함덕국민학교 옛터와 안내판

시누이와 동네 사람들과 함께 전부 아홉이 신촌으로 내려가다가 동수동에서 붙잡혀서 함덕주둔소로 갔지요. …… 손가락 하나 까닥 못했어요. 조사 4일째 되는 날, 군인이 조사실에서 나오라고 하더니, 11명은 수용소로 보내고 나머지 90여 명은 서우봉으로 끌고 가서 총살시켜 버렸습니다. 수용소 천막에서 보름쯤 살고 있었는데, 밤 10시쯤 군인들이 '다 일어나서 얼굴 들어, 얼굴 들어'라고 소리치면서 보기에 젊은 여자들, 아기가 없는 여자들을 일주일 저녁마다 불러다 강간합니다. 갔다 온 여자들은 밥도 안 먹고 맨날 그렇게 울었습니다.

수용소에 같이 있던 어른이 걱정하며 지켜보더니 대대장에게 사실대로 말하고 건의를 했지요. 그 군인들이 조사받고 8일 정도 징역 살고 나오더니, 보복을 합니다. 젊은 사람들이 밤마다 산에 연락한다고 누명을 쓰여 서우봉으로 데려갔습니다. 좀 있으니 총소리가 '와다다다 와다다다' 볶는 소리가 납디다."

(홍난선, 86세. 「4·3과 평화」 16호. 제주4·3평화재단. 2014.)

"난 함덕에서 이덕구 각시 잡아가는 것도 봤어. 면직원이어서 출장 갔을 때지. 그때 '세금 내지 말자'는 운동을 했거든. 그래서 세금 받으러 다녔지. 신촌에 이덕구 집 근처에 살아도 우리보다 너덧 살 위라서 대화는 안 해 봤지. 저기 이덕구 각시가 어린애 안고 있다는 거야. 그땐 잡아가면 팡팡 이라. 근처에 2연대 정보부 있는 곳인데, 쫓아가는데 안 보이는 거야. 아기를 다른 사람에게 맡기지도 못하고 그냥 가서 죽었어."

(김진주. 「제주4·3 구술자료 총서」. 제주4·3연구소. 2010.)

"아버지가 함덕으로 잡혀갈 때 서너 사람이 잡혀갔는데, 내가 여섯 살 때니 그걸 대수롭지 않게 생각됐어요. 막 뛰놀고 하다가 아버지가 다 죽어간다고 하길래 찾아갔지요. 함덕 모래판에서 자기 들어갈 굴을 삽으로 판 후에 일렬로 다 서라고 했어요. 우리 언니가 옆에서 '이제 죽이려고 하는 모양이야' 해도 죽고 사는 거를 막 크게 생각이 안 들고 무심코 봤지요. 좀 지나자 군인이 일렬로 잘 세우고 한 번에 다 쏘아버렸지. 자기가 판 구덩이로 다 쓰러지고 우리 아버지도 그냥 쓰러져서 죽은 척하다, 다 가버린 줄 알고 그냥 고개 들었다가 두 번 총알을 맞았는데 오른쪽 눈을 뚫고 뒤통수로 나와서 그냥 죽었어요."

(고민자. 『제주4·3 구술자료 총서』 8권. 제주4·3연구소. 2015.)

"1949년 4월 7일, 무장대 활동한 혐의로 3명이 토벌대에 붙잡혔다. 이들은 함덕리와 선흘리 경계 지역 직구물에서 총살됐다. 그 후 토벌대는 주민들에게 경고할 목적으로 이들 3명의 목을 잘라서 목만 따로 해수욕장에 전시했다. 나중에 가족들이 시신을 수습하면서 그 목을 찾아 함덕해수욕장을 3일 동안 헤매며 돌아다녔다고 들었다.(김○○의 증언) …… 우리가 그때 학교 가다보면 목을 잘라서 전시해 놓았어요. 세 사람인가 됐어요. 김○○(28세), 김○○(23세), 임○○(19세)의 머리만 길옆에 놓여 있었어. 길을 다니는 사람에게 보여주기 위한 거야. 산에서 목을 잘라왔으니, 우리는 누구라는 것을 잘 알고 있었지."

(현재옥 증언. 함덕리. 『제주 4·3유적』 1. 제주특별자치도, 제주4·3연구소. 2020.)

"(1948. 11. 11.) 학살극이 또 벌어졌다. 군인들이 야간에 서우봉 아랫마을 평사동을 덮쳤다. 잠에 깨어난 현장에서 3명이 총살당하고, 여자들과 어린이들에게 총 개머리판을 휘둘러 가면서 순식간에 마을이 난장판이 됐다. 아침부터 더 이상 견딜 수 없어 해안마을 평사동 주민들도 산으로 도피하기 시작했다. 특히 청년들은 거의 산에 올랐다. 함덕 청년들도 산에서 대부분 무장하지 않는 레포(연락병)나 빗개(보초병) 역할을 했다. 어디선가 문서가 오면, 그것을 함덕공동묘지 입구 첫 비석 옆에 숨겨두고 오는 것이 임무였다고 한다. 산속에서 총기 한 자루 없는 피난생활이 계속되었고, 산에서 명령이 오면 마을 부근까지 내려가 왓샤시위를 했고 서우봉에 기습적으로 봉화를 올리기도 했다."

(『함덕향토지』, 함덕리사무소. 2017.)

제주 4·3 피해자 중에 민간인들의 이야기들이 많다. 그들의 이야기를 읽다 보면 왜 이렇게까지 악의를 품고 광기 어린 학살을 했는지 의문이 생긴다. 아무리 상부의 명령이지만, 여성들을 강간하고 아이들까지 죽이는 것이 정의일까? 안 좋은 동기로 내려온 서북청년단은 논외로 치더라도 군인은 사람인 이상 과연 그러한 총살에 의문을 한번 품어보지 않았을지 이제는 하늘만이 알 일이다, 함덕 해변의 푸른 물이 죽음의 흔적을 씻어내리고 있는 현재이다.

함덕국민학교의 폭낭과 야자수

한강범

중학생 시절이었다
동부교회 여름방학 학생수련회 캠핑장소였다
아름답게 도드라진 함덕해수욕장 해변이 코앞이다
함덕국민학교 교실 나무바닥 잠자리가 신난다
들뜬 마음 아이들 잠 없이 시끄러운 밤이다
고등학생 선배 군기반장이 등장한다
빨리 자라 나가지 마라 밤에 귀신 나온다

저승길이 원통하여 서성거리는 귀신 이야기
아무도 입 밖에 꺼내지 않아 모르고 자랐다
30년 동안 4·3은 금기 금언의 세월이었다
즐거운 잠자리 교실 바닥이 고문수사 현장이었다
뛰놀던 운동장이 천막수용소 감금 현장이었다
서우봉 절벽바다 하얀 파도 소리에 총소리 요란했다
콘주기알 생이봉오지 하얀 시신들 바람에 넘실거렸다
눈부신 모랫길 진동산 모래무덤에 혼백이 잠들어 있다

넓은 운동장이 해수욕장 주차장으로 변신하였다
길다란 1층 교실터가 비싼 땅값 상가건물로 가득찼다
함덕사람들 지은 학교 공유지가 사유지로 변해 버렸다
수백 그루 워싱턴야자수가 조경나무로 해수욕장을 덮어갔다
운동장 옛터에 제주폭낭 열 그루가 당당히 살아남았다
제주토종 폭낭이 외래종 워싱턴 야자수 위풍에 묻혀간다
제주 섬마을 지키던 역사나무 쉼팡나무 폭낭이 비상이다

일본이 조선을 식민지 식민한들
외세가 제주를 식민지 식민한들
카나리아 야자수 식목일 식목한들
워싱턴 야자수 식목일 식목한들
백년 지켜온 조선소나무는 건재하다
백 년 지켜온 제주폭낭은 건재하다

75년 전 다수의 철새가 날아와
소수의 텃새 생태계를 박살냈다
제주 철새가 해방군이냐 점령군이냐
토종 제주폭낭이냐 외래종 워싱턴야자수냐
제주땅 지켜온 토종이냐 쳐들어온 외래종이냐
제주 팽나무냐 워싱턴 야자수냐

4·3 본질명사 퐁낭 대 야자수.
4·3 고유명사 제주도 대 워싱턴.

함덕 폭낭과 야자수

조천지서 경찰과 마주보는
조천중학원 학생들의 악연

"18세 때, 해방을 맞이하자 조천에는 각처에서 귀향하는 애국지사가 다 모여들었지요. 고향에는 동네마다 인민위원회가 조직됩니다. 치안대다 보안대다 하여 마을을 자치적으로 관리했지요. 조천중학원이라 하여 15세에서 20세짜리도 있었지요. 요즘 같으면 중고등학생 정도지요. 원장님은 현복유 선생님이고, 이덕구, 김석환, 김원종 선생님 등이 있었지요. 이덕구 선생님은 얼굴이 박박 얽은 사람이고, 경찰에 잡혀갈 때 막 두르려 패니까 고막이 터져서 귀가 이상해졌대요. 조천지서 건너편에 큰 창고를 학교로 썼지요. …… 그때 육지에서, 이북에서 내려온 서북청년단체가 지서에 머무는데 서북청년들은 거리에 다니는 학생들을 보면 무조건 잡아다가 죽을 정도로 때리고 고문했지요. 결국 우리 학생들은 교내에서 뛰쳐나와 책가방 들고 길 건너 지서에 돌격합니다. 지서에 1개 소대쯤 경찰과 군인(서청)이 같이 있었지요. 몸싸움이 벌어지고 총부리로 위협하고 심지어 총까지 쏘아 댑니다. 해산하고 모였다가 해산하면서 주동자가 잡혀서 취조당했지요. 그때 미국이

조천 동방극장 옛터

조천파출소

하려는 신탁에 대해 전국적인 '신탁 관리 절대 반대', '학원에 자유를 달라' 구호를 외치면서 거리를 돌아다녔지요. 낮에는 경찰지서 세상이지만, 밤에는 우리들 세상이었지요. 밤에는 경찰들이 꼼짝도 안 하고 지서 안에 경찰도 안 보였어요. 그러다가 김용철이라고 있는데 나보다 다섯 살 위인데, 머리도 좋고 공부도 잘했어요. 경찰에 잡혀가서 고문 당해 죽는 사건(1948.3.6)이 일어나자, 조천 어른들이 난리가 났어요.

'야, 이거 큰일 났다. 이러다 우리 아들딸들 다 죽이겠다.' 어른, 학생, 아이 할 것 없이, '왓쌰 왓쌰' 외치며 항의 시위가 대단했어요. 장례식 날에 조천 거리가 하얀 옷으로 다 덮였어요. 경찰이 있어도 그날 낮에는 접근을 못 했어요. 몽둥이 들고 골목골목마다 지키고 있다가 경찰이 들어오기만 하면 때리려고 하니까 경찰이 얼씬거리지 못해요. 어른들도 자기 자식들이 죽어가고 자기 자신도 가담했다고 잡혀가서 두들겨 맞으니, '이래 죽으나 저래 죽으나 마찬가지다'하는 마음이 다 생겨나는 겁니다. 지서에는 한 사람도 안 보여요. 밤에는 도망갔다가 낮에 나타나요."

(강두봉. 『제주4·3 구술자료 총서』. 제주4·3연구소. 2010)

"김동일은 조천 출신 독립운동가 김순탁의 딸인데 1932년생으로 4·3 당시 16세로 조천중학원 2학년 여학생이었다. 조천의 어른과 선배들이 모두 들고일어나 통일을 위한 한 길을 가는데, 자신은 그냥 순수한 열정 하나로 그 뒤를 따랐을 뿐이라고 회상했다. 문서연락병으로 가끔 한라산에 오르내리다 1948년 11월 중순 토벌대의 초토화작전으로 한라산에 발이 묶여버린다. 그러다 49년 봄에 체포된다. 김동일은 제주

경찰서에 이송되어 100일 동안 조사받으면서 발가벗겨진 채 구타와 고문을 받았다. 그때마다 '어려서 아무것도 모른다'라는 것이 유일한 대답으로 그 말만 반복하면서 참고 견딘다. 광주형무소에서 3개월 감옥살다 석방된다. 고향에 다시 돌아가는 것이 무서웠다. 친구며 이웃사람들이 빨갱이 년이라고 손가락질하고 따돌림당할 것이 걱정됐다. 한국전쟁 이후 지리산에 올랐다. 쫓기듯 산야를 헤매다가 1951년 3월에 다시 체포됐다. 그때는 얼마 후 석방됐다. 결국 조천으로 귀향한다. 예상대로 아무도 찾아오지 않는다. 어머니와 단둘뿐이다. 경찰이 연좌제 때문인지 가끔 정기적으로 동태를 감시하다 돌아간다. 한국에서의 생활은 포기하고 싶었다. 일본에 가면 자유로울 것 같았다. 1985년쯤에 몰래 밀항하여 일본에 갔다. 도쿄에서 조천중학원 동창을 만났다. 4·3을 조금씩 기억하면서 일본 4·3 지역모임에 나갔다. 그는 2017년 심근경색으로 향년 85세의 나이로 쓸쓸히 사망한다."

(김창후. 「4·3과 평화」 34호. 제주4·3평화재단. 2019)

"제사가 많은 날이니까. 그날이 음력 정월 초사흘(1949. 2. 3)인데 하루에 70명 이상이 죽었어. 지서에서 밭 2개 넘은 곳, 또 다른 밭에서도 총 맞아서 한꺼번에 죽었지. 막 비가 오는 날이라. '민보단원들 다 모이라'고 통지가 왔지. 17살부터 60세까지 다 민보단에 들어가야 할 때라. 지팡이 짚은 노인들, 애기 업은 부인, 초라한 동네 어른들을 우리가 보는 앞에서 죽 세워놓더니, '와다탁탁 와다탁탁' 쏘니 그뿐이라. 그때 죽은 사람들은 서방이 산에 오른 부인네, 아들이 일본으로 도망간 노인네, 남편이나 아들이 집에 없으면, 대신 다 죽었어. 오들오들 떨면서 시신 위에 흙을 덮어두고 봄이 되어 연고 있는 집에서는 찾아갔지."

(김〇〇. 『이제사 말햄수다』 1권. 제주4·3연구소. 1989)

"도피자 가족들은 이 밭에 모아놓고 총살하니 아무도 집 밖을 얼씬 거리지 않았다. 죽일 때도 그냥 총으로 쏴 죽인 게 아니다. 한 명씩 세워놓고 여성 민보단원에게 죽창을 주면서 찔러 죽이라고 명령했지. 겁에 질리기는 죽는 자나 죽이는 자나 마찬가지야. 몇 차례 찔러도 죽지 않으니, 죽는 사람이 고통스러워 '제발 빨리 죽여 달라'고 애원하는 거지. 그러다가 보다 못한 경찰이 마지막으로 총으로 죽이는 식이야."

(김진주, 1923년생. 제주환경일보. 고현준 기자. 2020. 8. 30.)

"자기 이름도 못 쓰는 아들 하나를 숨겼다고 온 가족이 잡혀가던 시절이었지. 아들 형제 다 숨겼으니 우리 부모님은 양심적으로 자진해서 수용소에 들어갔어요. 아버지가 돌아가신 날, 눈이 팡팡 오는 밤이었어요. 어머니가 수용소에서 잠깐 나와서 우리 가족을 만날 수 있었어요. 어머니가 헤어지면서, '어느 날 오라고 해서 죽일지 모르니 옷도 헌 옷 입지 말고 고운 옷, 깨끗한 옷을 입고 다니다 오라고 하면 가거라'고 했어요. 아버지 죽은 후 며칠 후 어머니도 그렇게 갔어요."

(이신생, 1931년생. 제주환경일보 고현준 기자. 2020. 8. 30)

"당시 16세라도 조천중학원에는 청년단원이 많았지요. 48년 여름쯤이었죠. '등용장'이라고 해서 산에서 올라오라면 올라가는 거죠. 산에 가니까 선배들이 어리다고 하여 험한 일은 시키지 않았어요. 48년 말쯤 어느 날 우리 중학교 이덕구 선생이 우리 있는 곳을 왔어요. 연락병 하나 데리고 우리 책임자와 이야기하면서 걸어갔지요. 나는 서기 일을 보니까 문장으로 받아 적으며 따라다녔지요. 나를 쳐다보던 이덕구 선생이 말을 걸었습니다. '어이, 넌 뭐 하러 이런 데 왔냐?' 나는 단번에 말뜻을 알아듣고 눈물이 핑 났지요. 그 선생도 일본에 자주 갔었던 사람이라, 내가 일본에서 왔다고 하고, 조선말이 서툴러서 놀림도 받으며 살았고, (선생님 고향) 신촌에도 놀러 갔다고 했지요. '집에서 가만히 앉아서 공부나 하지' 했던 이덕구 선생의 말이 기억납니다. 그리고 얼마 후 이덕구 부대가 남원(의귀리) 전투에 나갔다가 연락병만 데리고 간신히 빠져나왔지요. 남원 전투는 군인에게 포위당하여 희생도 많았고 섬멸당할 뻔했다는 것을 나중에 알았지요."

(김민주, 1932년생. 「4·3과 역사」 4호. 제주4·3연구소. 2004.)

조천 검정표지석 초록표지판

한강범

대학 시절 함덕상고 교육실습생이었다
조천길 신흥길 한 달 내내 걸어다녔다
학교 뒤편 조천읍 충혼묘지 당당히 늠름했다
현충일 추모행사 어색한 넥타이 매고 참석한다
묵직한 돌빛 붉은 비석글에 시선이 집중된다
1949년 장교와 병사 23명이 무장대와 교전 중 전사한다
북촌 일주도로 꿩동산에서 장렬히 산화한 호국영령들이다

현충일 마치고 조천길로 한참 걸어간다
만세동산 지나 옛 동방극장은 쉼팡이 된다
걸음 쉬던 친구가 속삭이듯 말한다
옛날에 동방극장 짓던 목수가 정신이 이상해졌대
밤마다 꿈에 귀신이 나와 무당 불러 굿을 했대

동방극장터 넓은 밭이 사형장 총살터였다
소년시절 여기저기 귀신 나온다 소문이 풍성했다
함덕이든 조천이든 제주시든 온통 귀신이야기였다
내 팔 내놔라 내 다리 내놔라
처녀귀신 나온다 몽달귀신 나온다
4·3 아는 만큼 보인다
학살 아는 만큼 무섭다

조천지서 건너 죄 없는 양민 100명이 즉결총살된다

학생도 선생도 어디로 사라진 조천중학원 밭터
억울한 귀신 나온다는 학살터 동방극장 밭터
극장 건물이 흉물로 남아 있는 조천 일주도로에는
도로 양편 두 건물에 경찰과 학생이 마주보고 있었다

현 조천파출소 앞 검정표지석은 경찰의 4·3을 말한다
옛 조천중학원 앞 초록표지판은 학생의 4·3을 말한다
4·3은 누구의 소유물도 집단의 점유물도 아니다
4·3은 죽은자와 죽인자가 따로 있는 것이 아니다
4·3은 지배자 역사도 피지배자 역사도 아니다
4·3은 우리 모두 제주인의 당당한 역사다

화북의 비극, 학교수용소 13세 소녀와 별도봉 곤을동 마을

"새벽에 소리가 나서 나가보니, 어머니가 마당에서 막 울고 있는 거야. 왜 우냐고 했더니, 새벽에 산사람들이 내려와서 '우리는 이렇게 싸우는데 너만 따뜻한 방에서 배부르게 잘 사느냐'며 오빠(김호근, 당시 20세)를 데리고 산으로 갔다는 거라. 아버지도 울고 만삭의 올케언니는 소리 내어 울지도 못했어."

(김인근, 여. 오마이뉴스. 2021.2.22.)

"세 살 늦게 출생신고 해서 열세 살에 화북초등학교 3학년이었다. 학교 마치면 마루에 가방 던져놓고 놀러 다녔다. 산수 문제를 틀려 오빠에게 꿀밤을 맞을 때면, 보란 듯이 꼭 대학까지 가리라는 생각을 했다.…… 새벽에 마을 대한청년단 일을 마치고 돌아와 잠자던 오빠를 산사람들이 잡아갔다. 금방 오겠지 하고 기다리는데, 며칠 후 경찰과 군인, 민간인 몇 명이 집에 쳐들어와 '산으로 도망간 오빠를 내놓으라'고 하다 아버지를 먼저 끌고 갔다. 몇 시간 후 어머니, 만삭의 올케언

화북 곤을동

곤을동 안드렁물

니, 4세, 2세 조카와 언니, 나까지 모두 줄줄이 화북국민학교로 끌려 갔다. 4학년 교실 바닥에 쓰러져 있는 아버지는 눈알이 튀어나올 정도로 맞아서 이미 피범벅이었다. 창고로 끌려가서, "오빠 어딨냐, 오빠 친구 이름과 집 위치가 어디냐, 빨리 말해라, 빨갱이 새끼라서 말을 안한다"라며 한참을 맞았다. 만삭의 올케언니는 진통이 왔는지 다리 사이로 빨간 피가 흐르던 모습, 교실 창문 밖으로 검은 천으로 눈을 가린 채 사람들이 굴비처럼 엮여 끌려가던 모습이 아직도 눈에 선하다. …… 여기저기서 잡혀서 끌려온 사람들이 탄 3대의 트럭이 학교 앞에 와 있었다.(1949. 1. 9.) 트럭에 올라타면서 직감적으로 죽을 줄 알고 내려 도망가다가 잡혔는데 어떤 군인 때문에 구사일생으로 집에 돌아와 울다 지쳐서 잠들다 깼다. 문 앞에 피로 뒤엉킨 어머니가 서 있더라. 귀신인 줄 알았다. 총살터에서 겨우 살아 돌아왔는데, 몸 곳곳에 총알 자국이 일곱 군데였다. 다행히 급소는 피했는지, 턱이 부서지고, 손가락 뼈가 잘려 너덜거렸다. …… 이웃의 조언대로 소고기포를 얇게 떠서 어머니 턱 상처에 뿌였고 시간이 지나자 차츰 낳으셨다. 이웃들은 폭도의 집으로 낙인찍힌 우리 집이라서, 낮에는 사람 눈이 무서워 밤에만 몰래 음식과 쪽지를 남기고 가셨다. '인근아, 나오지 말고, 울지 말라, 어멍 말 잘 들으멍 살암시민 살아진다' 쪽지 글을 부여잡고 견뎠다."

(김인근, 경향신문. 박미라 기자. 2020. 4. 1.)

증언자의 오빠는 1949년 봄 '내려오면 살려준다'는 말을 믿고 하산하여 제주항 옆 주정공장 창고 수용소에서 조사받고 7월 군사재판에서 무기징역을 받고 마포형무소로 이송되어 편지 한 통 온 후로 행방불명된다.

"여기 곤을동이 왜 곤을동이냐 하면, 물이 흘러내려오다 이곳에서 물이 고였다고 해서 곤을동이야. 여기 곤을동 청년들이 옆에 화북이나 삼양 청년보다 좀 셌어. 단결도 더 잘하고 그랬지. … 함덕으로 가던 군인 차량이 화북 일주도로에서 습격을 받은 모양이야. 교전 중에 몇 사람이 곤을동 쪽으로 도망갔다는 거야. 그래서 이 곤을동을 아주 싹 쓸어버렸어."

(강광보. 화북. 〈기억의 질감〉 탁본에 남긴 잔혹한 기억 ⑪. 도다샤. 2020.)

"주민들은 농사를 주로 했으며 바다를 끼고 있어 어업도 겸하는 43호가 소박하고 평화롭게 살았다. 1949년 1월 4일 아침 9시경 군작전으로 선량한 양민 24명이 희생되고 온 마을이 방화로 전소되는 불행을 겪는다. 이 어찌 억울한 일이 아니겠는가. 초가집 굴묵 연기와 멜 후리는 소리는 간데없고 억울한 망자의 원혼만 구천을 떠도는구나! 별도봉을 휘감아 도는 바닷바람 소리가 죽은 자에게는 안식을, 산 자에게는 평화의 소중함을 일깨워준다."

(곤을동 표지석 중에서. 2003. 4. 3.)

마을에 불을 붙이면서 주민들을 밖으로 나오게 하여 바닷가에서 10여 명을 총으로 처형하고 나머지 10여 명도 화북지서로 끌고 가 하룻밤을 조사한 후 다음 날 화북리 연대 밑, 모살불 해안에서 총살해버렸다. 바닷가 해안마을 중 불에 타고, 잃어버린 마을이 된 곳은 곤을동이 유일하다.

애기 업은 돌

별도봉 애기 업은 돌

한강범

제주 4월 어느 봄날
휘어감도는 별도천 따라 화북 바닷길이다
샛노란 유채 꽃길 흠뻑 눈부셔 파란 바다로 이어진다
잃어버린 마을 사라져버린 마을 곤을동이다
옹기종기 집울타리 올레 돌담 말방앗돌 또렷하다
하얀 벚꽃 잔치가 한창인 별도봉 자락을 걸었다
벚꽃길 드문드문 핀 붉은 동백이 수줍어 숨는다
별도봉 바다 수직절벽 아래 곤을동 용천수다
먹는 물 나물 씻는 물 빨래하는 물 3단 안드렁물이다
별도봉 오르며 절벽 꼭대기에 자살터가 떠올랐다

양지바른 오름 남녘 넓은 들판은 공동묘지였다
으슥한 4·3 총살터 증거인멸 안성맞춤 별도봉이었다
사라봉 이어진 별도봉 북녘 가파른 바다 벼랑이었다
죽임과 죽음에 익숙한 별도봉은 유명한 자살터였다
10대 소년이 목격한 흰색 나무판 까만 글자였다
초라하게 어설픈 자살예방 두 줄 문구가 섬뜩했다
다시 한번 생각해 보자
제주경찰서장

언젠가 사라진 나무판 자리에 애기 업은 바위가 아름답다
자살터 자리에서 방문객들이 활짝 미소로 사진 찍는다
풍광 뽐내는 절벽바위 돌바위를 누가 명명(命名)했을까

별도봉 자살터 '애기 업은 돌'
산지항에서 떠나버린 남정네를 기다리는 망부석인가
이제나 저제나 돌아올까 행방불명자 기다리는 망부석인가
살아남으려 4·3 밀항한 가족이 그리운 눈물의 모녀상인가
살아남았던 어머니와 아이가 자살터 찾아온 슬픈 모녀상인가
다시 한번 생각해 보자
제주 4·3

3부

유명·무명인물 가족사와 인간사 스토리텔링

"이 섬 출신이거든 아무라도 붙잡고 물어보라! 필시 그의 가족 중에 누구 한 사람, 아니면 적어도 사촌까지 중에 누구 한 사람이 그 북새통에 죽었다고 말하리라."

(현기영 「순이삼촌」 중에서)

고문 이겨낸 가족사와
산사람 이별 사연

"16살에 낮에 집에 있는데, 어떤 남자가 우리 어머니를 만나러 왔다는 거야. 누구냐 물었더니, '일본 살다가 해방되어 고향에 돌아왔다.' 그러고 돌아갔는데, 그날 밤에 중신이 들어온 거야. 우리 어머니와 그쪽 어른들 하고 이야기가 벌써부터 오갔던 모양이라. 동수동 마을에서 결혼하고 3년 동안 애가 없다가 사태 직전에 딸 홍○○를 낳았지. 내가 19살에 4·3이 터지고 그 이후 이별이었어. …… 사태가 터지자, 낮에 밭일하다 밤이 되면 동수동 사람들이 신촌사람 이덕구 대장 연설 들으러 와흘로 많이 올라갔어. 나도 어린 물애기 업고 따라갔지. 이덕구는 대학 나오고 연설을 우렁차게 참 잘했어. 이덕구 뒤에 몇 사람이 서 있었는데, 그 사람이 이덕구 뒤에 서 있는 걸 봤어. 연설이 끝나자 우르르 사라져버렸어. 몇 달쯤 지나서 육지에서 응원대가 들어오고 나서 어른이고 아이고 할 것 없이 많이 잡혀가고 소식도 없이 죽어갈 때야. 나도 도피자 가족이라고 하면서 잡혀갈 순간에, 우리 어머니가 쫓아와 갑자기 애기를 등에 업혀주면서 순경들에게 뭐라고 사정하는 것 같았어. 신촌 공회당인가 붙들려가서 3일 동안 매를 맞았어. 그때 특공대장 양○○가 안에서 몽둥이질하다 나를 옆밭에 데리고 나와 또, '서방 내놓으라. 산에 오른 놈이다. 도피자 가족이다' 하면서 몽둥이가 부러질 때까지 맞았어. 당시 나는 20살 나이에 덩치가 좋았고 맷집이 좋아서 끝까지, '나는 모르쿠다. 모르쿠다.' 끝까지 모른다고 버티었지. 어머니가 시킨 대로, 갓난 물애기만 키우다 보니 아무것도 모른다고 했어. 나중에는 때리는 사람이고, 맞는 사람이고, 매에 지칠 때쯤 공회당 안에 들어가 우는 애기에게 젖을 물렸어. 물애기가 시끄럽게 자꾸 밤낮으로 울어서 그런지 3일 만에 풀려났어."

(우정희, 1929년생. 신촌 동수동. 1993년 증언.)

"와흘리 윗동네 궤뜨르(고평동)에는 4·3초기에 이덕구 부대가 강씨 할망집에 모여서 회의도 하고 밤에는 사람들을 모아놓고 이덕구가 연설도 했어."

(이○○. 「4·3 장정」. 제주4·3연구소. 1990.)

화자인 우정희 님은 북촌에서 태어나 어릴 때 어머니 손 잡고 신촌 동수동으로 이사 와서 모녀 둘이 살아갔다. 신촌 바닷가마을에 언니가 살고 있어서 동수동(4·3 당시 신촌 해안마을과 1km 정도 떨어진 윗동네, 중산간마을로 포함시켜 해안마을 강제 이주-소개령 적용 마을)이 불에 다 타버리자 신촌 바닷가 언니 집에서 안전하게 목숨을 살렸다.

동수동 주민들의 말에 따르면, 동수동에서 4명 이상이 죽고 30호 마을이 불에 타버렸다고 했다. 바른대로 말하면 풀어주겠다는 경찰의 약속을 믿고, 매에 무서운 사람들이 솔직히 말해 버렸다고 했다. '보리 한 사발과 돈 2원을 산에 줬다'는 사람은 총살당했다. 또 어떤 사람은 누가 신원보증을 서주면 살아난 사람도 있었다. 그때 업혀 있던 딸의 증언이다.

"나는 두 번 죽을 건데 두 번씩이나 살아났어. 난 목숨이 질겨서 오래 살 거라고 우리 외할머니가 살아생전 말을 자주 했어. 한 번은 어머니가 잡혀갈 때, 할머니가 시킨 대로 우리 어머니가 애기(당시 9개월) 업은 채 조사받는 바람에 매만 실컷 맞고 석방됐었다고 들었어. 하마터면 모녀가 다 잡혀가서 죽을 뻔했어. 두 번째는, 동수동 사람들이 낮에는 와흘 올라가 굴속에 숨어 산 적이 있었는데, 혹시 물애기 울음소리가 굴 밖으로 새어 나가면 다 죽으니까, 동굴에서 안 받아줘서 밖으로 나왔어. 그런데 그날 밤 새벽이 밝아서 굴이 발각되고 다 잡혀갔어. 다행히 어머니와 나만 미리 굴 밖에 나와서 살아남았어. 우리 외할망이 내 목숨이 질기다는 말을 했는데 그 말이 맞아."

시국 상황이 점점 나빠지고 잡혀가는 사람도 많아졌다. 화자가 산에 연설 들으러 마지막으로 갔다 온 후 몇 달쯤 지나서 밤중에 집에 누가 찾아왔다.

"누가 새벽 밤에 창문을 조용히 툭툭 두드리는 거야. 남이 보거나 소리가 들릴까 봐 조심조심하는 거야. 깜짝 놀라서 쳐다보니 그 사람(남편)이 도둑놈처럼 남몰래 뒤를 힐끔힐끔 쳐다보면서 방에 쑤욱 들어

오는 거야. '내가 산에 살아서 머리가 너무 많이 길었네. 머리 좀 깎아
주라.'

그래서 가위를 찾아 컴컴한 밤에 호롱불도 없이 머리 더듬더듬하면
서 이발을 해줬지. 그 후 넉 달 만에 이발하러 왔다 가면서 삼양포구
에서 일본 간다고 했어. 그게 마지막이었어. 그 사람은 일제 때 북해도
탄광에 끌려가서 징용 살다 해방돼서 들어왔는데, 이제 죽을 것 같으
니 다시 일본으로 도망간 거야. 그걸로 끝이야. 20년 동안 소식도 없고
죽었는지 살았는지.... 나중에 세상이 좋아지니까, 20년 만에 나타나서
하는 말이 딸을 보러 잠깐 일본에서 나왔다가 내일 일본으로 다시 간
다는 거야. 집안에 들어오지도 않고 현관 문지방 마루에 잠깐 앉았다
가 그냥 갔어. 아마 우리 둘 다 각각 재혼하고 남남이 되어 서먹서먹했
던 거야. 그렇게 지금 한 20년이 또다시 흘렀나. 그냥 끝이야. 이젠 아
무 생각도 없어."

마음속은 모르겠으나 애써 덤덤하게 사연을 털어놓는 듯 보였다.
이야기의 마무리를 한 후 밤이 깊었다면서 자리에서 일어섰다. 향년 83
세의 화자는 동수동마을에서 평생 밭일만 열심히 하다가 퇴행성 무릎
관절염과 골다공증으로 휠체어를 탔다. 6년 넘게 요양원 생활을 하던
중 노환으로 운명했다.

삼형제의
갈등

"국민학교 교원 등에 체형 6개월 구형. 김영호 주심 판사-포고령 제2호
위반.

'피고들의 행위는 군정을 방해하고 사회의 안녕질서를 교란한 것인데,
어떻게 생각하는가'라는 판사의 질문에 대한 피고 김임생(26세, 북국민학교
교원. 제주읍 교원파업 주도)의 진술이다. '나는 그렇다고 믿지 않는다. 우리 교
직원들은 오직 아동교육의 일념으로, 때로는 입고 있는 의복까지 팔아가
면서 도저히 지속할 수 없는 생활을 해온 만큼 전 교원은 피업 분위기가
성숙해 있었고, 동시에 때마침 3·1절 기념사건이 돌발하자, 우리들은 사
회현실을 타파하기 위한 방도로 단행한 것이 금번 파업이었다.'

다른 피고인 등의 진술 요지는 다음과 같다.

'경찰의 청취서(수사보고서)라는 것은 사실무근이다. 고문과 폭력조사가 심
해서 의식불명 상태에 빠진 나머지 제정신에서 이런 자백(청취서)을 한 바
가 없다'라고 대부분 범죄사실을 부인했다. 채용병 검찰관의 각각 6개월
구형 사유는 무허가 집회와 시위로 사회질서를 교란하는 자에 해당한다

는 것이었다. 이에 양홍기 변호사는 검찰관을 압박하며 열변을 토하고 무죄를 주장하여 다시 법정 분위기는 긴장에 휩싸인다. 주심판사는 4월 26일 선고예정일을 발표하고 일단 폐정한다."

(제주신보. 1947. 4. 22.)

당시 이 법정에서 기소자들은 각각 최소 벌금 3천에서 최고 징역 1년 형을 받았다. 이때 한석철(22세. 서귀국민학교 교원. 서귀면국민학교 파업주도)은 징역 6개월 형을 받아 목포형무소로 이송되었다.(수형기록 1947. 4. 28.~10. 30.)

연합뉴스(2023. 1. 18.) 등에 따르면, 제2기 진실 화해를 위한 과거사정리위원회(위원장 김광동)는 태평양미군육군총사령부 포고 제2호(1945. 9. 7.)의 실효성 및 위헌 여부 등을 검토한 결과를 발표하였다. 미육군대장 더글라스 맥아더의 포고령 제2호는 1948년 9월 27일 시행된 일반 사면령(대통령령 제6호)에 근거하여 1948년 8월 15일 정부수립 이전에 포고령 2호를 위반한 자는 사면하고, 이미 기소된 경우에는 면소 판결을 내려야 한다는 것이다. 2021년 6월 광주지방법원 순천지원이, 포고령 제2호의 내용은 적용 범위가 너무 광범위하고 포괄적이어서 죄형법정주의를 위배해 위헌이라고 판시한 점도 그 근거가 된다고 하였다. 따라서 진실화해위원회는 이런 근거를 들어, "법률적용이 잘못된 확정판결에 대해 국가는 형사소송법이 정한 바에 따라 재심 등 피해회복조치를 해야 한다"고 권고하였다.

필자의 숙부이기도 한 한석철은 제주농업학교와 교원양성소 수료

후 서귀국민학교에 근무한다. 인사발령 사항(1946. 11. 20.~1947년 파면)을 추적, 확인하였다. 당시 제주도 최고교육기관이 제주농업학교였다. 부친인 한계선의 제적등본(1877~1936)에 의하면, 3형제가 호적에 올라 있는데, 필자의 아버지 한석종(1907~1962)은 1930년에 농업학교 졸업 후 일제강점기 일본 경찰로 시작하여 해방 후 미군정청 시기에 경찰 경력으로 특별채용된다(1946. 3. 29.). 이후 당시 제주도 경찰서 근무와 조천면 함덕지서장과 성산면 우도지서장(직급경사. 1947. 5. 28.)을 끝으로 의원면직 퇴직하였다(제주도 경찰청 발급, 경력증명서. 2023. 1. 31.).

당시 작은아버지가 1947년 3·1절 기념집회와 경찰 발포 사건에 대한 항의 차원의 3·10 민관총파업에 적극적으로 가담한 교사 주동자 중 한 사람으로 체포, 구속, 재판 중일 때, 아버지는 함덕지서장으로 근무하였다. 당신의 나이보다 19살 어린 친동생이 경찰서에 잡혀 온 소식을 접했을 것이다. 동생은 재판에서 6개월 징역형이 확정되어 목포형무소로 이감될 때까지 최소 한 달 이상을 당시 경찰서 유치장이나 아니면, 구속자가 너무 많을 때 사용되는 경찰서 넓은 유도장 같은 곳에 구속상태였을 것이다.

아버지가 제주시에서 함덕지서로 출퇴근하는데 형제간의 심정이 어땠을까 상상해 본다. 형제간에 얼굴은 제대로 봤을까, 면회는 몇 번이나 했을까, 혹시 신분상의 불이익 때문에 형이 동생을 모른 척하지 않았을까, 동생은 작은형이 다칠까 봐 모른 척하지 않았을까, 걱정하는 가족들 주변에서는 경찰 지서장인 형 덕분에 동생을 구해줄 수도 있었지 않을까 등등. 설마 민족 해방 세상에서 이렇게 목포형무소까지 징역살이 가고, 학교에서도 6개월 만에 쫓겨날 줄은 상상도 못 하지 않았을까.

아버지 3형제 중 맏형인 큰아버지는 소식을 접하고 어떤 심정이었을까. 상당히 안타까워했을 것이다. 사촌의 전언에 따르면, 제주시에 사는 숙부가 백부와 의견이 잘 맞아서 삼양에 왕래가 잦았고, 4·3 발생 전후하여 백부 한석근과 정서적 교감까지 이뤄지는 듯하다 했다. 반면에, 경찰 간부급인 아버지와는 4·3을 둘러싼 견해 차이로 더 멀어졌다고 짐작된다. 아버지의 3형제 사이에 갈등의 씨앗을 뿌리기 시작하는 4·3 시국이 점점 깊어 갔다.

필자의 큰아버지 한석근(1902~1950. 8월)은 대일항전기 때부터 삼양 한 선생으로 불렸고, 나중에 사업도 크게 하고, 아주 활달한 성격이었다고 한다. 그런데 1950년 6·25가 터지고 제주도에도 예비검속 바람이 불 때 경찰에 체포되어 정뜨르비행장에서 총살된 것으로 추정된다.

백부는 유족의 신청에 의하여 2006년 제주 4·3 희생자(행방불명자)로 인정됐다. 봉개동 제주 4·3 평화공원에 봉안소 위패와 행방불명자 묘역에 위령 표지석이 있다. 숙부는 백부와 가깝고 친했지만, 아버지와 백부 사이는 그렇지 못한 듯하다. 숙부 역시 아버지와는 생각이 다른지, 뜻이 다른지 관계가 별로였다고 했다. 백부가 경찰 가족이기 때문에 한라산 무장대가 살해하거나 잡아갈 수도 있었지만, 경찰에 잡혀간 이유가 궁금하여 몇 가지 경우의 수를 상상해 보았다. 경찰 간부인 동생을 둔 입장에서 경찰 가족이기 때문에 신분이 확실해서 예비검속 체포 대상이 아닐 수도 있었다. 그러나 누군가의 제보에 의해서든, 아니면 막냇동생이 사상이 불순한 전과자든, 입산자든 밀항자든 도피자 가족으로 판정하여 경쟁적으로 검거할 때라서 희생될 수도 있다. 또는 잘못된 제보나 해코지 또는 당시 악랄했던 삼양지서의 무차별 연행 대상자 명단에 포함됐기 때문인지 모를 일이다. 한국전쟁 시기에 계엄령이 선포되고 제주도 해병대가 주도하는 예비검속과 총살집행에 대하여 용감한 문형순 성산포 경찰서장 외에는 아무도 감히 나서지 못하는 형국이었을 것이다. 제주 출신 군인이나 경찰도 한라산 산사람들과 똑같이 빨갱이 취급을 하거나 의심을 받았다.

한석근 비석 뒤

아버지 한석종(1907~1962)의 일제강점기 친일경찰경력 10여 년은 일본의 항복선언과 8·15 해방으로 자동 퇴직되는 듯했다. 그런데 해방 후 미군정 시기 짧은 14개월 경찰 경력(경력증명서 1946. 3. 29.~1947. 5. 29.)에 퇴직 사유가 의원면직으로 된 것은 뭔가 석연찮은 부분이 있다. 본인의 희망에 의해서 그 직위에서 물러나는 자진사퇴가 의원면직이었다. 당시는 미군정 산하 제주경찰병력이 태부족하여 친일경찰을 재등용하면서 특별채용 형식으로 충원 보강할 때였다. 더구나 3·1절 기념집회와 3·10 민관총파업 전후하여 엄청난 육지응원경찰과 경찰보조 민간단체인 서북청년단원들을 수백 명씩 계속 증원 파견하고 있었다. 특히 3·10 총파업 당시 경찰관들도 파업 동참의 정도에 따라서 66명 이상이 징계를 받았다(조병옥 미군정 경무부장 발표. 독립신보 등 1947. 4. 2.). 그 당시 강인수 제주경찰청장도 제주 출신 경찰들이 상당수 퇴직하여 150명 정도 모자란 실정이라고 신문에 나올 정도로 경찰 내부의 파업 동참 후유증이 심각하던 시기였다. 경찰서 분위기와 주도권이 육지경찰로 넘어가고 제주 출신 경찰들은 위축되거나, 다 똑같은 제주놈이라고 의심받고 있을 때였다. 육지 지원 경찰과 제주 출신 경찰의 경찰 조직 내 불협화음과 견제도 있었고, 결국 많은 제주 출신 경찰관들이 자의반 타의반 경찰복을 벗었다.

시국사범 동생 때문에 더 이상 경찰직 유지가 부담스러워 희망퇴직을 한 건지, 시국이 너무 시끄러워 경찰직업에 회의를 느껴서인지, 아니면, 제주 출신 경찰들이 3·10 총파업 이후 퇴직할 때 같이 신청한 것인지, 형식상 직권면직이 아닌 희망퇴직이지만, 내용상 권고퇴직, 즉 반강제퇴직인지 부친의 퇴직 사유는 확증할 수 없었다. 다만, 누나들은, 어머니에게 들은 이야기라면서, 숙부 때문에 상부에서 퇴직 압력이 거세지고 더 이상 진급도 어려울 것 같다는 상황에서 고민 끝에 반강제로 권고사직을 선택했다고 강조한다.

결국 아버지는 제주 시내 경찰서에서 멀리 조천면 함덕지서장으로, 더 멀리 떨어진 섬, 성산면 우도지서장으로 발령받아 근무한 지 한 달만에 사퇴한다. 퇴직 당시 숙부는 목포형무소 옥살이 중이었다. 아버지는 몇 년 후 제주도청 공무원으로 특별채용되어 근무하다 다시 몇 년 만에 퇴직했다. 그 후 기나긴 투병생활에 들어갔다.

평소에 똑똑했다는 숙부 한석철(1926~미상)은 2명의 형들보다 20살 이상 나이가 적었다. 젊은 혈기가 왕성한 청년의 앞길은 6개월 동안 목포 감옥 갔다 온 후에도 문제였을 것이다. 해직교사 신분이 된 후 숙부의 행적은 구체적으로 확인할 수 없었다. 목포형무소 석방(1947. 10. 30.) 후 제주로 귀향할 즈음은 시국이 가파르게 단독선거 단독정부 수립 찬반 여론이 형성될 때였다. 미군정청의 탄압과 공안정국은 더욱 심화되고 신분불안의 소용돌이가 여전히 휘몰아치고 있었다. 1947년 연말이 다가올수록 내년에 예상되는 단독선거 반대 투쟁방법에 대한 논의와 무장봉기 필요성 여부가 나오던 시국이었다.

숙부가 결국 언제 어떻게 일본으로 밀항했는지 정확히 확인할 수는 없었다. 4·3을 전후하여 자의 반 타의 반으로 갔다고 추정될 뿐이다. 경찰에서 퇴직한 아버지가 시국의 심각성을 알아채고 동생 목숨이라도 살릴 요량으로 반강제로 밀항선에 태워 보낼 수도 있고, 숙부 스스로 산으로 들어갈까, 일본으로 갈까 고민할 수도 있었을 것이다. 아니면 입산 투쟁 중 하산하여 밀항할 수도 있었을 것이다. 숙부는 20대 초반 밀항 후 살아생전 고향 제주에 돌아오지 못했다. 일본 동경과 오사카에서 친북한 조총련계 언론인으로 유명한 제주사람이 숙부라는 소문이 무성했고, 해외정보기관의 요시찰인물이었다고 한다.

1970년대 어느 날, 필자가 고등학생일 때 일찍 귀가했는데, 어머니가 마당 수돗가 구석에서 남몰래 편지를 읽고 있었다. 내가 뒤에 나타나자 깜짝 놀라며 편지봉투와 편지를 마당 구석에서 불태우기 시작했다. 한 번 더 읽어보고 태우려던 심사였다. 나중에 궁금증이 풀렸다. 증거를 숨기고 없애야 하는 이유는 무슨 비밀편지였기 때문이었다. 일본에서 보내온 숙부의 첫 편지 내용은 이후 누나가 이야기해주었다.

1960년대 후반에 숙부는 귀국 고향 방문에 필요한 서류를 보내달라는 첫 친필편지를 형수(필자의 어머니)에게 보냈다. 어머니는 피해 트라우마 때문인지 일본에 사는 숙부의 편지 자체에 덜컹 겁을 먹었다. 호적등본 등 서류를 보내기는커녕 편지를 불태워버렸다. 필자도 군대 대신 대체복무할 수 있는 전투경찰 모집시험에 1차 합격하고, 2차 신원조회에서 연좌제 때문에 제동이 걸려서 못 갈 뻔했다. 그때 누나가 알아본 결과, 숙부의 행적 때문에 정보기관에서 빨간 줄 표시가 되어 내려왔다는 걸 알게 되었다. 누나가 경찰서에 직접 방문하여 경찰 출신인 아버지 이름을 대면서 겨우 설득하고 사정하여 전투경찰 복무를 무사히 마칠 수 있었다. 당시는 4·3무장봉기 1년 전 3·1절 집회시위와 3·10 민관총파업으로 숙부가 구속됐던 초기 상황의 사람들에게는 분위기가 그렇게 험악하지는 않은 것으로 추정된다.

그런데, 누나의 증언에 따르면, 숙부의 체포현장은 서귀초등학교 교무실 같은 곳이었다고 한다. 형사들이 찾아와 파업참가자 조사 중이었다. 이때 앞장서서 항의하여 말싸움 끝에 경찰은 숙부의 뺨을 때리고 수갑을 채웠다. 교사 대표로 잡혀간 사람이 젊은 청년 한석철이었다고 전했다.

아버지 3형제가 각자 4·3을 겪으면서 각자의 위치에서 아버지와 화합한 흔적은 찾을 수가 없었다. 오히려 3형제 갈등의 원인 제공자로 당시 20대 초반 젊은 삼촌(숙부)을 지목하는 집안 분위기가 쉽게 상상됐다. 필자가 30년 동안 교육노동운동을 하면서 해직되고, 구속되어 감옥에 갔을 때도, 나이 많은 누나들은 내가 하는 짓이 숙부를 딱 닮았다면서 면박을 주고 질책하였다. 우리 집안의 숙부에 대한 정서적 반응을 40년 만에 남동생인 나에게 반복한 것이다. 할아버지는 삼양 한씨로서 당시 제주도의 유명업종인 제주 말총산업, 갓, 망건. 양태 등 수공업 제품생산을 하여 육지는 물론 중국 시장까지 진출했다. 일제강점기부터 엄청난 부를 축적한 할아버지(1877~1936)는 막대한 재산을 3형제에 남기고 50대 후반 나이로 사망했다.

조부 사망(1936년) 이후, 아버지와 큰아버지 두 형제는 재산 상속 문제와 어린 숙부에 대한 견해 차이로 형제간의 관계가 좋지 않았다. 백부(1902~1950)의 예비검속자 행방불명 이후 아버지(1907~1962)가 제주시에서 더욱 일방적인 주도권을 잡고 삼양 큰집을 무시하는 행태를 보였으며, 아버지 사망 후 어머니(1921~1978)도 아버지의 행보를 답습한 것으로 보였다. 아버지 3형제가 회오리바람 부는 4·3 시국과 형제 갈등 때문에 뿔뿔이 흩어졌던 것처럼, 그 2세와 3세까지 서로 모른 사람처럼 교류도 없이 흩어져 살고 있다. 한 할아버지 밑에 나온 자손이지만 세사도, 벌초도 따로 한다. 아버지 3형제의 행적과 갈등은 제주 4·3 시국을 관통하면서 집안 갈등과 사별, 이별 등 누구나 겪었던 평범한 제주사람들의 이야기일 수도 있다.

필자의 가족사를 사례로 든 만큼 제주의 4·3은 가족 간, 이웃 간, 지역 간에 희생과 갈등의 원인을 제공하는 역사적 씨앗으로 여전히 자라나고 있는 현재진행형이다.

가파도 독립지사 이경선의 삶과
아버지 이도일과 이도백

　　요즘은 청보리축제로 유명한 가파도지만, 조선 중기부터 국영목장
지정으로 유인도가 되어 1840년대부터 마을이 생겼다. 대한민국 제일
키 작은 섬(유인도), 최고 높은 지역이 해발 20m, 약 300명 정도의 제주도
작은 부속섬이다. 그리고 일제강점기 1920년대부터 대정지서 경찰의 감
시를 받는 항일운동 중심의 섬이었다.

　　가파도는 문맹 퇴치와 농촌계몽운동을 위한 민족교육기관 신유의
숙(1921년. 가파초등학교 전신)을 창설한 김성숙 항일운동가와 김한정, 김태
능, 이도일 등 민족주의 청년운동가, 최초의 여의사 고수선. 제주 최초
의 여약사 이경선의 고향이다. 창설자 초대 숙장 김성숙(1896~1979)은 항
일운동으로 감옥살이 후 귀향하여 서당에 익숙한 마을 어른들을 만나
고 설득하며, 쟁쟁한 제주도 항일운동가 중심의 교사 초빙, 오대진, 송
종현, 김한정, 이신호, 강문석, 문달진, 강창거 등의 초빙으로 민족 교육
과 신식 서양 교육, 계몽교육을 실시하여 유명해졌고 서귀포에서도 유
학을 올 정도였다.

이도일(1897~1971)은 일제강점기 모슬포 청년회 활동과 항일운동을 하며, 1930년대 이후에 6년제 신유의숙(가파초등학교 전신) 숙장과 해방 직후 1946년 대정중학교 초대 교장으로서 교육운동에도 적극적으로 참여했다. 해방공간에서 제주도 인민위원회가 발전적 해체하면서 조직된 민전(민주주의 민족전선) 대정면 의장으로 활약하는 동시에 장사와 회사 운영 능력이 탁월한 민족주의 사업가로서 좌우를 떠나 폭넓은 인맥을 유지했다. 그러나 그 역시 4·3을 전후한 시국의 회오리바람을 벗어날 수 없었다. 외동딸 이경선 교사의 3·1절 집회 연설과 3·10민관총파업에 적극적인 참여가 문제가 되었다. 당시 딸을 포함한 대정중 교원의 파업 참가 때문에 교장 이도일은 반강제 사퇴를 당해 4개월의 짧은 교장재직기간(1946. 11. 30.~ 1947. 3. 31.)이 끝났다.

딸은 수배를 당하다 결국 체포 연행되었다. 특히 어린 외동딸 이경선의 서울 동덕여자고등보통학교 유학 시절 두 차례 항일운동 옥살이를 지켜봐야 했던 아버지의 걱정이 되살아나는 일이 계속되었다. 급기야는 이경선 교사가 교직에서 쫓겨나서 일본 밀항선과 이후 북송선을 타는 모습을 지켜봐야 했다.

또한 손이 귀한 집안의 2대 독자 이도일은 사촌 동생 이도백(1909년생)을 유일한 친동생처럼 아끼고 살아왔다. 하지만 이도백은 4·3을 전후하여 당시 서귀면 인민위원회 위원장과 남로당 서귀면 핵심활동가로 경찰의 탄압과 감시 속에 6년 이상 수배, 토굴생활, 은신생활 중 발각 후 징역살이를 했다.

이경선의 명연설은 1947년 3·1절 기념집회 당시, 대정초등학교 운동장에 모인 5,000명 이상의 대규모 참석자들에게 박수와 환호를 받았다.

대정면 사상 유례없는 엄청난 인파와 민족 해방 분위기였다. 고향 가파도에서 배를 타고 온 100여 명 이상의 섬사람들도 참석했다. 아버지 이도일 대정중 교장도 연설을 끝내고 딸의 등장을 지켜봤을 것이다. 33세 대정중학교 교사의 당당한 기세와 목소리에서 나오는 연설내용은 수천 명의 청중을 사로잡기에 충분했다고 전해진다.

"이경선은 물리, 화학을 가르쳤어. 해방 직후 서울서 만난 적이 있는데, 1946년 하반기쯤 마을에 들어왔지. 경선이를 마침 만났는데, 약전(약학전문학교)을 나왔으니 화학은 물론 물리학도 공부했다는 거야. 경선이는 과학 선생을 하고, 경선이 남편은 음악 선생을 했지. 남편이 일본서 무슨 연희 연극하는 대학 다녔대. 시나리오 대본 같은 것도 자주 썼지. 결점이 술을 많이 먹는 건데 음주 후 실수해서 주의를 받기도 했어. 경선이는 이도일 교장 딸인데, 여자가 보통고등학교만 나와도 큰 건데 전문학교를 나왔으니 훌륭한 여성 인텔리지. 경선이는 얘기를 잘하고 연단에 서면, 어떤 분들은 김명시 장군보다 더 연설을 잘한다고 했어."

(이운방. 1910년생. 「4·3 장정」. 제주4·3연구소. 1990.)

"오랜만에 여러 면민들을 한자리에서 이렇게 만날 수 있어 무척 기쁘게 생각합니다. 우리 삼천만 민족이 갈망하는 우리나라의 독립을 맞이하여 이런 자리를 가질 수 있음에 기쁨을 금치 못합니다. … 경찰 여러분도 우리 조선사람입니다. 군인들도 우리 조선사람입니다. 다 같은 조선사람인데 왜 서로를 잡아가고 그럽니까. 우리나라의 자주독립을 위해서는 군인이나 경찰은 정치에 관여하지 마십시오.…"

여교사 이경선의 연설 일부 내용이다. 덧붙여 '교육 계몽운동과 여성 인권과 남녀평등', '여자도 세대주가 되어야 한다', '재산상속권이 있어야 한다' 등을 주장하여 큰 박수와 호응을 받았다. 이경선은 가파도에서 어린 시절을 보내고 대정초등학교에서 대정면 청년회 산하 소년샛별단에서 활동하면서 졸업 후 서울 동덕여자고등보통학교에 재학 중 항일운동 차원의 동맹휴업과 독서회 조직 활동으로 경찰에 연행되었다. 졸업 후 조선직물 공장에 취업하여 생존권 투쟁과 파업을 주도하고 이 때문에 1934년 징역 1년 6월 형을 받았다. 석방 후 아버지 이도일의 권유로 일본 유학을 가서 고베시 나카노 약학전문학교 재학 중 비밀모임 조직 활동과 노동운동으로 다시 치안유지법 위반으로 1년 6개월 옥살이 후에도 끝까지 공부하여 약사 자격증을 땄다. 이후 귀국해 서울에서 청년운동을 하다 해방 후 대정면 가파도로 귀향하여 모슬포에서 활동했다.

이도일의 유일한 외동아들 3대 독자 이경암(1945~생존)의 면담 내용(2022. 8. 21.)을 요약하면 다음과 같다.

"아직도 고향 모슬포에 벌초하러 가면, 누님(이경선)이 명연설을 잘한다고 듣습니다. 당시 1947년 3월 1일, 우리 아버지가 현장에서 연설을 들으면서 무슨 생각을 했을까요. 해방세상 좋은 세상이 왔지만, 누나가 박수 받고 인기가 좋았지만, 자랑스러웠지만, 맘속으로는 일제 시대에 두 번씩이나 감옥살이를 한 딸의 언행을 걱정하지 않았을까요. ……내가 중3 때인 1960년대 초반 아버지 얼굴을 처음 봤는데, 4·3을 피해 일본생활하다 시국이 안정되어 귀향하자마자, 군 방첩대에 끌려가 1주일 조사받고 각서(앞으로 좌익활동 안 하겠다) 쓰고 석방됐어요. '너가 경암이냐. 많이 컸네' 말씀하시던 아버지 얼굴이 아직도 생생해요. … 한번은 친동생 같은 이도백 사촌 동생이 아버지를 대신하여 사업차 청진에 갔었대요. 그런데 일이 잘 안 풀려 배까지 저당 잡히고 손해만 보고 맨몸으로 돌아온 적이 있었대요. 아버진 형제가 없어서 사촌 동생 이도백을 챙기고 친동생처럼 서로 형제애가 대단했지요. …… 한번은 내가 어릴 때. 8살쯤 됐나, 서귀포 이도백 집에 갔는데, 할머니가 닭을 삶아서 우리에게 조금만 주고, 나머지 몸통은 대바구니 차롱에 담아서 높이 걸어 놓았어요. 왜 그러지? 아쉬웠지만 자고 일어나 아침에 통닭 생각나서 쳐다보니 신기하게 없어졌어요. 할머니는 고양이가 물어 갔다고 했지요. 나중에 성장해서야 궁금증이 풀렸지요."

할머니는 밤마다 남몰래 아들의 밥과 음식을 챙겨 토굴에 배달하고 있었다. 그 닭은 고양이가 물어간 것이 아니라, 아들에게 몰래 가져 갔던 것이다. 이도백은 벽돌집 근처에 땅굴지하실을 만들어 비밀아지트처럼 사용했다. 4·3 이후 수배자 토굴생활을 하면서 비밀출입구까지 만들어 놓았다. 살아남은 어머니와 비밀히 소통하면서 정미소 운영하는데 지장이 없을 정도였다고 했다. 1954년 3월 15일, 밤중에 소변을 보려고 몰래 나왔다가 오랜 지하생활로 더욱 하얀 얼굴과 벗겨진 머리가 달밤에 빛나서 멀리서 알아보고 잡혔다고 했다.

이도백은 사상가였지만, 4·3 무력투쟁에는 조몽구처럼 반대했던 것으로 알려져 있었다. 그의 사촌 동생 한 명과 같이 재판받는 법정 모습을 증언했다.

> "형은 재판정에서 '너는 왜 7년간이나 토굴에 살았느냐'고 판사가 묻
> 자, '그러면 내가 북쪽을 지지하겠느냐, 그렇다고 이승만 정부를 지지
> 하겠느냐, 나는 산 쪽을 편들 수도, 정부를 편들 수도 없으니 숨어 살
> 았다'라고 말했지요. 제주에서 사형이 구형됐으나 광주에서는 1년인가
> 2년인가 선고됐지요. 형은 출옥 후 부산에 살다 일본에서 작고했습니
> 다."

(『4·3은 말한다』 5. 제민일보 취재반. 1998.)

한편, 이도백의 토굴은 일제강점기 일본 경찰에 쫓기던 항일운동
지도자 강창보의 은신처 역할도 했었다. 당시 일본으로 가는 서귀포항
화물선 짐짝 속에 강창보를 숨겨서 무사히 탈출시킨 화물선의 화주가
이도백이었다. 이도백의 잠적 은신생활 때문에 도피자가족으로 몰려 그
의 아버지, 아내, 큰아들, 친동생, 사촌 동생들까지 희생됐다. 이도백은
징역을 살고 나와서 사촌 형 이도일이 먼저 가 있는 일본으로 건너가 사
회활동을 하다 병사한다. 그 후 막내아들이 성장하여 일본 북해도 대학
교수가 되어 아버지에 대한 〈이도백 평전〉을 출간했다.

이경선은 4·3 발발을 전후하여 수배생활 중 체포되어 고문수사를
받고 있었다. 특히 행방을 감춘 김달삼(본명 이승진)과 같은 대정중학교 교
사라는 이유와 1947년 3·10 총파업 교원파업 관련 준비문건에 이름이
나온 것도 드러나면서 고문이 더욱 심해졌다고 했다. 대정지서에 감금

되어 조사받다가 서귀포경찰서로 이송되기 직전, 수소문 끝에 아버지가 지서 옆 서청사무실에서 취조받는 딸을 찾아내고 대정지서 경찰과 담판했다. "김달삼 행적은 내가 잘 안다. 우리 딸은 아무것도 모른다. 아직 젖먹이 엄마다. 내가 책임지겠다. 시간을 조금만 달라"라고 하며 시간을 벌어놓았다. 그리고 즉시, 서귀포경찰서에 아는 인맥을 통하여 모종의 협상을 벌였다. 결국 이경선은 대정지서에서 서귀포경찰서 호송 중에 도망간 것으로 정리되었다. 아버지는 서둘러 딸과 어린 손자(1946년생)를 등에 업히고 일본 밀항선에 태워 보내 위기를 벗어나게 했다.

1948년 4·3 발발 즈음하여 이도일도 사태의 심각성을 인지하고 주변을 정리한 후 일본 밀항선에 몸을 실었다. 곤혹스러운 처지에 빠진 이경선의 남편은 실직 상태에서 홀로 남아 모슬포와 가파도를 왕래하며 글쓰기와 술에 의지하며 세월을 보내다 홀로 어렵사리 밀항선을 탔다. 결국 일본 밀항자 가족이 된 것이다.

이도백도 감옥살이 후 살아남기 위해 밀항선을 타고 대한해협을 건너야 했다. 일본 오사카에서 이도일 가족들과 상봉하고 밀항자 생활을 가장 오래 했다. 어린 아들을 키우는 이경선은 오사카 임대건물에서 약국을 운영하며 힘겹게 정착하려고 애썼다. 나중에 남편과 상봉했지만 술에 의지하는 남편은 길거리를 방황하며 상황은 점점 악화되었다. 결국 환자 수용소 출입 생활을 반복하다 폐인처럼 병사했다. 이경선은 남편의 장례식을 다 치른 후 고민에 빠졌다. 아버지와 일본에서 합류는 했지만, 앞으로 어린 아들과 함께 살아갈 걱정이 태산 같았다. 결국 고향에 돌아갈 수도 없어서 북송선 만경봉호를 탔지만 북한 생활에 적응하

제주항일독립운동가 발굴서훈추천위원회에서 대정중을 방문하여
이경선 지사의 건국훈장 수상소식을 알리고 거리현수막 게시물 내용을 확인하는 방문 사진.
운영위원장 이용중, 발굴위원장 고영철, 발굴위원 한강범 방문. 2021

지 못하고 고생하다 사망한 것으로 추정된다.

이도일의 아들 이경암(2022년 증언 당시 79세)은 못다 한 아버지 이야기, 이경선과 김달삼의 일화를 전해주며 끝으로 필자와 면담을 마쳤다. 그는 지금 경기도 파주시 15평 임대아파트에서 국민기초생활수급자로 어렵게 살아가고 있다.

"아버지는 사업가 능력이 뛰어나 대정 전분공장. 한림주정공장. 주류판매업 대표 등 재력가로 소문이 났지만, 지금의 나는 사업도 실패하고 아무것도 없어요. … 대정중학교 교사 시절 누님(이경선)은 이승진(후에 4·3무장대 초대 사령관 김달삼)을 보면 같은 교사지만, 모슬포 동네의 어린 동생 취급을 했나 봐요. 나이도 열 살쯤 어리지, 항일운동 선배지, 이승진이 일본에서 대학 다녔던 학도병 장교 출신이지만, 여장부 같은 누님에게 대들지 못했나 봐요. 이승진은 대정골에서 낮에는 역사 선생이지만, 밤에는 그 죽창부대 이끌고 밤마다 왓샤 왓샤 구호 외치는 왓샤부대 대장 노릇을 했대요. 어쩌다 누님을 마주치면 왓샤부대가 알아보고 도망간대요. 한번은 학교에 출근한 이승진을 불러다가 혼을 냈대요.

'밤늦게 구호 외치면서 동네를 돌아다니는 것은 폭력행위다. 큰일 난다. 계속 그럴 거면 학교 그만두고 해라.' 결국 이승진은 학교를 그만두겠다고 했대요. 이승진과 면담을 한 이도일 교장은 본인의 뜻을 확인하고 이승진 교사에게 돈을 주면서 보냈대요. 이승진은 그 후 제주시 칠성로로 가서 청년동맹 만든다고 열심히 다녔대요."

한라산 최후의 산사람,
오원권과 한순애의 삶 상상하기

"제주경찰서 사찰특수유격대가 4명 추격 끝에 재산 잔비 한순애(여, 23
세. 조천면 와산리 출신)가 21일 상오 11시경 제주시 월평동 견월악 지경에서
생포되었다. 한라산에는 1956년 4월 잔비 정권수를 사살한 후 1명의 여
비를 포함한 4명의 공비가 남아 있었다. 도주하는 4명 중 제일 뒤떨어진
한순애를 생포하고 소지하고 있던 배낭을 노획하였다. 배낭은 무명지 감
물을 들인 것으로 단단하게 만들어졌다. 그 속에는 소형 식기 1개와 모
포 1매, 백미, 보리쌀이 4승가량 있었다. 1951년 5월 6일(17세)에 산에서 고
사리를 캐다 공비에게 납치되어 산중생활을 하면서 중산간부락에 침입,
식량, 의류 등을 약탈하며 생명을 이어왔다. 21일 시내로 들어온 그는 6
년 10개월이란 기나긴 세월을 두고 그늘진 산중생활을 했음에도 불구하
고 매우 건강체로 보였다. 그리고 머리는 길어 있었고, 의복 등으로 보아
얼핏 재산 생활을 이어온 공비로 알아보기 힘들 만큼 말쑥하게 차리고
있었다. 경찰에서는 나머지 3명과 추격전을 계속 중이고, 잔비의 이름은
다음과 같다. △김성규(중문면 색달리, 37세) △오원권(구좌면 송당리, 39세) △변

창희(제주시 이호동, 23세)"

(제주신보.1957. 3. 23.)

"한순애는 최근의 재산 잔비 동향과 생활 과정을 다음과 같이 말하고 있다. 근거지는 일정한 곳이 없으며 깊은 밀림 속에 나무 기둥을 세워 모포로 사방을 가려 주거와 식사를 해결했다. 식량은 추수철에 밭과 민가에서 곡식을 약탈하고, 곳곳에 은닉 비축해 두었다. 때때로 하산하여 방목하는 우마 등 가축을 포살, 반찬 삼아 육식을 하며 산열매도 따 먹으며 지냈다. 이번 자신이 잡힐 때도 체마 차 하산한 것이다. 거처는 1개 장소에 장기간 있지 않고 약 10일 전후로 옮긴다. 김성규를 주동으로 간혹 교육도 받으나 조직력은 파괴되어 있다. 과거 인원이 많을 때에는 김성규가 소위 사령관으로 모든 것을 지휘했다. 인원이 4명으로 줄어들자 가족적인 분위기 속에서 모든 일을 합의했다. 밀림 생활 중 가끔 김성규로부터 교육과 한글공부를 받으며 일기도 적었다. 김성규는 위장병 때문에 몹시 쇠약해져, 몇 해 생명을 잇지 못할 정도. 오원권과 변창희는 작년 4월 정권수가 사살당할 때 총상을 입었으나 이제 완치되어 건강한데 귀순할 의향은 없는 것 같다. 하산하면 죽인다는 생각이 확고하기 때문이다. 자신은 입산 당시(17세) 일자무식이었는데, 지금은 국민학교 3학년 수준의 한글을 산에서 배워서 알고 있다. 한편 경찰당국은 한을 생포한 날밤, 와산에 사는 언니와 오빠 그리고 남동생을 데려다 면접시켰다. 한은 특히 남동생을 붙들고 그리웠다는 듯 이별 후 생활상을 묻고 자기 때문에 고생했다고 동생을 위로했다. 한의 출가한 언니는 만나는 순간 뛰어들어 서로 부둥켜안고 눈물을 흘렸다. 그런데 한은 앞으로 직장을 마련해주면 좋겠다고 경찰에 요망하고 있다."

(제주신보. 1957. 3. 24.)

"지난 21일 식량을 구하려고 제주시 월평동에 내려온 한순애(23)를 생포
한 현지 경찰에서는 한의 진술에 의하여, 27일 오후 5시 50분에 사령관
김성규와 전투대 책임자 변창희 2명을 한라산 산록에서 교전 끝에 사살
하고 나머지 한 명에 대한 체포작전 진행 중에 있다고 한다. 그런데 전 김
치안 국장은 한라산에는 한 명의 공비도 남아 있지 않다고 국회에서 증
언했던 바가 있다."

(조선일보. 1957. 3. 29.)

"토벌전에 종지부 - 9년 만에 평화 찾은 한라산 최후의 잔비 '오(吳)'를 생포

경찰은 송당리 장기동에서 2일 상오 10시, 1명의 잔비 오원권을 마지막
으로 생포했다. 카빈총 1정, 실탄 14발을 노획함으로써 제주도 폭동 사건
의 발단일 4월 3일을 하루 앞두고 만 9년 만에 한라산 잔비 토벌전에 마
침내 종지부를 찍었다. 1948년 이래 부락을 습격하고 살인 방화 약탈 그
리고 양민의 납치 학살을 일삼아 전 도민을 암흑과 불안 속에 몰아넣은
4·3사건의 여진은 이제 완전히 사라졌다. 이번 승전은 성산포경찰서 유
격대에 의하여 장기동에서 무기와 함께 생포한 것이다. 지난 3월 21일 한
순애의 생포를 계기로 급진전하여, 두목 김성규와 변창희를 사살하고 이
어 마지막으로 오(吳)를 생포하는 데 성공한 것이다. 이제 한라산에는 평
화의 봄이 찾아왔으며 보고(寶庫)의 개발에 힘찬 박차를 가하게 되었다.

1948년 4월 3일 폭동사건 이후 경찰기록을 보면, 공비수는 1만 6,900여 명, 그중 토벌대의 사살 7,893명, 귀순 2,004명, 생포 7,000여 명이다. 토벌전에는 경찰의 자체 인원만도 연인원 164만 9,471명, 경찰전문학교 1,2기생을 비롯한 각도 경찰국 특별응원부대 5,000명가량이 투입되었다. 그리고 4·3사건 발생 후 육군 9연대, 2연대, 11연대, 독립대대, 해병대 등 상당한 인원수의 군병력이 토벌전에 참가했다. 9년간의 토벌전에서 경찰관 120명, 군인 89명이 순직했고, 경찰관 137명, 군인 9명이 부상을 입었다. 또한 공비의 만행으로 인하여 일반공무원, 농민 등 양민 납치 후 참살당한 인원은 1,300여 명이다."

(제주신보. 1957. 4. 3.)

"파마에 날씬한 몸차림으로 등장 / 9년간의 토굴생활 씻은 듯이 /치안국에 끌려온 제주 공비가 지난 2일 경찰토벌대에 의하여 생포되기까지

만 9년 동안 제주도 한라산을 중심으로 하여 암약하던 최후의 재산 공비 오원권(39)은 9일 하오 현지 경찰에 의하여 치안국(서울)으로 압송되어 왔다. 그런데 공비 소탕에 단서를 마련해준 여자 공비 한순애(23)도 오(吳)와 같이 압송되어왔다. 산에서 수년 동안 토굴생활을 했다는 과거를 깨끗이 잊은 듯 파마머리에 날씬한 몸차림으로 미소까지 띠고 있었다. 한편 오(吳)는 지난 27일 자수하려고 산에서 내려왔던 일도 있었다고 한다. 그는 가족들의 정성 어린 설득공작으로 결국 자수할 기회를 얻게 됐다."

(조선일보. 1957. 4. 10.)

"제주공비 남녀 석방

지난 9일 서울로 압송되어 그동안 치안국에서 조사를 받아오던 제주에 마지막까지 남아 있던 재산 공비 오원권과 한순애는 당국의 관대한 포섭 조치에 의하여 12일 밤 10시 열차편으로 고향인 제주도로 떠났다. 이들은 수도 서울의 모습을 눈으로 직접 보고 또한 당국의 뜻하지 않은 후대에 총부리를 겨누었던 과거의 행동을 후회하고 뉘우치면서 눈물까지 흘리고 있었는데, 12일 치안국에서는 '국가보안법을 적용하여 불구속으로 검찰청에 송청하되 기소유예 의견으로 관대한 조치를 취하라'고 현지 경찰에 통지함으로써 이들에게 색다른 선물을 보냈다고 한다. 한편 오는 북제주군 구좌면 송당리에서, 한은 북제주군 조천면 조천리에서 가족들과 농사를 짓고 싶다고 말했다."

(조선일보. 1957. 4. 13.)

대대적인 언론보도와 함께 생포한 오원권과 한순애를 엄벌로 다스리지 않고 관대한 조치를 한 이유는 외형상 경찰조사에 협조적으로 순응하고 명백한 자수 의사를 밝히며 충분히 반성하고 후회하고 있다고 판단했기 때문이다. 그리고 쌍방 교전 중에 생포된 것이 아니기 때문에 관용을 베풀 여지가 있었고, 총격전이 벌어지고 토벌대의 사상자가 나왔으면 국민 여론도 좋지 않아 관용의 폭은 줄어들 수 있지만 그런 상황은 아니었기 때문이다.

다행스러운 것은 시국이 좀 안정되고 한라산의 평화를 회복하려는 시기에 잡혔기 때문에 용케 구속되지 않고 살아날 수 있었다고 보인다. 두 사람에 대한 조선일보 인터뷰 기사(1957. 4. 14.~16. 3회 연재) 내용을 발췌,

요약하면 다음과 같다.

오원권 이야기

그는 구좌면 송당리에서 돌을 캐낸 밭을 만들면서 근근이 살아가던 농부였다. 가난하지만 칠순이 넘은 부친과 아내, 생후 8개월 된 아들과 함께 오순도순 평화스럽게 사는 농부였다. 그해 가을 군경토벌대가 공비소탕작전을 시작할 즈음 부락은 포화에 완전히 불타고 그때 오씨는 아내를 잃었다는 것이다. 모든 부락민은 토벌대의 명령에 의해서 정든 집, 땀 흘려 가꾼 곡식을 버린 채 소개를 당하여 평지로 내려왔다. 당장 먹을 것도 없이 추운 겨울을 앞두고 입을 것, 덮을 것도 없어서 토벌대의 양해를 얻어 옛 집터를 찾아가서 먹을 것, 입을 것을 구하러 갔다. 옛 모습은 찾을 길 없는 잿더미가 된 집터였다. 오씨는 그곳에서 공비들에게 붙잡혔다. 산에서 행동을 함께하지 않으면 목숨을 지탱할 수 없을 것이라고 은근히 압력을 받았다. 오씨는 '밑에서 기다리는 늙은 부친과 핏덩이 같은 아들이 눈앞에 가물거렸다. 그러나 당장 죽을 수 있다는 생각에 아버지와 아들보다 목숨이 더 아까워졌다'라고 말했다. 그 1948년 가을부터 오씨는 공비가 된다. 오씨는 산에서 공산주의 교육을 받았고 맡은 일은 식량 보급 담당이었다. 보리와 조를 짊어지고 몇십 번씩 자리를 옮겨야 했다. 6·25가 거의 끝나갈 무렵에 오씨는 같은 그룹의 네 명과 함께 거의 1년 동안 지낼 때, 이삼일씩 굶는 것은 보통이고, 담요 한 장으로 눈 속에서 지내는 모진 고생 속에서도 경찰에 잡히기만 하면 죽는다는 말에 도망칠 엄두조차 못 냈다고 말했다. '어떤 때는 산에서 민간인을 만날 때가 있는데, 그때는 참 반갑습니다. 세상 소식도 듣고 담배도 얻어 피우고 하는데, 그때 피우는 담배 맛이란 참 기가 막힙니다'라고 말한다. '한번은 배가 너무 고파 죽을 지경이었는데 토벌대 작전으로 배고픈 것도 잊어버린 채 산길 50리를 하룻밤 사이에 도망친 일이 있습니다. 그때가 겨울인데 천막을 등에 업고 정말 무슨 힘으로 그렇게 달아났는지 지금 생각해도 이상합니다. 경찰대의 공격이 심하면 심할수록, 고생이 모질면 모질수록 살고 싶은 욕망은 더욱 커지고 그러니까 더욱 강인해지고 더욱더 의지가 굳어지더군요'라고 말하며 당시의 심리상태를 설명했다. 가끔 묻는 말에 웃음을 띠는 오씨에게, '산에서도 웃을 일이 있나요?'라고 물었다. '그럼요. 사람 사는 곳에 웃을 일이 왜 없겠어요?' 산 생활이 인간 세상과 격리되지만 사람이 지닌 희로애락은 다 갖추고 있는 듯 말한다. 귀순하고 나니 마음이 후련해지고 뭔가 무거운 압력을 벗어난 듯 속이 텅 빈 것 같다고 말하는 오씨에게, '담요 한 장으로 눈 속에서 자던 10년 동안 고생과 지금 이런 여관방에서 요를 깔고 솜이불을 덮고 자는 느낌이 어때요?'라고 물었다. '이불은 무겁군요. 아직도 몸이 근질근질한 것 같고, 밥을 먹어도 배부른 것 같지 않고, 모든 것이 정말인 것 같지 않습니다. 제주도에서 경찰 선생님들 덕분에 부친을 만났는데 그때는 꼭 저승에서 만나는 것 같습디다. 염치없이 부친을 붙들고 막 울었습니다'라고 말했다.

한순애 이야기

그녀는 제주도 시골 처녀였다. 13세 때 어머니를 잃고 다음 해에 서모를 맞아 아버지, 오빠, 동생 하나와 살고 있었다. 동그스름한 얼굴은 까맣게 그을려 눈이 유난히 희었다. 고개를 숙인 채 묻는 말에 간단 간단히 대답했다.

'1951년 어느 봄날에 같은 동네에 사는 할머니들 따라 동네에서 약 40리가량 떨어진 제주읍에 장을 보러 가다가 고갯길에서 공비들에게 붙잡혔습니다. 할머니들은 그냥 놔두고 나만 산으로 끌고 갔습니다. 막 발버둥을 쳤지만 그들의 힘을 당해낼 수가 없었습니다'라고 말하며 한양은 잠시 말을 멈추고 고개를 들어 후딱 어떤 점을 응시하는 듯했다. 산에 들어가기까지 한양은 귀염둥이였다고 한다. 평화스러운 환경 속에서 살다가 거칠고 힘든 환경에서 사나운 무리와 함께 목숨의 위협을 받으며 무참한 현실을 살아갔다. 한양은 산에서 공비들의 식사와 의복을 공급하는 일을 맡게 되었다. 옷을 꿰매어 주고 뚫어진 곳을 기워주는 일, 밥을 짓고 식기를 간수하는 일이 한양의 책임이었다. '이것저것 바빠서 이른 아침부터 저녁 잘 때까지 일만 하다 잠이 들면 세상 모르고 잠에 빠져들 때가 많습니다'라고 말했다.

'겨울바람이 사납게 부는 밤, 광목으로 만든 천막 속에서 얼어서 터진 손을 호호 불어가며 남자들의 찢어진 옷가지를 꿰맬 때는 아늑한 아랫방에서 아버지나 오빠 옷을 깁고 있는 나로 착각할 때가 있습니다. 그때는 저도 모르게 눈물이 나옵니다'라고 말하며 한양은 구슬픈 미소를 지었다.

'여자이기 때문에 산중생활에서 더 괴로웠다든가, 더 편했다든가 하는 일은 없을까요?'하고 물었다. 그랬더니 '여자라고 해서 특별대우는 없지요. 여자기 때문에 고통을 받을 때가 많지요. 몸이 불편할 때든가 괴로울 때 행동을 개시하게 되면 허리가 끊어지는 것 같았어요'라고 말했다.

오원권의 고향 장기동 마을은 송당목장 터에 포함된 장터 마을이었다. 4·3 때 불타버린 후 재건이 안 되어 현재 잃어버린 마을 터로 남아 있다. 오원권의 행적은 제주시에 살았다거나, 동문로타리 시장 근처에서 얼굴을 봤다는 정도이다. 1918년생으로 1989년 사망한 것으로 알려진다.

"오원권은 교육을 제대로 받지 못해 글을 잘 몰랐으나, 말을 잘 다루고 몸도 민첩해서 오래 숨어 살았다고 한다. 특히 무장대의 근거지 중 하나였던 성불오름은 그의 동네 근처라서 지형지물에 밝아서 자주 활용됐다. 성불천이란 샘물이 솟아났었다. 1951년 성불오름 전투가 크게 있었던 곳이다. 한라산 최후의 무장대원 오원권이 잡히기 전의 마지막 은신처로 추정되며 근처에서 토벌대에게 생포된다."

(오금숙. 「4·3과 역사」. 제주4·3연구소. 1997.)

오원권은 구좌읍 송당리 장기동(장터 마을)의 가난하고 평범한 시골 농부였고, 한순애는 조천읍 와산(눈뫼 마을)의 평범한 시골처녀였다. 공통점은 평범한 중산간마을 출신으로 무장대 산사람에 의해서 입산했으며, 장기간 무장대 생활을 하다가 생포되어 분명한 귀순 의사를 밝혔다는 것이다. 오원권은 1957년 4월 2일, 약 9년 동안, 한순애는 1957년 3월 21일, 약 6년 동안 무장투쟁으로 생존하던 한라산의 마지막 남녀 산사람이었다. 평범한 기간일 수도 있지만, 장기간 생존하는 적응 능력과 삶의 의지와 희망이 없으면 불가능했을 것이다.

첫째 확실한 것은, 그들의 산중생활에 대한 궁금증과 인간적인 관심은 상상을 초월하는 생존시간이었을 것이다. 보통 사람이라면 힘든 한라산 밀림 생활과 배고픔과 맹추위와 깊은 눈 속에서 생명의 위협을 시시각각 느끼며 장기간 겨울을 아홉 번씩, 여섯 번씩 넘기며 생존할 수 있었을까. 그 생존능력과 적응력은 어디서 나온 것일까. 그들의 타고난 체력과 건강 때문일까. 그들은 한라산 중산간마을 시골 출신이라 산생활에 익숙해서 그럴까. 엄격한 규율과 임무를 수행하는 집단생활에 최적화됐을까. 산생활 중에 신념이 생겨서 그럴까. 삶의 생존본능으로 끈질기게 살아남기 위한 희망을 가져서일까. 그냥 산에 어울려 살다 보니 살아진 것일까. 하산할 기회만 노리다가 기간이 오래 걸렸을 뿐일까.

장기동 마을 대숲

둘째, 입산하고, 하산하는 자신의 선택은 소중한 목숨을 걸고 순간순간 실존적 한계상황의 절박함과 고민 끝에 이루어졌을 것이다. 4·3 당시 제주사람들은 다양한 이유로 입산, 하산한다. 신념 때문에 자진하여 입산했는지, 강제로 잡혀가서 입산했는지, 압박과 권유로 입산했는지, 잠시 숨기 위하여 입산했는지, 살아남기 위하여 입산했는지, 남들 따라 우르르 입산했는지. 마찬가지로 하산 이유도 입산처럼 다양하다. 제주 4·3 발발 10년 만에, 전국을 떠들썩하게 했던 1957년 4월 생포와 석방 이후, 오원권과 한순애의 삶과 행적은 지금까지 별로 알려진 것이 없다.

그들이 고향마을을 떠나 낯선 동네 낯선 사람들과 침묵으로 살아간 30년 이상의 세월은 또 한 번의 한라산 제주도 생존기가 아니었을까. 그들은 자기 마을을 떠나야 했다. 기막힌 과거와 사연을 숨긴 채 살았다. 소리소문없이 조용히 살다 쓸쓸히 사라졌다.

오원권의 잃어버린 마을 장기동 대숲은 여전히 울울창창하다.

경찰서장 문형순과
정용철 경찰지서 주임의 극과 극

경찰간부 문형순과 정용철은 1945년부터 47년 사이에 이북 서북지방 출신으로 38선 이남으로 넘어온 사람들이었다. 두 사람은 남한 사회에서 고생하던 이재민 같은 생활고를 겪은 것으로 추정되었다. 그들은 당시 부족한 경찰 인원을 보강하기 위한 특별채용시험에 합격 후 몇 주간의 경찰교육을 받고 경찰간부 직위로 제주도 사태수습을 위하여 긴급파견 되었다. 그러나 두 사람이 제주도에서 보여준 삶과 행적은 너무나 대조적으로 극과 극이었다. 한 사람은 정의롭고 용감하고 배짱 있는 착한 경찰인 반면에 한 사람은 상상을 초월하는 잔인하고 악랄한 나쁜 경찰이다. 4·3 살육의 현장에서 보여준 두 사람의 극과 극 행보를 차례로 추적해 보았다.

1949년 1월, 모슬포 경찰서장실에서 문형순 서장(당시 52세)이 조남수 목사(당시 35세. 모슬포교회)와 김남원 민보단장을 면담한다. 두 사람이 '주민들을 자수시킬테니 살려달라'고 부탁하자, 문서장은 '자수자는 생명을 보장한다'라면서 약속하고 자수를 권유했다. 모슬포에서는 문서장이 부임하기 직전에 경찰에 자수한 사람들이 고문수사를 받으며 자백은 물론 다른 사람 이름까지 불러준 후 죽은 사례가 많았다. 또한 이미 경찰에서는 관련자 명단을 파악한 정보자료도 가지고 있다는 소문도 돌았고 뒤숭숭할 때였다. 조 목사와 김 단장은 경찰서장의 약속과 진정성을 믿고 사람들을 찾아다니면서 헌신적인 설득작업 끝에 한 장소에 모이게 했다.

결국 무장대 산사람 협조자, 의심받는 관련자, 조금의 식량이라도 산에 보낸 사람, 행방불명 도피자 가족, 이유 없이 불안하고 억울한 사람 등 100명 이상이 자수하기로 결심하여 경찰서로 갔다. 문제는 주민들의 진술서 작성 장소와 글쓰기 작성 방법이었다. 내용이 부실하면 처형될 수 있는 엄혹한 군경합동 초토화 작전시기였다. 특히 서북청년단이 돌아다니면서 주민들을 조사하고 괴롭히고 모슬포경찰서를 마음대로 출입하며 불법적인 고문 수사와 처형을 하는 살벌한 분위기였다.

"사찰주임이 우리를 보자마자, '전부 다 빨갱이들이다. 다 쏴 죽여야 한다'고 말했지요. 그리고 서청이 조서를 꾸미기 시작할 때 마침 문서장이 나타납니다. '너희들 지금 뭐 하는 거냐, 자수하러 온 사람들이다. 다 나가라'며 서청을 쫓아버리고, 경찰서가 아니라 민보단 사무실로 가서 자수서를 써 오도록 해줍니다. 마을주민들이 공회당에 모여 의논했습니다. 무엇은 쓰고 무엇은 쓰지 말자. 입을 맞추며 썼지요. 조금이라도 흠이 되어 잘못되면 전부 다 죽을 판이니, 쉽게 입을 맞출 수 있었습니다."

(고춘언. 대정. 「흥제」. 제주흥사단. 2018.)

"주민들이 자수서를 다 작성하고 경찰서에 다시 찾아오자 서청단원들이 다시 조사하려고 하자, 그때 문서장이 '자수하러 온 사람들이다. 강요하지 말라. 때리지도 말라.'고 명령을 내렸습니다. 문서장 때문에 주민들이 무사히 집으로 돌아갈 수 있었지요."

(이병연, 89세. 대정 하모리. 「흥제」, 제주흥사단. 2018.)

서청의 횡포와 강압적인 조사를 방지함은 물론 자수자들이 경찰과 서청을 무서워하므로 경찰서가 아니라, 안전한 분위기의 마을회관 같은 민보단 사무실에서 자수서를 작성할 수 있도록 배려한 것이었다. 착하고 의로운 세 사람의 사망 후, 1996년 대정읍 사람들은 하모리 진개동산에 문형순 경찰서장, 조남수 목사, 김남원 면장을 칭송하는 공덕비를 세워 감사함을 표하고 옆에 4·3 희생자 위령비석도 함께 세워 추모했다.

1950년 6·25 한국전쟁이 터지면서, 계엄령 선포와 함께 군대가 전면에 나서서 경찰서를 지휘하게 되었다. 당시 군대의 방침과 상부 경찰국의 지시로 4·3 전후하여 연행 및 수사 기록이 있는 관련자, 조금이라도 사상이 의심스럽거나 가능성이 있는 사람, 도피자 관련 가족, 군경토벌대에 비협조적인 사람 등을 조사하여 등급 분류 후 명단 보고한 적이 있었는데, 이번에는 '예비검속자 총살집행 의뢰의 건'이란 공문(제주도 해병대 정보참모. 1950.8.30)이 온 것이다. 문형순 성산포 서장은 경험적으로 직감했다. 즉, 즉결처분 총살대상자를 선정해서 집단 총살하라는 것이다. 부당한 총살 명령 공문을 읽으며 고민 끝에 결심을 굳힌다. 공문 상단에 "부당함으로 불이행"이라고 자필로 크게 쓰고 실제 거부한다. 전쟁 시기 계엄령하에 군의 명령을 거역하는 것과 마찬가지다. 비협조 차원을 떠나 신분상 불이익 이상의 목숨이 왔다 갔다 할 수 있는 상황이었다.

당시 제주, 대정, 서귀경찰서는 각각 2백 명 안팎으로 명단 보고 후 예비검속자를 집단 총살한다. 결국 제주 동부지역 성산포경찰서 관할지역(성산·구좌,표선면)에서 200명 안팎의 생명을 온전하게 살려낸 것으로 추정한다. 문형순 성산경찰서장은 불가피하게 내놓을 수밖에 없는 6명을 보고한다. 그런데 "모슬포경찰서 예비검속자 총 344명 중 249명이 학살되었다. 제주4·3평화재단의 추가진상조사(2019)에 의하면, 성산포경찰서 예비검속자가 13명으로 확인되고, 제주경찰서 예비검속자들과 함께 제주경찰서 유치장 또는 주정공장 창고 등에 수감됐다가 제주공항 총살터나 산지항에서 배로 떠나 수장된 것으로 추정된다."고 했다.(김창후, 이동현 공저. 『4·3수장, 그 흔적을 찾아서』. 제주4·3평화재단, 제주4·3연구소. 2021.)

다음은 '2018년 올해의 경찰영웅 문형순'의 홍보 리플렛에 나온 정리내용이다.

"4·3 당시 주민들이 많은 희생을 당했지만, 문서장의 용기 있는 결단으로 살아남을 수 있었다.(고춘언, 94세. 대정읍) 당신께서 베풀어 주신 은혜가 아니었다면 하늘에 계신 부모님께서 편히 눈을 감지 못했고, 저의 직계가족 22명도 이 세상에 존재하지 않았을 것이다.(강순주, 86세. 성산읍)… 그 분과 같이 근무했던 적이 있다. 굉장히 청렴결백한 분이셨다.(이동규 99세. 제주시)"

"당시 예비검속 당해 갔다 왔죠. 성산포경찰서에서 가시리는 희생당한 사람이 없이 운이 좋았습니다. 경찰서장이 너무 고마웠습니다. 그분이 말씀하신 것을 잊지 못합니다. 우리를 석방하면서, '다 나오시오. 여러분은 내가 석방을 시켜주는 것이 아니고 하느님이, 여러분이 죄가 없다고 생각해서 여러분이 출감하는 겁니다. 그러니, 하느님께 감사하세요. 여러분은 정말 천운을 만난 겁니다.' 그러면서 쭈욱 얘길 했어요. ... 사실 검속되어서 고생만 하다가 나왔죠. 그런데, 그 서장님은 정말 좋은 사람 같아요."

(강순주 1993년생. 『제주 4·3유적』. 제주특별자치도, 제주4·3연구소. 2020.)

"몇 년 전 43평화기념관에 갔는데, 정말 깜짝 놀랐어요. 아, 내가 이분 덕분에 이렇게 오래 살아졌구나. 봉개동 4·3기념관에 가보면, '43 의인' 전시실이 있잖아요. 내가 문서장 이야기를 읽다가, 그냥 자리에 주저앉고 말았죠. 나도 그때 예비검속되어 성산포경찰서에 갇혀 있었어요. 젊을때라 뭐가 어떻게 되는 줄도 모르고, 유치장에서 그저 있었는데, 얼마 없어 그냥 나가라고 석방해 주는 거예요. 그때 왜 어떻게 석방됐는지 모르고 그냥 살았지요. 아니, 아무것도 생각하고 싶지 않았어요. 무조건 당시 일은 기억하지 않으려고 애쓰며 살았죠. 저는 경찰도 잠깐하고, 초등학교 교사로, 교장까지 해서 퇴직했어요. 그날, 문형순 서장을 알아보게 되면서 지난날을 다시 생각해 보는 계기가 됐죠."

(김석만. 하도리. 『제주 4·3유적』. 제주특별자치도, 제주4·3연구소. 2020.)

한편, 삼양지서장 정용철은 성폭행 성고문 학살자로 유명했다. 그의 잔인하고 악랄한 행적을 나타내는 표현은 차마 입에 못 올릴 정도이다. "하루에 한 명 이상 죽이지 않으면 밥맛이 나지 않는다"는 말을 입버릇처럼 달고 다녔다고 했다.

삼양지서에서도 한라산 무장대와 토벌대의 악순환적인 보복공격과 살상행위가 초토화 작전시기 전후하여 벌어졌다. 무장대는 삼양지서를 습격하고, 마을 학교와 군경협조자 가족과 집을 방화하고 살해했다. 그러면 다음 날 삼양지서 정용철 주임의 명령으로 경찰은 남자가 사라진 여자의 집이나 도피자 가족, 친척까지 찾아서 다 잡아들였다. 남성은 고문수사 후, 여성은 성고문 성폭행 후 지서 옆 밭에서 총살해버리는 보복학살이 반복되면서 삼양마을 사람들이 불안과 공포에 떨게 되었다.

정용철의 고향은 평안도 진남포 용강군인데, 서북청년단 산하에 고향 이름을 따서 진용동지회를 만들어 회장을 하면서, 단체로 경찰모집에 응시한 공로로 경위 계급, 경찰간부로 특별채용되었다. 고향 사람 김시훈과 함께 2주 정도 경찰교육을 수료하고 급하게 제주도로 파견된 것이다.

"정용철은 나와 같이 제주에 올 때부터 성격이 좀 이상해서 자기 비위에 거슬리면 당장 총을 꺼내 쏘려고 했다. 당시 경찰이 사람 하나 죽이는 것은 파리새끼 죽이는 것처럼 간단했다."

(김시훈, 『제주 4·3유적』 1. 제주특별자치도, 제주4·3연구소. 2020.)

무장대의 습격을 받은 날 전후하여 정용철 지서주임의 행적이 드러난 사례다. 서북청년단 출신 경위 정주임이 부임하면서, 그는 제주 출신 군인도, 경찰도 다 빨갱이 족속이라고 불렀다. 다음은 제주 출신 작가 한림화가 2018년 70주년 제주 4·3 기념강연에서 발표한 삼양지서장 정용철의 사례를 몇 가지 요약한 것이다

사례 1. 삼양지서에 잡혀 온 마을사람들 중에 젊은 여자들을 발가 벗기고 고문도구로 매질부터 시작했다. 누가 보건 말건 여성을 성폭행하고, 옷을 다 벗긴 후 지서의 높은 망루로 올려보냈다. 겨울 맹추위와 바람에 노출된 몸으로 벌벌 떨며 밤늦도록 내려오지 못하게 했다. 날이 밝으면 총살해버렸다.

사례 2. 1949년 2월 24일, 임신 중인 여성도 남편이 입산자라는 이유로 정주임 앞에 세워졌다. 총부리를 난로에 넣어 시뻘겋게 달군 후에 여성을 발로 차서 넘어뜨렸다. 옷을 다 벗기고 배가 부른 여성을 불에 달궈진 총부리로 성고문했다. 상상을 초월하는 성고문을 하다가 실신 상태의 여자를 지서 옆 밭에 데려가 휘발유 뿌려서 불태워 죽이라고, 경찰보조로 나온 삼양 청년단원에게 지시했다.(당시 해당 청년단원 고○○의 증언은 '휘발유로 불태운 시신을 흙으로 덮었는데, 아직 죽지 않고 흙이 들썩들썩했습니다'라고 한다.)

사례 3. 당시 정주임에게 성고문을 당했다는, 부산 사는 해녀 출신 할머니는 '죽어도 제주 쪽으로 머리를 두고 싶지 않을 정도로 지긋지긋했다'고 나에게 말했다.(한림화 작가의 증언채록 발표. 제주의 소리. 2018. 4. 28.)

정용철 삼양지서 주임의 상식과 상상을 뛰어넘는 악행은 성산지서 근무할 때도 악명을 떨칠 정도였다. 그는 광기에 찬 성고문과 학살을 저질렀다. 문형순과 정용철은 다 똑같이 서청 출신이며 경찰간부였다. 그러나 두 사람이 걸어간 길은 극과 극의 행로다. 정용철에게 묻고 싶다. 당신도 인간인데, 인간적인 고민도 있을 것이고, 인간관계를 맺어보려고 삼양교회도 나간 적이 있다는데 사실인가요? 라고. 똑같은 서북청년 출신에 이렇게 나쁜 경찰도 있었지만, 생명을 존중하는 인도주의적 휴머니스트, 좋은 경찰도 있었다.

　　문형순은 1920년대부터 만주 독립군 양성학교 신흥무관학교 출신 독립투사였다. 1929년 만주 한인자치 지역의 항일무장 독립운동단체 국민부 중앙호위대장 경력과 임시정부 광복군 간부 출신으로 일본 만주군을 상대로 상당 기간 항일무장투쟁을 했다. 해방 후 1947년 5월 8일, 당시 늦은 나이 50세에 제주경찰감찰청 기동경비대장 직책을 맡게 되었다.

　　'제1구 경찰서 세화지서 지서장 문형순 외 직원 일동' 이름으로 신문에 인사 광고(「제주신보」. 1948. 2. 8.)를 낸 것으로 보아 제주읍, 구좌면, 한림면, 대정면, 성산면 등 제주 전역을 순회 근무한 것으로 추정할 수 있었다. 다만, 육지발령으로 경남 함안경찰서장(1951. 6. 13.)으로 근무하다 다시 제주도 경찰국으로 돌아와 2년 후에 경찰복을 벗었다. 그는 주변에서 별명 '문도깨비'로 불렸다. 도깨비처럼 보통 사람이 아니었고, 남달리 용감한 성격으로 개성이 강한 인물로 짐작되었다. 다음은 당시 서귀포 경찰서장 김호겸의 증언이다.

"당시 경찰 중에서 군대에 맞설 수 있는 드문 사람이었다. 그는 기운이 장사였고, 배짱 있고 남자다운 멋진 사람이었다. 만주에서 활약한 독립군 경력 때문에 군인과 경찰들도 문서장을 함부로 대하지 못했다. 문서장이 죄 없고 억울한 제주사람들을 많이 살릴 수 있었던 것도 독립군 정신이 살아있었기 때문일 것이다."

(제민일보. 1999. 1. 20.)

그는 1953년 56세 때. 제주에서 제주도경찰국 소속 경감으로 짧다면 짧은 6년 경찰 경력으로 퇴직한다. 문형순의 퇴직 사유가 본인 희망대로 의원면직인지, 상부에 의한 권고퇴직인지 무척 궁금했지만 알 수가 없었다. 그의 일화는 만주벌판에서 항일무장투쟁을 했던 독립군의 자존심과 인생철학이 불의와 타협하지 않는 경찰상으로 드러났다고 볼 수 있겠다.

몇 차례 상부 명령을 거부하면서 승진과 출세에도 담을 쌓았을 것이다. 혈혈단신 북한에서 넘어온 그의 제주생활이 순탄치 않았으며, 비상시국하에 경찰 조직원으로서 인간적인 고뇌와 갈등 또한 남들보다 심각하게 치열했을 것이다. 경찰복을 벗어 던졌을 때 심정은 어땠을까?

퇴직 후 제주시 무근성에서 경찰에게 주는 쌀배급소 직원으로 일했다. 현대극장 매표원으로도 일했다. 경찰간부로 퇴직 후 은퇴생활 13년 동안의 행적은 예상보다 소박하고 외로웠다.

4·3 후유증과 트라우마에 시달리던 제주사람들에게 육지사람과 퇴직경찰을 보는 시선이 곱지만은 않았을 것이다. 역설적으로 그의 독립군 투쟁경력과 상부의 눈치를 안 보는 용감한 언행이 퇴직 후 연고가 없

문형순 동상

는 타향 제주살이를 더욱 어렵게 만드는 원인이 될 수도 있겠다. 왜냐면 당시 이승만 정부와 박정희 군사정부 하에 친일경찰 출신과 일본군, 만주군 출신으로 기득권을 누리는 경찰사회의 인간관계 속에서 껄끄러웠던 존재가 될 수도 있기 때문이다. 그는 가족도 없이 결혼도 하지 않고 홀로 제주에서 살아갔다.

1966년 제주도립병원에서 향년 70세의 나이로 후손 없이 생을 마감한다. 퇴직 후 삶도 누구에게 아부하지 않고 꼿꼿하게 살다 가신 당신은 진정한 민족주의 독립투사이며, 진정한 제주도민의 경찰이었다.

쓸쓸한 풍경의 사망 후 50여 년 만에 경찰당국은 그를 '2018년 올해의 경찰영웅'으로 선정한다. 신제주 제주도경찰청 뒷마당 소공원에 세워진 문형순 경찰영웅상이 스스로 당당했다. 가진 것 하나 없이 빈손으로 떠난 문형순 경찰서장은 제주시 아라동 평안도 공동묘지에 묻혀 있다.

4·3 살육의 현장에서
생명을 건지는 착한 사람들
– 유명, 무명의 의인(義人), 선인(善人)

4·3 당시 대정면에서 모슬포 경찰서장 문형순, 조남수 목사와 김남원 면장이 100명씩, 200명씩 소중한 생명을 살리는 것과 같은 정의로운 이야기는 유명한 의인(義人), 선인(善人)의 이야기로 따뜻한 인간애를 보여준다.

또다른 이야기도 있다. 1948년 4월 말경 국방경비대 제주 9연대장 중령 김익렬은 대규모 강경진압작전에서 인명피해를 최소화하기 위하여 4·3 무장대 사령관 김달삼과 평화협상을 진행했다. 가족에게 유서를 남기고 생명의 위험을 무릅쓰면서 직접 한라산 깊숙한 무장대 진영까지 들어갔다. 쌍방 간에 골육상쟁 민족상잔의 전투로 더 이상의 인명피해는 막아야 하는 데 동의하고, 72시간 내 전투 중단과 귀순 협상에 따른 무장대의 무장해제 및 신분보장 문제까지 논의했다.

그러나 미군정장관 딘 소장과 조병옥 경찰부장의 강경진압작전은 이미 예정된 것이었다. 김익렬과 조병옥은 딘 소장이 지휘하는 긴급회의석상에서 격렬한 몸싸움을 벌이면서 각자의 입장, 즉 온건작전과 강경작전이라는 내용 대립을 계속했고, 딘 소장은 조병옥의 손을 들어주었다. 김익렬은 미군정장관 딘 소장의 일방적이고 즉각적인 인사조치로 곧 제주도를 떠나야 했다. 김익렬은 군 지휘관으로서 유일하게 4·3사건의 진상을 밝히기 위해서 부산 국제신문 기고문 연재 3회(1948. 8. 6.~8. 8.)와 회고록(1973년 집필, 유언대로 사망 후 1990년 발간)을 남겼다. 만약에 김익렬과 김달삼의 평화협상이 타결되고 제주의 평화가 보장됐다면, 엄청난 대량학살의 참사를 예방할 수 있었을 것이다.

유명한 인물이면서 정의롭고 용감한 사람 이야기도 훌륭하지만, 평범한 사람이거나, 이름도 모를 사람의 착하고 의로운 이야기도 소중하다. 살벌한 살육의 현장에서 용감하고 양심적인 언행을 하거나, 한 사람의 소중한 생명을 살리는 무명인물의 일화가 많이 전해진다. 생명을 살리든, 양심적인 증언을 하든, 짧은 이야기 일화 하나하나가 모든 인간을 용서하는 화해와 상생의 불씨가 된다.

일화 1. "(화북초등학교 수용소 앞에서 트럭에 태워질 때) 죽으러 가는 것을 직감적으로 알았다. 비좁은 트럭에서 밀려서 뛰어내렸다. 도망쳤지만 곧 쫓아온 군인들에게 잡혔다. 살려달라고 얼마나 외쳤는지 몰랐다. '정말 죽었구나' 싶은 순간, 한 군인이 다른 군인을 먼저 보낸 후 나를 본인 뒤에 걷게 했다. 내가 도망쳐도 못 본 척했다. 그 군인 이름이라도 봐뒀으면 은혜를 갚았을 텐데, 명찰을 못 본 것이 평생 아쉬웠다."(김인근, 여. 당시 14세. 경향신문. 2020. 4. 1.)

일화 2. 조천면에서 1948년 3월 6일 발생한 조천중학원 학생 김용철의 죽음을 조천지서에서는 단순사망사건으로 조작을 시도했다. 당시 경찰당국의 압박과 회유에도 굴복하지 않은 의사 장시영은 사망원인을 위한 사체 재검사 의사로 추천되어, "외부 충격과 타박에 의한 뇌출혈"이 치명적인 사망원인이라고 발표했다. 용감하고 양심적인 의사의 사망 진단서에 의하여 사망 조작 의혹이 사실로 확인되는 순간이었다. 각종 언론보도에 고문치사 사망사건으로 밝혀지면서 조천지서장 포함 경찰 5명이 전원 구속 징역형을 받았다. 실제 거꾸로 천장에 매달아 몽둥이로 무차별 구타당하는 김용철을 본 사람의 증언도 나왔다. 그 후 경찰의 밉상이 된 장시영은 경찰 5명을 감옥으로 보낸 게 불안하고 눈치가 보였는지, 제주를 떠나 육지에서 병원을 개업했다.

일화 3. (일본군이 썼던 다이너마이트 소지품 발각 사건 당시) "우리 마을 사람 11명이 성산포 주정공장 창고에 감금됩니다. 난 민보단장으로서 변호하러 거기 갔지요. 학살터로 계속 끌려가는 사람들이 많았어요. 내가 마을 사람들의 무고함을 설명하는데, 최 소위가 다짜고짜 내 시계를 빼앗은 후 '포로 1명 추가!'하면서 날 거꾸로 매달아 '김일성 비행기 태워주랴, 스탈린비행기 태워주랴' 하면서 각목으로 마구 때렸습니다. 그때 서청단원 고희준 씨가 나타났어요. 그는 서청 중에서 드물게 좋은 사람이었어요. '이 사람은 민보단장인데, 이러면 제주사람 다 죽여야 한다.'며 말렸지요. 그랬더니 최 소위는 '지금은 계엄령 하인데 계엄령은 사람 죽이는 것이 계엄령이다.'라고 하더군요. 그렇지만, 결국 시흥리 사람이 11명 중 1명만 빼고 다 석방되는데, 다이너마이트 가졌던 강창수 씨만 총살됐어요."(강인옥, 82세. 시흥리. 『4·3은 말한다』 5. 제민일보 취재반. 1998.)

"평안북도 출신으로 평양음악학교에 다니던 고희준은 해방 후 월남하여 서북청년회 단원으로 제주도 성산포에 파견됐다. 그런데 성산포는 서청 특별중대의 잔인한 가혹행위로 연일 비명소리가 그치질 않았다. 고희준은 서청단원임에도 불구하고 억울하고 무고한 주민들을 살리는 데 혼신의 힘을 다했다. 4·3 이후 그는 청주대학교 음대교수와 한국성가작곡가 협회장을 맡았다."(4·3평화공원. 의인 전시실 발췌. 2021.)

일화 4. "그날 새벽 총소리에 놀라 나는 급히 냇가로 피했지만, 아내는 아기 둘을 데리고 그냥 집에 있었지요. 우리 집에 들이닥친 어떤 군인이 불을 지르면서 하는 말이, '다른 군인들이 들어오면 죽일지 모르니까 어서 숨어라' 하며 가버렸습니다. 좋은 군인을 만난 덕분에 아내와 어린 아기 목숨을 구했어요."(고태옥. 표선면. 『4·3은 말한다』 5. 제민일보 취재반. 1998.)

일화 5. 가시리에 들이닥친 군인들이 마을방화와 무차별 총격으로 해변마을 표선리로 강제이주를 명령했다. 표선국민학교에 수용된 소개민들은 불안과 공포에 떨었다. 당시 가시리 주민 오국만의 증언에 의하면, "위미리 출신 표선지서 강 순경은 공포에 떨던 주민들에게 너무도 인간적으로 대해 줬다. 나중에 그가 가시리에 오면 앞다투어 서로 술 한잔 대접하니까, 나에겐 대접할 기회조차 오지 않았다."(제민일보 취재반이 확인할 결과, 강계봉 순경이었다.)

"당시 군인들이 주도했기 때문에 내겐 특별한 권한도 없었지요. 사람을 많이 살렸다는 것도 과찬입니다. 그저 조금 친절하게 대했을 뿐입니다. 수용자 중에서 노인과 어린이들이 많았는데, 사태 와중에 방황하다 잡혀 온 겁니다. 난 그들이 불쌍했습니다. 억울한 죽음이 많았지요."(강계봉, 76세. 『4·3은 말한다』 5. 제민일보 취재반. 1998.)

"폭도로 취급당하는 주민들에게 감자와 고구마 같은 식량과 땔감을 가져다주고, 여느 경찰과 달리 반말도 하지 않았다. 당시 폭도와 친하게 지내면, 사상을 의심받는 시절이었는데 일개 순경이 참 용감했다. 그 이상은 할 수 없었던 시절이었다. 집단학살로 고아가 된 아이들에게 먹을 것을 갖다주며 다독여주기도 했다. 학살을 일삼던 경찰도 있었지만, 강 순경처럼 인간적인 경찰도 있었다. 인간의 존엄성을 지켰던 그의 뜻을 따라 이제는 누가 잘못했다 따지지 말고 화해하고 상생의 길을 찾았으면 한다."(오태경, 88세. 가시리. 안서연 기자. 뉴스1. 2018. 3. 31.)

일화 6. "(1948. 11. 13.) 군인들이 갑자기 들이닥쳐 주민들을 닥치는 대로 끌어냈습니다. 그날 나도 잡혀서 죽을 뻔했는데, 한 군인 덕분에 지금까지 살고 있습니다. 그는 제주 출신(감산리) 군인으로 평소 안면이 있던 사이였지요. 나는 끌려갈 때 조금씩 뒤로 처지면서 맨 뒤에 서게 되자 슬쩍 뒤로 빠졌습니다. 우리를 후미에서 감시하며 따라오던 그 군인이 못 본 척해준 겁니다. 나머지 다른 사람들은 상예리 더데오름 근처에 끌려가 죽었지요."(이태홍, 81세. 안덕면 상창리. 4·3은 말한다. 1998.)

일화 7. "토벌대는 마을 이장들에게 주민 성향을 파악해 학살의 근거자료로 삼기도 했다. 당시 남원면 신흥리 김성홍 구장은 구학문을 한 유식한 분이었지만, 자신의 답변이 억울한 희생으로 이어질 게 뻔했기 때문에 무조건 '모른다, 모른다'로 일관하여 경찰 공문에서조차 모른다고 했다. 그래서 붙여진 별명이 '몰라 구장'이라는 명예로운 별명으로 소문이 났다. 김 구장의 딸 김복순(당시 10대 초반)의 증언이다. '아버지는 술을 잘 마시며 사람들과 두루두루 잘 어울려 지내셨다. 당시에 나는 집에 찾아오는 경찰들 밥해주느라 정신이 없을 정도였다.' 마을주민 정성용(80)의 증언에 의하면, 구장 임기가 끝나서도 신흥주민들과 잘 지내고 주민들이 욕 한번 하지 않았다고 한다." 주민들은 물론 경찰과도 잘 어울렸기 때문에 "몰라몰라" 해도 그냥 통과될 수 있었다고 한다.(『4·3은 말한다』 5. 제민일보 취재반. 1998., 4·3평화공원. 의인 전시실)

일화 8. "신흥리 경찰파견소 장성순 경사는, '과거 일(산에 갔다 온 일 등)은 불문에 부친다. 누가 이렇고 누가 어떻다는 말도 하지 말라'고 선언한다. 무차별 학살극에 전전긍긍하던 사람들은 그때야 가슴을 쓸어내릴 수 있었다." 마을주민 정성용(80) 할아버지의 증언에 따르면, 당시는 무장대를 도왔다는 이유로 많은 사람들이 죽어갈 때인데, 장 경사가 신흥리 주민들의 처형을 막았다. 토산에서 온 군인들이 수십 명의 마을 여자들을 모아놓고 무장대에게 쌀이나 반찬을 제공했다고 전부 죽이려고 하자, 그때 장 경사가 나타나서, 무장대가 협박하고 괴롭혔기 때문에 어쩔 수 없이 도와줬다. 이들은 죄가 없다고 설득했다. 군인들은 대부분 풀어주고 8명을 주동자로 판단하고 토산으로 연행했다. 장 경사는 말을 타고 직접 토산까지 가서 다시 적극 설득한 끝에 무사히 데리고 나올 수 있었다. 정 할아버지는, '내 사촌 누이도 당시 군인들에게 죽을 뻔했는데, 살아나서 아이 낳고 잘 산다'라고 고마움을 전했다."(『4·3은 말한 다』 5. 제민일보 취재반. 1998., 제주 4·3평화공원. 의인 전시실. 2021.)

일화 9. "북한에서 월남한 외도지서 방상규 경사는 지서주임의 총 살 명령에 대하여 집행하지 못한 이유를 말한다. '총이 고장 나서 발사 가 되지 않습니다.'라며 학살극을 벌이지 않았다. 총기 고장을 이유로 많은 사람들을 살려냈다."(제주 4·3평화공원. 의인 전시실)

"국민의 생명과 인권을 지킨 민주경찰. 제주 4·3 당시 무고한 양민 을 구해낸 5명의 경찰 문형순, 장성순, 강계봉, 김순철, 방상규 중 외도 지서 '방상규' 경사는 '총이 고장났다'며 총을 쏘지 않았다."(경찰청 웹툰. 제 주 4·3과 의인들. 2019. 4. 17.)

"외도지서 방상규 경사는 평소에도 절대로 사람을 해치지 않겠다면 서, 호신용으로 자신의 총에 총알 한 발만 넣고 다닐 정도로 인명을 소중 히 여겼다. 그래서 사표를 종용받기도 하였다."(《제주4·3과 의인들》. 대한민국 경 찰청. 2019. 4. 17.)

일화 10. (대정면 강남로 구장 이야기) "1948년 12월 13일, 대정지서 고 형 사가 마을사람들을 향사 앞에 전부 모아놓았다. '호명자는 앞으로 나 와라. 못 나오면 대리자가 나와야 한다.'고 했습니다. 남편이 없으면 아 내가, 아들이 없으면 아버지가, 형이 없으면 가까운 친척이라도, 어쨌든 대리로 누구라도 나가야 했습니다. 우리 상모리에 강○숙이라는 사람 이 있었습니다. 마을 일도 많이 보고 똑똑한 분이었습니다. 강○숙이라는 분이 호명됐는데, 이미 도피한 후였습니다. 그래서 대리자로 누님 강 ○선 씨가 대신 나갔습니다. 이때 마을이장 강남로 어르신이 "여자는 출가외인이다. 무슨 형제도 아닌데 누나를 대리자로 나오라 하느냐."고 따졌습니다. 그러자 고 형사가 '그럼, 들어가라'고 합니다. 잠시 후 허○룡 씨가 호명이 됐습니다. 허○룡 씨는 이미 죽고 없는 사람이었는데, 남편 대신 부인인 강○열 씨가 나갔습니다. 이번에도 강 구장은 '이미 남편이 죽고 없는데, 왜 부인을 나오라고 하냐.'며 따졌습니다. 고 형사는 '남편이 죽었으면 안 나와도 된다.'며 강○열 씨를 돌려보냈습니다. 이날 고 형사에게 호명된 다른 사람들은 수갑 차듯이 손에 포승줄이 채워진 채 끌려 나가 총살됩니다. 도피자가족들이 대신 사살당했지요. 강남로 구장은 마을사람 두 분의 목숨을 구했어요."(강창유, 1937년생. 「4·3과 평화」 37호. 제주4·3평화재단. 2017.)

일화 11. (조천면 와산리. 1948. 12. 22.) "내가 숨었던 속칭 '굴거리'라는 굴입니다. 그곳에 송정봉(여, 28)과 그의 시아버지와 4세 아들 등 5명이 함께 있었지요. 그날도 대대적으로 토벌왔습니다. 마을에서 밥을 해먹던 6명이 죽은 날입니다. 송씨가 굴 밖에서 인기척이 나자 밖에 나간 시아버지인줄 알고, '아버집니까?'하고 말해 버렸어요. 군인들의 인기척을 잘못 알아들었던 겁니다. '밖으로 나오지 않으면 죽여 버리겠다.'고 했지요. 송 씨는 할 수 없이 어린 아들을 데리고 나갔어요. '굴 안에 다른 사람이 더 있느냐?' 하는 군인들의 위협에도 불구하고, 송 씨는 굴속에는 자기뿐이었다고 끝까지 말합디다. 그러자 군인들이 다른 굴을 대라고 위협합니다. 그런데 그분은 용감하고 당찼습니다. '죽어도 혼자 죽겠다'

라며 버티더군요. 결국 대흘초등학교로 끌려가 죽습니다. 만약에 그분이 입을 열었다면, 나는 죽었을 겁니다. 또한 우리가 있던 굴 말고, 동네 많은 굴에 숨은 사람들도 희생이 컸을 겁니다."(이평식. 와산리. 『4·3은 말한다』 4. 제민일보 취재반. 1997.)

꽃 꺾지 마오

김명식

꽃 꺾지 마오 그대여!
꽃잎 속엔 그대 고운 얼굴 스며있고
혈액마다 흐르는
생명수는 그대 생명이라오.

꽃 꺾지 마오. 그대여!
저 아픔은 우리들의 아픔인 것을
한라산 허리 백두산 골짜기에서도
꽃향기 우리를 춤추게 한다오.

이 골짝 저 골짝
산허리마다 피어나는
꽃 꺾지 마오.
그대여.

'꽃 꺾지 마오'는 1990년 7월 11일 '제주민중항쟁 3권'을 출판하여 국가보안법으로 구속된 김명식 시인의
1991년 3월, 항소심 법정 최후진술서 중 옥중시이다.

영모원은 애월읍 하귀리민들이 화해 상생의 4·3정신으로 항일독립지사, 4·3 민간인 희생자, 군인경찰
호국영령을 위한 3개 추모비석을 함께 세운 합동추모 공간이다.

하귀 영모원 추모위령비 비문

여기와 고개 숙이라

모두가 희생자이기에

모두가 용서한다는 뜻으로

모두가 함께 이 빗돌을 세우나니

죽은 이는 부디 눈을 감고

산 자들은 서로 손을 잡으라

제주 민중항쟁의 역사

제주 민중항쟁, 민란 등	발생 년도	주동자	사건경과	결과
양수의 민란	1168	양수 등	고려 파견 탐관오리의 횡포와 지나친 세금 때문에 조세저항 차원을 넘어 무장봉기로 확산되어 현령을 쫓아낸다. (제주에서 민란, 항쟁의 대장을 장두(狀頭)라고 하며, 대부분 비극적 죽음으로 끝남)	양수 등 처형. 탐라국이 고려에 편입되며 일어난 최초의 민란.
번석, 번수의 민란	1202	번석, 번수 등	고려 파견관리의 폭정과 횡포에 저항하는 민란	주동자 처형과 진압
문행노의 난	1267	문행노 등	고려 파견관리와 협력하는 탐라 왕족에 대한 반감으로 일으킨 민란.	진압됨
삼별초의 항쟁	1273	김통정 등	고려 조정의 명령을 거부한 정예부대 삼별초가 제주인의 지원을 받으며 여몽연합군에게 결사 항전.	김통정 장군의 죽음과 함께 제주인 상당수가 희생
김성과 사용의 민란	1318	김성, 사용 등	고려 파견관리와 협력세력인 제주 성주와 탐관오리의 횡포에 저항.	주동자의 죽음과 진압
목호의 난	1374	몽고인 목호	제주 지배 100년의 원나라 대신 명나라가 득세하면서 고려 정부를 통해 2,000마리의 말을 요구하자, 말 목장 관리인 목호(牧胡)들이 300마리만 보내고 사실상 거부하며, 고려 최영 장군의 2만여 명 대군과 결사항전	몽고인과 적극 동조한 제주인 다수가 희생
양제해의 난	1813	양제해 등	부패한 관리들의 집단적 악행과 백성들의 억울한 사연을 담은 집단 호소문, 건의문 작성 등을 준비하는 등소운동이 발각되어 봉기 역적으로 몰림. (1811년 육지 홍경래의 무장봉기 소문에 영향을 받았다는 설이 있음)	양제해 등이 죽거나 유배를 감
강제검, 김흥채의 민란	1862	강제검, 김흥채 등	육지 진주민란의 영향을 받아 강제검, 김흥채 등이 장두가 되어 농민항쟁을 일으켜서 제주성을 함락시켜 탐관오리를 처형함	진압 후 주동자 효수형 등 처형

제주 민중항쟁, 민란 등	발생년도	주동자	사건경과	결과
김지의 민란	1890	김지 등	탐관오리들의 지나친 세금 징수와 부정부패에 맞서서 성을 공격하여 부패관리의 집을 부수고 추방함.	처형됨.(뇌물에 넘어간 김지는 관군들에게 밟혀 죽었다는 설도 있음)
강유석, 송계홍의 민란	1896	강유석, 송계홍 등	일본의 간섭과 개입이 심해지고, 단발령을 반대하는 민심이 흉흉해지자 민란을 주도하여 제주 경무청을 습격하여 공문서를 불태움.	강유석이 피신하자 가족이 죽고 송계홍도 자결함
방성칠 민란	1898	방성칠 등	동학혁명을 경험한 방성칠 등이 부당한 세금 문제와 탐관오리의 부정부패 응징을 위해 무장봉기한다. 남학당을 조직하여 조선왕조를 부정하는 새로운 나라 건설을 주장.	관리들이 제주성에서 조천까지 피신 감. 진압 후 방성칠 등 처형
이재수 민란 (신축항쟁)	1901	이재수 등	파견관리 세금징수관과 천주교 신자들이 합세한 부당한 횡포 때문에 봉기함. 제주성이 함락되고 천주교 신자 약 300명이 희생당함. 프랑스 신부의 요청으로 프랑스 군함 2척이 도착하여 수천 명의 봉기군과 대치 중 협상 처리됨.	이재수, 오대현, 강우백 등 항쟁지도부가 서울로 압송되고 재판 후 사형선고
고승천, 김만석 등의 항일의병	1909	고승천, 김만석 등	무기 비밀 제조와 군사훈련을 하며 항일의병 200여 명을 조직하다 일본 경찰에게 발각되어 무산됨.	고승천, 김만석의 죽음으로 진압됨.
법정사 항일운동	1918	김연일, 강창규, 방동화, 박명수 등	제주도 최초의 종교계 항일운동. 불교 법정사와 민족종교 선도교 신자 등이 무장봉기함 중문경찰 주재소를 습격. 방화하고 전봇대를 절단함.	재판회부 66명 중 31명이 실형 선고. 징역 10년 등의 중형과 고문으로 옥중 사망자도 나옴.
3·1 조천만세운동	1919	김시범 등	고교생 김장한이 '기미독립선언서'를 제주에 몰래 가져오면서 조천사람들이 중심이 되어 거사가 준비됨. 조천 미밋동산과 오일장을 오가며 수차례 집회와 거리행진 하며 독립만세운동.	14명 구속기소. 제주도 다른 지역에도 만세운동에 영향을 줌."
제주해녀 (항일)항쟁	1932	부춘화, 김옥련, 부덕량 등	하도, 세화 등 해녀들이 일본인 관리와 상인의 해산물 가격 조작에 항의하며 해녀 항쟁으로 확산됨. 일본인 제주도사와 담판을 짓기도 함. 해녀 수백 명씩 수개월 동안 집회시위 200회, 누적 참가인원 17,000명 이상.	부춘화 등 구속. 국내 최대의 해녀 어민 항쟁. 최대의 여성항일운동.
'무극대도'의 항일운동	1936	강승태	동학과 증산교의 영향을 받아 제주의 민족종교 '무극대도'를 창시한 도주 강승태가 수십 차례의 지역별 종교집회에서 일본 천황과 신사참배를 부정하고 일본의 패망을 예언하며, 새로운 세상, 독립국가를 건설하자고 주장함. 1937년부터 도생 350여 명이 체포됨	고문수사 후 재판회부 67명 중 강승태 징역6년 등 20명이 실형선고 받음.

참고문헌

일반 단행본

『이제사 말햄수다』 1·2권. 제주4·3연구소. 1989. 도서출판 한울.

『제주인물대사전』. 김찬흡. 2019. 금성출판사.

『제주 4·3연구』. 제주4·3연구소 외 공저. 1999. 역사비평사.

『제주 4·3 70년, 어둠에서 빛으로』. 제주4·3평화재단. 2018. 하나출판

『제주 4·3유적』 1·2권. 제주특별자치도. 제주 4·3연구소 공저. 2020. 도서출판 각.

『조천읍의 기억(걸으며 만나는 4·3) 제주도』. 진아영 삶터 보존회. 2019. 디자인 누리

『4·3사건 50주년 제주 반세기』. 진성범. 1997. 제민일보사.

『4·3은 말한다』 1~5권. 제민일보 취재반. 1994~1998. 전예원.

기관지·잡지·관보

「대한민국 관보」. 국가기록원 1948. 8. 15.~1957

「미군정청 관보」. 국가기록원 1945. 9. 7.~1948. 8. 14.

「신촌향토지」. 신촌리. 2017.

「제주경찰사」. 제주도 경찰국. 2000.

「제주경찰70년사」. 제주경찰청. 2015.

「제주교육사」. 제주도 교육위원회. 1979.

「제주신보」. 제주신보사. 1945. 10. 1.~1957. 4. 3.

『제주 4·3』. 제주 4·3희생자 유족회. 2009.

「제주 4·3사건자료집」 11권. 제주 4·3사건 진상규명 및 희생자명예회복위원회. 2003.

「제주 4·3사건진상조사보고서」. 제주 4·3사건 진상규명 및 희생자명예회복위원회.
    2003.

「제주 4·3아카이브」. 제주4·3평화재단. 2023.

「제주 4·3자료집」(미군정보고서). 제주도의회. 2000.

「제주 4·3의 의인들」. 대한민국 경찰청 웹문서, 웹툰. 2019

「제주 4·3 제70주년 국제학술대회자료집. 70주년 기념사업위원회. 제주4·3연구소.
      2018

「조천읍 다크투어 코스개발」. 진아영 삶터 보존회. 2018.

「조천읍 역사문화지」. 제주도. 2011.

『평화의 섬(제주도 답사안내서)』. 고영철. 제주흥사단. 2018.

『한눈에 보는 4·3』. 제주4·3평화재단. 2021.

「함덕향토지」. 함덕리. 2017.

「화해와 상생」(제주4·3위원회 백서). 제주4·3사건진상규명및희생자명예회복위원회.
      2008.

「흥제」 118호. 제주흥사단. 2018.

「4·3과 역사」. 제주4·3연구소. 1996~1998.

『4·3과 인물』. 김관후. 제주문화원. 2018.

「4·3과 평화」 1호~48호. 제주 4·3평화재단. 2010~2022.

「4·3연구회보」. 제주4·3연구소. 1989.

『4·3이 뭐우꽈?』 4·3 제70주년 기념사업위원회 2018.

『4·3 수장, 그 흔적을 찾아서』. 김창후, 이동현 공저. 제주4·3평화재단, 제주4·3연구소.
      2019.

「4·3 자료집」. 제주4·3연구소. 1989.

「4·3 장정」 6권 제주4·3연구소. 1990~1993.

삶의 행복을 꿈꾸는 교육은
어디에서 오는가?

● **교육혁명을 앞당기는 배움책 이야기** 혁신교육의 철학과 잉걸진 미래를 만나다!

● 비고츠키 선집 시리즈 발달과 협력의 교육학 어떻게 읽을 것인가?

● 경쟁과 차별을 넘어 평등과 협력으로 미래를 열어가는 교육 대전환! 혁신교육 현장 필독서

참된 삶과 교육에 관한
생각 줍기